金石文獻叢刊

授堂金石三跋

附續跋

【清】武億撰

上海古籍出版社

圖書在版編目（CIP）數據

授堂金石三跋：附續跋 /（清）武億撰 . — 上海：上海古籍出版社，2020.5
（金石文獻叢刊）
ISBN 978-7-5325-9537-2

Ⅰ.①授… Ⅱ.①武… Ⅲ.①金石學—中國—清代 Ⅳ.① K877.24

中國版本圖書館 CIP 數據核字（2020）第 054173 號

金石文獻叢刊
授堂金石三跋（附續跋）
［清］武億 撰
上海古籍出版社出版發行
（上海瑞金二路 272 號 郵政編碼 200020）
（1）網址：www.guji.com.cn
（2）E-mail：guji1@guji.com.cn
（3）易文網網址：www.ewen.co
浙江新華數碼印務有限公司印刷
開本 890×1240 1/32 印張 27.75 插頁 5
2020 年 5 月第 1 版 2020 年 5 月第 1 次印刷
ISBN 978-7-5325-9537-2
K·2809 定價：138.00 元

出版説明

金文石刻作爲一種特殊的文獻形式，負載着中國古代文明的大量信息，是珍貴的文化遺産，其相關研究具有重要文化價值與傳承意義。金石專門研究興起於宋，而在清代達到鼎盛，名家迭出，先後撰寫了一批高水平的研究專著，其成果對於今天我們的歷史學、文學、文字學、考古學、古文獻學、古器物鑒定學、書法篆刻學等研究具有重要的參考價值。有鑒於此，本社特推出《金石文獻叢刊》，彙聚兩宋以降金石學重要著作，以期助益於相關研究。

本書爲《金石文獻叢刊》之一，收録清武億撰《金石三跋》十卷及《續跋》十四卷，以《授堂遺書》道光二十三年重刊本爲底本影印。

上海古籍出版社　二〇二〇年四月

石刻文獻歷代研究述要（代序）

陳尚君

「人生忽如寄，壽無金石固。」古人感到生命短暫，常將重要的事件、著作和死者的生平銘諸金石，形成豐富的金石文獻。一般來説，金銀器上的銘文均較簡短，銅器銘文盛於商周時期，漢以後可資研究的僅有銅鏡銘文等。石刻文獻則興於漢，盛於唐，歷宋、元、明、清而不衰，存世文獻爲數極巨，爲研究古代歷史文化提供了大量記載，也爲研究古典文學者所寶重。

一、古代石刻的分類

古代石刻品類衆多，舉其大端，可分以下幾類：

一、墓志銘。多爲正方形石刻，置於死者墓穴中，記載死者生平事蹟。始於漢，盛於北朝和隋唐時期，宋以後仍相沿成習。南朝禁止埋銘，故甚罕見。近代以來，出土尤多。因深埋地下，所存文字多清晰而完整。

二、墓碑。也稱神道碑，是置於墓道前記載死者生平事蹟的長方形巨大石碑。舊時王公大臣方得立碑記德，故所載多爲歷史上有影響的人物。因其突立於地表，歷經日曬雨淋，人爲破壞，石刻多斷裂殘壞，磨蝕漫漶，不易卒讀。

三、刻經。可分儒、釋兩大類。儒家經典的刊刻多由官方主持，爲士人提供準確可信的經典文本。歷史上有七次大規模的刻經，即東漢熹平間、曹魏正始間、唐開成間、後蜀廣政間、北宋嘉祐間、南宋紹興間、清乾隆間。今僅開成、乾隆石經保存完整，其餘僅存殘石。佛教刻經又可分爲兩類：一類是僧人恐遭逢法難，經籍失傳，因而刻石收存，以備不虞。最著名的是房山石經，始於隋，歷唐、遼、金、元而不衰，現存有一萬五千多石。二是刻經以求福祐，如唐代經幢刻《尊勝陀羅尼經》，爲一時風氣。

四、造像記。佛教最多，道教稍少。受佛教净土宗佛陀信仰的影響，信佛的士庶僧人多喜造佛像以積功德，大者連山開龕，小者可握於掌間。造像記記載造像緣由，一般均較簡短，僅記時間、像主姓名及所求之福祐庇蔭，文辭多較程式，可藉以瞭解風俗世情，有文學價值的很少。

五、題名。即是古人「到此一游」的記録。多存於山川名勝，多出於名臣、文士之手，雖較簡短，於考事究文，彌足珍貴。如長安慈恩寺題名：「韓愈退之、李翱翔之、孟郊東野、柳宗元子厚、石洪濬川同。」鍾山題名：「乾道乙酉七月四日，笠澤陸務觀，冒大雨，獨游定林。」均至簡，前者可考知韓、柳交游之始，知李翺另一表字，後者可見詩人陸游之風神。

六、詩詞。唐以前僅一二見，以雲峰山鄭道昭詩刻最著名。唐代始盛，宋以後尤多。詩詞刻石以摩崖和詩碑兩種形式爲多見。許多重要作家都有石刻詩詞留存。

七、雜刻。指上述六類以外的各種石刻。凡建橋立廟、興學建祠、勸善頌德、序事記游等，皆可立石以記，所涉範圍至廣。

此外，還有石刻叢帖，爲彙聚名家法書上石，供人觀賞臨習，其文獻價值與上述各種石刻有所不同，兹不贅述。

二、從石刻到拓本、帖本

石刻爲古人當時所刻，所記爲當時事，史料價值很高；所録文章亦得存原貌，不似刊本之迭經傳刻，多魚魯亥豕之誤，故前代學者考史論文，尤重石刻。然而石刻或依山摩崖，遠處荒山僻野，或形制巨大，散在各地，即便最優秀的金石學家，也不可能全部親見原石。學者援據，主要是石刻拓本。

拓本是由拓工將宣紙受濕後，蒙於碑刻之上，加以捶椎，使宣紙呈凹凸狀，再蘸墨拓成。同一石刻之拓本，因傳拓時間之早晚及拓技之精粗，常有很大不同。一般來説，早期拓本因石刻保存完好，文字存留較多，晚近所拓，則因石刻剥蝕，存字較少。如昭陵諸碑，今存碑石存字已無多，遠不及《金石萃編》之録文，而羅振玉《昭陵碑録》據早期精拓録文，録文得增多於《金石萃編》。即使同一時期所拓，也常因拓工之拓技與態度而有所不同。如永州浯溪所存唐李諒《湘中紀行》詩，王昶據書賈售拓録入《金石萃編》，有十餘處缺文訛誤；稍後瞿中溶親至浯溪，督工精拓，乃精好無損（詳《古泉山館金石文編》卷三）。至於帖賈爲牟利而或草率摩拓，或僅拓一部分，甚或竄改文字，以唐宋冒魏晋，則更等而下之了。

拓本均存碑石原狀，大者可長丈餘，寬數尺，鋪展盈屋，不便研習。舊時藏家爲便臨習，將拓本逐行剪開，重加裱帖，裝成册頁，成爲帖本。帖本經剪接重拼，便於閱讀臨摹，已不存原碑形貌。在拼帖時，遇原拓空缺或殘損處，常剪去不取，以致帖本文字常不可卒讀。原石、原拓失傳，僅靠拓本保存至今的石刻文獻，不是太多，較著名的有唐代崔鉉撰文而由柳公權書寫的《神策軍碑》。唐初著名的《信行禪師碑》，因剪棄較多，通篇難以卒讀。

現存最早的石刻拓本，大約是見於敦煌遺書中的唐太宗《温泉銘》和歐陽詢《化度寺碑》。宋以後各種善拓、精拓本，因流布不廣，傳本又少，藏家視同拱璧，書賈索價高昂。近現代影印技術普及，使碑帖得以大批刊布，許多稀見的拓本，得以大批縮印彙編出版，給學者極大方便。影響較大者有《漢魏南北朝墓志集釋》（趙萬里編，科學出版社一九五三年版）、《千唐志齋藏志》（張鈁藏，文物出版社一九八五年版）、《曲石精廬藏唐墓志》（李希泌藏，齊魯書社一九八七年版）、《北京圖書館藏歷代石刻拓本彙編》（中州古籍出版社一九八八年版）、《隋唐五代墓志彙編》（天津古籍書店一九九一年版）。重要的石刻拓本，在上述諸書中均能找到。

三、宋代的石刻研究及重要著作

南北朝至唐代，已有學者注意記載碑刻，據以訂史證文，但有系統地加以搜集研究，使之成爲專學，則始於宋代。首倡者爲北宋文學宗匠歐陽修。

歐陽修自宋仁宗慶曆五年（一〇四五）開始裒聚金石拓本，歷十八年，「集録三代以來遺文一千卷」（《六一居士傳》），編爲《集古録》，其中秦漢至唐五代的石刻約占全書的十之九五。參政之暇，歐陽修爲其中三百八十多篇碑銘寫了跋尾，對石刻文獻的史料價值作了全面的闡釋。其大端爲：一、可見政事之修廢；二、可訂史書之闕失；三、可觀書體之妍醜；四、可見文風之轉變；五、可訂詩文傳本之訛誤；六、可據以輯録遺文。這些見解，可説爲後代金石學的研究奠定了基礎。録一則如下：

右《德州長壽寺舍利碑》，不著書撰人名氏。碑，武德中建，而所述乃隋事也。其事蹟文辭皆無取，獨録其書爾。余屢歎文章至陳、隋不勝其弊，而怪唐家能臻致治之盛，而不能遽革文弊，以謂積習成俗，難於驟變。及讀斯碑有云：「浮雲共嶺松張蓋，明月與巖桂分叢。」乃知王勃云：「落霞與孤鶩齊飛，秋水共長天一色。」當時士無賢愚，以爲警絶，豈非其餘習乎！

《集古録》原書已不傳。歐陽修的題跋編爲《集古録跋尾》十卷，收入其文集，單行本或題《六一題跋》。其子歐陽棐有《集古録目》，爲逐卷撰寫提要，原書久佚，今存清人黄本驥和繆荃蓀的兩種輯本。

北宋末趙明誠輯《金石録》三十卷，沿歐陽修之舊規而有出藍之色。明誠出身顯宦，又得賢妻之助，窮二十年之力，所得達二千卷之富，倍於歐陽修所藏。其書前十卷爲目録，逐篇著録二千卷金石拓本之篇題、撰書者姓名及年月，其中唐以前五百餘品，其餘均爲唐代石刻。後二十卷爲明誠所撰題跋，凡五百零二篇。趙跋不同於歐陽修之好發議論，更注重於考訂史實，糾正前賢和典籍中的誤説，録存重要史料，考訂也更爲細密周詳。

南宋治石刻學者甚衆，如《京兆金石録》《復齋碑録》《天下碑録》《諸道石刻録》

等，頗具規模，惜均不存。存世者以下列諸書最爲重要。

洪适《隸釋》二十七卷、《隸續》二十一卷，前者録漢魏碑碣一百八十九種，後者已殘，尚存録一百二十餘品。二書均全録碑碣文字，加以考釋，保存了大量漢代文獻，許多碑文僅賴此二書以存。

陳思《寶刻叢編》二十卷，傳本缺三卷。此書彙録兩宋十餘家石刻專書，分地域著録石刻，附存題跋，保存史料十分豐富。

佚名《寶刻類編》八卷，清人輯自《永樂大典》。此書以時代爲序，以書篆者立目，記録石刻篇名、作者、年代及所在地，間存他書不見之石刻。

另鄭樵《通志》中有《金石略》一卷，王象之《輿地紀勝》於每一州府下均有《碑記》一門，也有大量珍貴的記録。後者明人曾輯出單行，題作《輿地碑記目》。

宋人去唐未遠，搜羅又勤，所得漢唐石刻見於上述各書記載的約有四五千品。歐、趙諸人已有聚之難而散之易之感歎，趙明誠當南奔之際仍盡攜而行，但除漢碑文字因洪适輯録而得保存較多外，唐人石刻存留到後世的僅約十之二三，十之七八已失傳。如幸賴上述諸書的記載，使今人能略知其一二，其中有裨文學研究的記載至爲豐富。如唐末詞人温庭筠的卒年，史書不載。《寶刻類編》載有：「《唐國子助教温庭筠墓》，弟庭皓撰，咸通七年。」因可據以論定。再如盛唐文學家李邕，當時極負文名，《全唐文》録其文僅五十餘篇。據上述宋人記載，可考知其所撰文三十餘篇之篇名及梗概，對研究其一生的文學活動十分重要。

四、清代的石刻研究及重要著作

元、明兩代是石刻研究的中衰時期，可稱者僅有三五種：陶宗儀輯《古刻叢鈔》僅録所見，篇幅不大；都穆《金薤琳琅》，録存漢唐石刻五十多種；趙崡《石墨鐫華》存二百五十多種石刻題跋，「多歐、趙所未收者」（《四庫提要》）。

清代經史之學發達，石刻研究也盛極一時。清初重要的著作有顧炎武《金石文字記》、葉奕苞《金石録補》、朱彝尊《金石文字跋尾》。三書雖仍沿歐、趙舊規，但所録多前人未經見者，考訂亦時有創獲。至乾隆間，因樸學之興，學者日益重視石刻文獻，史學大家如錢大昕、阮元、畢沅等均有石刻研究專著。全録石刻文字的專著也日見刊布，自乾隆後期至嘉慶初的十多年間，即有翁方綱《兩漢金石記》《粤東金石略》、吴玉搢《金石存》、趙紹祖《金石文鈔》《續鈔》等十餘種專著行世。在這種風氣下，王昶於嘉慶十年（一八〇五）編成堪稱清代金石學集大成的著作《金石萃編》一百六十卷。

王昶自稱有感於洪适、都穆、吴玉搢三書存文太少，「愛博者頗以爲憾」，自弱冠之年起，「前後垂五十年」，始得成編。其書兼載金、石，但録自器銘者僅當全書百之二三，其餘均爲石刻。所録始於周宣王時的《石鼓文》，迄於金代，凡一千五百多種。其中漢代十八卷，魏晋南北朝十五卷，隋代三卷，唐五代八十二卷，宋代三十卷，遼金七卷。各種石刻無論完殘，均照録原文，務求忠實準確。遇有篆、隸字體，或照録原字形。原石殘缺之處，或以方框標識，或備記所缺字數，遇殘字也予保存。又備載「碑制之長短寬博」和「行字之數」，「使讀者一展卷而宛見古物焉」（引文均見《金石萃編序》）。同時，王昶又廣搜宋代以來學者的著録題跋，附載於各石刻録文之次，其本人也逐篇撰寫考按，附於篇末。《金石萃編》搜羅廣博，録文忠實，附存文獻豐富，代表了乾嘉時期石刻研究的最高水平。

王昶以個人力量廣搜石刻，難免有所遺漏，其録文多據得見之拓本，未必盡善。其書刊布後，大受學界歡迎，爲其續補訂正之著，也陸續行世，較重要的有陸耀遹《金石續編》二十一卷、王言《金石萃編補遺》二卷等。至光緒初年，陸增祥撰成《八瓊室金石補正》一百三十卷，規模與學術質量均堪與王書齊駕。陸書體例多沿王書，凡王書已録之石刻，不復重録。王書録文不全或有誤者，陸氏援據善拓，加以補訂，一般僅録補文。這部分份量較大，因陸氏多見善拓，録文精審，對王書的糾訂多可信從。此外，陸書補録王書未收的石刻也多達二千餘通。

清代學者肆力於地方石刻的搜録整理，也有可觀的成績。録一省石刻而爲世所稱者，有阮元《山左金石志》二十四卷（山東）、《兩浙金石志》十八卷（浙江）、謝啓昆《粤西金石略》十五卷（廣西）、胡聘之《山右石刻叢編》四十卷（山西）、劉喜海《金石苑》六卷（四川）等。録一州一縣石刻而重要者有武億《安陽縣金石録》十二卷、沈濤《常山貞石志》二十四卷、陸心源《吴興金石記》十六卷等。

五、近現代的石刻文獻要籍

近代以來，因學術風氣的轉變，漢唐石刻研究不及清代之盛。由於各地大規模的基建工程和現代科學田野考古的實施，地下出土石刻的總數已大大超越清代以前八百年間發現的石刻數量。大批石刻得以彙集出版，給學者以方便。

端方《匋齋藏石記》四十四卷，是清季最有份量的專著。端方其人雖多有争議，但該書收羅宏富，題跋又多出李詳、繆荃蓀等名家之手，頗多精見。另一位大節可議的學者羅振玉，於古代文獻的搜集刊布尤多建樹。其石刻方面的專著多達二十餘種，《昭陵碑録》和《冢墓遺文》（包括《芒洛》《廣陵》《東都》《山左》《襄陽》等十多種）以録文精確、收羅宏富而爲世所稱。

二十世紀三十年代，由於隴海路的施工，洛陽北邙一帶出土魏、唐墓志尤衆。其大宗石刻分别爲于右任鴛鴦七志齋、張鈁千唐志齋和李根源曲石精廬收存。于氏所收以北魏志石爲主，今存西安碑林，張、李以唐代爲主。其中張氏所得達一千二百多方，原石存其故里河南新安鐵門鎮，民國間曾以拓本售於各高校及研究機構，近年已影印行世。其中對唐代文學研究有關係者頗衆。曲石所得僅九十多方，但多精品，王之涣墓志最爲著名，今存南京博物院。

民國間由於各省組織學者編纂省志，也連帶完成了一批石刻專著。其中曾單獨刊行而流通較廣者，有《江蘇金石志》二十四卷、《陝西金石志》三十二卷、《安徽通志金石古物考稿》十六卷，頗多可觀。

二十世紀五十年代，趙萬里輯《漢魏南北朝墓志集釋》，收漢至隋代墓志六百五十九方，均據善拓影印，又附歷代學者對這些墓志的考釋文字，編纂方法上較前人所著有很大進步，是研究唐前歷史、文學的重要參考書。

二十世紀最後二十年間，學術研究空前繁榮，前述自宋以降的許多著作都曾影印或整理出版。今人纂輯的著作，以下列幾種最爲重要。

《北京圖書館藏歷代石刻拓本彙編》，收録了北圖五十年代以前入藏的所有石刻拓本，全部影印，甚便讀者。不足處是一些大碑拓本縮印後，文字多不易辨識。

陳垣《道家金石略》，收録漢至元代與道教有關的石刻文字，於宋元道教研究尤爲有用。

周紹良主編《唐代墓志彙編》及《續集》，收録一九九九年以前出土或發表的唐代墓志逾五千方，其中四分之三爲《全唐文》等書所失收，可視作唐文的補編。

趙超編《漢魏南北朝墓志彙編》，據前述趙萬里書録文，但不收隋志，補收了一九八六年以前的大量新出石刻。

《隋唐五代墓志彙編》，據出土地區影印墓志拓本約五千方，以洛陽爲最多，約占全書之半，陝西、河南、山西、北京等地次之。其中包括了大批近四十年間新出土的墓志，不見於上述各書者逾一千五百方。

進入新世紀，石刻文獻研究成爲中古文史研究之顯學，更多學者關注石刻之當時書寫與私人書寫之特殊價值，成爲敦煌文獻研究以後有一學術熱點。同時，新見文獻尤以墓志爲大宗，每年的刊布數也以幾百至上千方的數量增長。其中最重要的，一是《新中國出土墓志》，已出版十多輯，爲會聚各地文物部門所藏者爲主；二是《大唐西市博物館藏唐墓志》，所收皆館藏，整理則延請史學界學者；三是《長安高陽原新出土隋唐墓志》，將考古報告與新見墓志結合，最見嚴謹。其他搜輯石刻或拓本的尚有十多家，所得豐富則可提到趙君平的《秦晉豫新發現墓志搜逸》三編，毛陽光的《洛陽新見流散墓志彙編》，以及齊運通洛陽九朝石刻博物館編的幾種專書。還應説到的是，日本學者氣賀澤保規編《唐代墓志所在總合目録》，不到二十年已經出版四版，爲唐代墓志利用提供極大的方便。陝西社科院古籍所編《全唐文補遺》十册，所據主要是石刻，校點尚屬認真。

上海古籍出版社編刊《金石文獻叢刊》，主要收録宋、清兩代有關金石學的基本著作，本文前所介紹諸書，大多得以收録。如王昶《金石萃編》，將清後期的幾種補訂專書彙集在一起，陸增祥《八瓊石金石補正》之正續編合爲一帙，也便於讀者全面瞭解這位傑出金石學家的整體成就。書將付刊，胡文波君囑序於我，是不能辭。然時疫方熾，出行不便，未能通讀全編，率爾操觚，總難塞責。乃思此編爲彙聚宋、清兩代金石學之菁華，爲滿足當代以中古文史學者爲主之石刻文獻研究之急需，或可將二十四年前爲當時還是江蘇古籍出版社的《古典文學知識》所撰小文《石刻文獻述要》稍作潤飾增補，用爲代序，敬請方家諒宥。

目録

金石二跋目次……一一九

金石二跋卷一……一一九

授堂金石文字續跋

授堂金石文字續跋卷五

授堂金石文字續跋卷六

授堂金石文字續跋卷十……六四九

宋

授堂金石文字續跋卷十三……七七五

元

授堂金石文字續跋卷十四……七九七

元

授堂金石三跋

道光癸卯年重刊

金石三跋

授堂藏版

金石一跋卷之第一目次

金石一跋卷之第二目次

又跋
漢中常侍樊安碑
中部碑

金石一跋卷之第三目次

金石一跋卷之第四目次

北齊藥方碑
北齊法行寺造像記
隨五百人造像記
隨修老子廟碑記
北齊開府儀同三司韓祐墓誌銘
隋車騎秘書郎張景略墓誌銘
隋造彌勒佛像記
隋榮澤令常醜奴墓誌
隋陳明府修孔子廟碑
隋左光禄大夫姚辨墓誌銘
隋木澗魏夫人祠碑

金石一跋卷之第一

偃師武億虚谷著録　男穆淳編　孫耒重校刊

周石鼓文 篆書今在國子監

鼓文自唐韋韓二子皆斷以爲文宣之世宋歐陽氏集古録獨著其可疑者三既又以退之好古不妄姑取以爲信則亦叔亦未遽摘其非而金馬定國以字畫考之乃云是宇文周所造作辨凡萬餘言出入傳記務以余考之皆未敢爲據也鼓文在陳倉已剥缺今益復損滅獨幸所存猶有可尋識者案其第四鼓文内云趍趍六馬射之族逞于是耆然而解決爲漢人所製書正義云春秋公羊說天子駕六毛詩說天子至大夫皆駕四許慎案王度記云天子駕六 公羊疏引王度記今天子駕六

者自是漢法與古異鄭元以周禮校人養馬乘四一師四圉四馬曰乘康王之誥云皆布乘黃朱以爲天子駕四漢世天子駕六如康成言則鼓支果製于文宣其時惟宜駕四馬令此支乃云起起六馬益與周制不倫此殆漢人目驗漢制因習而不察脫手以見于文亦有必然也路史注五子歌言六馬天子駕六久矣此殆爲僞尚書所誤大戴禮子張問入官六馬之離必于四面之衢子張周人也其爲是言者或當周既衰踵事附益爲之與當支宣盛時無此制也又大戴禮漢儒所輯支亦有當時竄入恐不可爲據依至如晏子春秋梁邱據乘六馬列子六馬可御荀子伯牙鼓琴而六馬仰秣淮南子說山訓伯牙琴鼓駟馬仰秣三子所爲書皆在周之季世方于六馬始侈言之而陵夷至于強秦乃益著爲令[illegible]

見諸太史公者秦始皇紀數以六爲紀是其事也呂氏春秋忠廉篇吳王曰吾嘗以六馬逐之江上此亦賓客當時所紀非吳已有此也漢興承秦之制使尋而不知所易故今以此推校諸傳錄記如漢書萬石君傳上問車中幾馬慶以策數馬畢舉手曰六馬爰盎傳今陛下騁六飛馳不測梁孝王傳景帝使使持乘輿駟迎梁王于闕下臣瓚曰言駟不駕六馬耳天子副車駕四馬王莽傳駕坤六馬白虎通天子之馬六者示有事于天地四方也周遷輿服雜記六駕六馬也續漢志天子五路駕六馬東京賦六元虬之奕奕注六馬也天子駕六馬西京賦天子駕彤彰六駿駮其爲漢制可案如此今好事者乃假文王嘗與于岐而傳又云成有岐陽之蒐至託于此鼓依倚而附爲之其欲以眩疑後人

益心勞若斯然不意六馬非制自貽舛漏益甚也漢時虛造鄉壁不可知之書類如是者最多又豈可盡欺世與顧亭林云讀其文皆淺近之辭殊不及車攻吉日之閎深近時疑石鼓者顧氏其首也

吳季子墓題字　篆書

季子墓古篆文唐開元中殷仲容已有摹搨至大歷十四年蕭定又轉摹在丹陽縣令予所目者僅見淳化閣帖而已其字小于丹陽石刻疑當時或倣此石更用縮本爲之集古録云自前世相傳以爲孔子所書蓋雖丞叔之博亦莫攷其始末而王伯厚引張燕公謝碑額表云孔篆吳札之墳秦存展季之壠言孔子篆者始見于此後予覽淵明季札贊云夫子戾止爰詔作銘則謂墓銘由孔子自晉已然矣字體眞僞前

人辨之號爲詳備矣故不再見特著其流傳之始爲附于此

漢銅釜銘

金石録載釜銘云長信賜館陶家又按漢書外戚傳竇皇后女嫖封館陶長公主百官公卿表長信詹事掌皇太后宮景帝中六年更名長信少府張晏注曰以太后所居宮爲名也居長信則曰長信少府居長樂則曰長樂少府然則景帝時官名長信則竇太后居是宮無疑銘雖無年月然知其爲竇太后賜館陶公主亦無疑也愚謂趙氏所指良然然張晏注以長信長樂皆爲太后隨所居而名之蓋疎也漢官儀帝祖母稱長信宮帝母稱長樂宮孜竇太后崩于建元六年五月丁亥則竇太后于武帝爲祖母故稱長信漢書魏相傳云顯

及諸女皆通籍長信宮霍光傳顯及諸女晝夜出入長信宮殿中師古曰長信宮上官太后所居此當宣帝時上官爲帝祖母傳昭儀傳成帝母太皇太后本稱長信宮此亦在哀帝時昭儀爲帝祖母皆灼然可據如此而釜銘既稱長信賜館陶家證之外戚傳竇太后將崩遺詔盡以東宮金錢財物賜長公主嫖此釜豈亦賜於此時與趙氏既引其端而予更爲補識所未逮者亦以俟博攷也

漢銅雁足鐙銘

雁足鐙銘細書圖寫建昭三年考工工輔爲內者造銅雁足鐙重二斤八兩護律佐博嗇夫福掾光主君丞宮令相時中宮內者第五故家凡四十五字橫寫後大厨三字又橫寫令

陽平家畫一至三陽朔元年賜十三字書勢雜以篆隸鐫勒工巧他刻罕與倫比案元帝建昭三年造此器至成帝陽朔元年始賜陽平家陽平王鳳也鳳以永光二年嗣父陽平頃侯禁歷二十四年薨則銘云陽朔元年鳳于是時實被賜也考工二輔古者物勒工名制器之不苟如是漢有書佐令云律佐亦史闕文

漢方壺

方壺一藏自清化高氏高一尺四分腹中徑五寸八分口徑三寸重三斤十二兩皆校之今權度也腹兩側有獸耳腹下橫鞠銘上三字不顯餘有容四斗重二十斤字存豎勒銘元壽武庫容四斗重二十斤八兩宜和博古圖所載漢獸耳方

壺並無款識此獨有之亦世所希也然方壺用之燕禮盖以賆酒今題武庫字未審何義或當時武庫內所遺器與元壽孝哀帝年號故决爲漢物也

漢太室石闕正銘 篆書元初五年四月今在登封嶽廟之南

闕正面銘字今尚可識然自歐趙以迄近代諸家如葉封嵩陽石刻記顧亭林金石文字記皆未收入余特爲著之金石攷按闕陰銘詞崇高神君文字記作嵩高漢書武帝祠中岳改嵩高爲崇高後漢書靈帝熹平五年復崇高山名爲嵩高則安帝元初五年崇高爲是余至闕下覩闕陽題有中岳太室及嵩高數篆字皆顯然無譌則當時崇高嵩高葢兩稱之韋昭注國語崇嵩字古通用是也又中岳泰室今指爲奉堂

亦字形之訛闕後兩石人埋土中僅露其首視之漢製也疑下胸背間必有銘刻屢告當事者爲發出竟不可得此一憾也

漢開毋廟闕銘 篆書延光二年今在登封啟母廟南

銘詞已剥落僅存數十餘字惟前題名時太守下缺兩字下書朱寵案後漢紀朱寵字仲威杜陵人爲潁川太守今兩字缺文蓋宜書杜陵朱寵案下丞掾史爲一例又紀載寵表孝弟理寃獄撫孤老功曹王徼皆選明經高行者則此銘所記丞零陵泉陵薛政五官掾陰林戸曹史夏效監掾陳修長西河圜陽馮寶丞漢陽冀秘俊廷掾趙穆戸曹史張詩將作掾嚴壽伍左福 金石刻伍作佐文字記作伍誤 皆一時之選也葉封嵩陽石刻

記以少室石闕所列丞薛政等與啟毋廟同顧亭林決爲一時所立無疑石刻記云同爲漢安帝年間物無疑措語自不苟顧氏引作一時所立失其指矣 今案之啟毋闕題名有監掾陳修而少室銘作監廟掾辛述伍左福又作廟佐向猛趙始蓋其異者如此則石亦間時而立顧氏或亦未之詳也然兩銘並列西河圜陽馮寶劉寬碑陰門生石艾鄉長西河圜陽田楨君長千 據韋昭云圜當爲圁續郡國志及太康地理志並作圁字也而此銘並作圜其承襲舊誤已不起于東漢地理志圜陰注莽曰方陰師古云王莽改爲方陰則是當時已誤爲圜字然所以致誤之由竟莫可推尋史記晉文公攘戎翟居于河西圁洛之間徐廣曰圁在西河音銀當太史公時字尚未誤三蒼圁作圜後又檢索隱云幽邑改為恂邑圁陰

變爲圜陰皆爲聲相近字變故併志之以見文字轉訛之有自也

漢少室神道石闕銘篆書今在登封縣西邢家鋪南

銘記凡空行及行有字者共二十二行行四字顧亭林云此闕有銘詞僅存二行八字其可辨者五字曰口口林芝之口日月余案林字上實爲茂字芝字上實爲緜字又戶曹史張此行下仍間一行字迴損[illegible]六可諦識跳行乃接詩字今顧氏連張詩爲一行非也

漢故國三老袁良碑八分書永建六年二月見集古錄本

碑內云帝御九龍殿引對飲宴永叔跋九龍殿名惟見于此今案東京賦九龍之內實曰嘉德註九龍本周時殿名也門

上有三銅柱柱上有三龍相糺繞故曰九龍此漢亦沿周舊制爲之其可引據者如是魏略通引穀水過九龍前三國志明帝紀命有司復崇華改名九龍殿則又祖襲漢制矣而永叔皆未之及其與西岳碑集靈宮之疎宜皆留以爲後人補也

漢敦煌長史武君碑 八分書建和元年今在嘉祥縣

蕢小松舊遺余武氏碑字殊漫漶詢之小松乃以近所刻釋文與洪氏對勘者計存三百十二字較洪氏存四百八十字已少一百六十八字矣又隸釋久代鬼方趙云克伐鬼方今審爲克伐洪云萬載嘆誦實是億載皆小松審驗非詭予故録之以見敦煌爲余同宗鉅公垂没復顯非偶然也碑文字

粗可句者武丁克伐鬼方元功章（缺二字）臧王府（缺二字）分析因以爲字（缺三字）氏蓋其後也賢之風俗通云武朱武功之後者更詳備

漢中常侍費亭侯曹騰碑 八分書

集古錄於碑題下書歲月見本文今文內建和元年亦遣曹騰之國年數非立石所自也漢隸字源云碑延熹三年立婁氏猶得見此文其所識必可據而汞叔跋此碑以其粗可見者有云惟建和元年七月二十二日巳巳皇帝若曰（隸釋作皇太后以証汞叔之誤）其遺費亭侯之國（集古錄其建費亭侯之國建當作遣傳刻誤也）建和桓帝年號也後漢書騰本傳云騰用事省闥三十餘年奉事四帝未嘗有過然攷之傳前文已言安帝時除黃門從官是自安

帝以下及桓帝即位騰始就國蓋已嘗奉事五帝而傳惟云四帝當以孝冲踐祚不延故也碑既言七月二十二日巳巳其建朔當爲戊申則是月必無乙未桓帝紀秋七月勃海王鴻薨立帝弟蠡吾侯悝爲勃海王遂連書乙未立皇后梁氏以乙未繫之七月之下及檢梁皇后傳建和元年六月始入掖庭八月立爲皇后則乙未實八月而紀脫書八月二字非由是碑巳巳推之其孰從而確此漏耶通鑑書八月乙未攷異以長曆度之與僖縣同丞叔又云獻帝中平元年騰養子操始得騎都尉桼之騰本傳養子嵩嵩子乃操耳丞叔不應涉誤至此或亦偶不及檢也

漢魯相乙瑛置孔子廟百石卒史碑八分書永興元年六月今在曲阜縣

碑載三月丙子朔二十七日壬寅司徒雄司空戒下魯相又下文永興元年六月甲辰朔十八日辛酉云云以後漢書推之雄吳雄戒趙戒也吳斗南兩漢刊誤補遺云三王世家並載諸臣奏疏其書朔可爲後世法程曰三月戊申朔乙亥御史臣光守尚書令丞非下御史書到言丞相臣青翟御史大夫臣湯云云昧死上言臣請立臣閎臣旦臣胥爲諸侯王云云制曰可四月戊寅朔癸卯御史大夫湯下丞相丞相下中二千石二千石下郡守諸侯相前言戊申朔則乙亥爲二十五日矣前言戊寅朔則癸卯爲二十六日矣中興以後有司失其傳如先聖廟碑載三月丙子朔二十七日壬寅司徒雄司空戒下魯國又修西嶽廟碑載十二月庚午朔十三日壬

午洪農太守臣毅頓首死罪上尚書〔案曾相晨祠孔廟奏銘建寧二年三月癸卯朔七日巳酉曾相臣晨長史臣謙頓首死罪上尚書亦與此同文〕烏有知朔爲丙子庚午而不知壬寅壬午爲二十七日十三日者哉斯近贅矣今世碑記祭文踵先漢故事可也余按中興之初猶存西漢遺制後漢書隗囂檄文云漢復元年七月己酉朔己巳言己巳則爲二十一日也吳氏之言信有本哉

漢孔德讓碣〔八分書永興二年七月今在曲阜〕

碣文備載隸釋已云其名不甚可辨今益漫漶所存字少有完者惟後文年卅四顯據今集古錄訛卅作廿又脫四字洪氏亦訛卅作廿傳刻之過也流俗人謂此碣爲孔宏蓋失檢

附

漢郎中鄭固碑 八分書延熹元年今在濟寧州

碑多捐磨其文云男孟子揚烏之才又銘詞嗟嗟孟子苗而弗毓棄下又有元兄修季罔極之文庶長曰孟此即鄭君庶子之早夭者法言問神篇育而不苗者吾家之童烏乎九齡而與我元文碑蓋襲用此語當時法言大行人傳為學以見于文如此隸釋夏堪碑睎驥顏亦用法言學行篇睎驥之馬睎顏之人漢書揚雄傳其先出自有周伯僑者以支庶食采于晉之揚因氏焉左傳楊從木今碑楊烏亦從木漢之稱雄氏族者楊與揚兩用之其見于此碑可考也

漢楚相孫叔敖碑 八分書延熹三年五月

碑舊缺殘滅者五十餘字世所傳拓本皆續刻足而成之歐

洪收此皆無他議惟丞叔信碑云叔敖名饒至景伯依左氏傳蔿敖蔿艾獵則又謂此碑獨言其名饒未知何據近顧亭林推指凡詞內巨謬者又有數事然余亦踵顧君摘之尚得一二焉碑云六國時期思屬楚秦期思故蔣國也莊公時楚滅之爲期思邑文十年有期思公復遂爲右司馬其屬楚蓋已在春秋時非自六國也荀子呂氏春秋並以爲期思之鄙人不言楚下語自不苟又云楚都南郢南郢卽南郡江陵縣也據漢地里志南郡江陵縣故楚郢都無稱爲南郢者碑或以江陵有紀南城而牽合號曰南郢則楚之都故未有此名也然則自顧君詆之至謂此文自不知書信非已甚也又三九無嗣國絕祀廢孜韓非子喻老楚邦之法祿臣再世而收地惟孫叔敖獨在此不以其

邦爲收者瘠故九世而嗣不絕史記滑稽傳召孫叔敖子封之寢丘四百戸以奉其祀後十世不絕豈有以子孫不蹐膴仕遂至如碑所云國絕祀廢者乎言之失倫其所據非也已

漢泰山都尉孔宙碑 八分書延熹七年二月今在曲阜縣

泰山都尉孔君嘗任此官案之桓帝紀初置泰山瑯琊都尉官注二郡盜賊不息故置今碑所謂東嶽黔首猾夏不缺三字禍兵遺畔未寧乃擢君典戎以文修之典戎卽都尉職而注指盜賊不息者與碑懸合又應劭云每有劇職卽臨時置都尉事訖罷之攷泰山都尉置在永壽元年延熹八年卽罷蓋當孔君碑旣攷之明年而官亦遂以廢其爲因時權設信有據也然則百官志謂邊郡往往置都尉語豈有所漏與隸續

劉寬碑陰故吏伊闕都尉在靈帝中平二年鄭季宣碑陰有故孟津都尉在中平三年此二地豈得謂之邊郡與余故以孔君碑質之益知應氏說爲定也

漢袁逢西嶽華山廟碑 八分書延熹八年四月今藏大興朱先生家

碑自前明華陰地震已毀仆無存余從集古錄所跋略見其槩後見朱先生藏本傳爲宋拓蓋碑既淪毀而後人之珍弆者益核其實自亭林氏及朱先生並跋此碑言之備矣然碑云唐虞疇咨四嶽五歲壹巡狩皆以四時之中月各省其方親至其山柴祭燔燎夏商則未聞所損益質之鄭志鄭荅孫皓云唐虞之時五載一巡狩夏殷之時天子蓋六年一巡狩禮文殘缺雖于二代之制有所未定康成大儒其說必援自

師承則損益在夏商已約略可按而碑既云未聞康成又云益以疑之亦以無正文不自爲斷制如此然則古之立言者益其慎也金石文字記證此碑香察非名因及於漢碑未有列書人名者案洪景盧所收武斑與羊竇道碑並載書人姓名則漢碑固有之矣碑近有雙鉤本較明刻皆失真然略以存古亦不可闕也

漢史晨饗孔廟後碑 八分書建寧二年今在曲阜

碑叙畔宫文學先生執事諸弟子前祠孔廟奏銘飲酒畔宫此碑宫又作官顯鑿非訛案官與館通漢書王尊事師郡文學官注以郡文學之官舍如博士官然則畔官卽文學館耳故文學先生咸在其中今刻隸釋作畔宫當未審也畔爲泮

異文成臯令任伯嗣碑與文偃武修序畔校亦與泮校同

漢金鄉長侯成碑 八分書建寧二年

碑前述侯君先世曰覇者集古録証之列傳云覇莽時爲隨令案王莽改縣令長曰宰覇既當莽時歴官亦宜稱宰而傳云令何也永叔亦未審耶碑後書夫人以延熹七年歳在甲辰十一月三日庚午遭疾終顧亭林証以郎中馬江碑云夫人宛句曹氏終温淑愼言曰女師年五十五建寧三年十二月卒此後人作碑并志夫人之始愚謂戚伯著碑太歳丁亥娉妻朱氏旬期著橫遇夘度不蒙禱卜奄遂貫殁隸釋攷碑有太歳丁亥字當是建武或章和年所刻者則又在建寧前矣相府小史夏堪碑娉會謝氏并靈合柩此悉可依據不獨

馬江碑爲然朱竹垞跋此碑云終漢之世侯君而外夫婦合藏僅有郎中馬江并書夫人宛句曾氏祔焉其失檢與顧氏同

漢西狹頌八分書建寧四年六月

曾子固跋西狹頌云其頌有二其所識一也其一立于建寧四年六月十三日壬寅其一是年六月三十日立以余今所得本與子固跋參校蓋爲有異子固跋云與功曹史李旲李旲隸釋作李旻定策勅衙官掾仇審治東坂有秩李瑾治西坂今此本但云勅衙官有秩李瑾掾仇審而已又不言與李旲定策則知子固所跋爲六月十二日立而余所見正爲六月三十日刻石者也百官公卿表水衡都尉屬有衙官又衙官亦屬少府百官志水衡都尉世祖省每立秋貙劉之日輒暫置水

衡都尉漢官舊儀罷中二千石詹事水衡都尉又省水衡屬官則衡官屬水衡者自建武以來已去此制令頌乃云勅衡官或因有事興作亦暫置都中耶容齋隨筆漢官名有不書于百官表而因事乃見者如行冤獄使者因賊殺祭舜而見美俗使者因何並代嚴詡而見河堤使者因王延世塞決河而見直指使者因暴勝之而見豈非因事置官事已即罷乎抑郎郡中所謂工官都官而製文者遷就爲之遂不悟其非制也予固跋又稱翁嘗令澠池治崤嶔之道有黃龍白鹿之瑞其後治武都又有嘉禾甘露木連理之祥皆圖畫其像刻石在側以爲得此圖然後漢畫始見于人間萊濟州有武梁祠堂畫像早爲世所覩矣又有麒麟鳳凰碑已入米元章書史元章與予固同時而所收録若此世豈有未得漢畫者耶水經注金鄉山司隸校尉魯君冢前有石

祠石廟四壁刻書契以來忠臣孝子烈女孔子七十二子形像又云鉅野有荊州刺史李剛墓有祠堂石室四壁隱起君臣官屬龜龍麟鳳之文在酈氏作注時漢畫之可見者亦又若此而跋乃據此圖云爾蓋失檢也余近尋嵩陽三石闕並有龍虎鳳馬雲鳥人物諸像惟石質較粗刻工樸拙不足摹拓錢塘黃小松所遺武梁祠畫像全部又孔子見老子畫像皆鐫作纖巧小松更有搜得滋陽新出畫像濟寧兩城山漢畫像十餘石匡山得六石並人物牛馬粗具西安出土漢瓦如元武瓦龜蛇糾結朱雀瓦振翼作摯健之狀白虎瓦仰嘘雲氣悉生動可喜亦漢畫之希有者而前人皆未目及其天固秘留此以俟後起也耶是益可寶也

漢李翕析里橋郙閣銘八分書建寧五年今在畧陽

頌文亦爲近重刻者永叔跋此頌謂阿陽李君諱會字伯都攷曾子固跋西狹頌云嘉祐之間鼂仲約質夫爲興州還京師得郙閣頌以遺余稱析里橋郙閣李翕字伯都之所建以去沈没之患而翕字殘缺不可辨得歐陽永叔集古録跋尾以爲李會余亦意其然及熙寧十年馬城中玉爲轉運判於江西出成州所得此頌以視余始知其爲李翕也今石墨鐫華乃云板本皆作李會或傳寫之誤以今考之板本益仍集古録而碑爲後重刻始訂正從翕趙子涵特即翻摹者遽爲之詞非其實也又云唯鄭樵畧曰李翕與碑文合漁仲後於子固而趙氏不引爲據其亦未之見與

漢婁先生碑八分書熹平三年二月重摹本

碑自永叔遷乾德令遂據圖經遷碑還縣立于敕書樓下今余所得者葢摹刻本其文云婁先生名壽字元考南陽隆人漢地理及郡國志南陽並無隆縣反覆推校亦非由避殤帝諱遂盡沒其名疑是地特鄉邑聚落之附屬南陽者攷漢晉春秋亮家于南陽之鄧縣在襄陽城西二十里號曰隆中蜀記晉永與中鎮南將軍劉宏至隆中觀亮故宅立碣表閭命太傅掾犍爲李興爲文有云登隆山以遠望軾諸葛之故鄉然則隆中亦因隆山爲號今碑云南陽隆人者其謂此與碑載曾祖父徵朱爵司馬百官志朱爵司馬主南掖門古今注永平二年十一月初作北宮朱爵南司馬門悉與符合下載親父安貧守賤不可志撓

髮傳業疑不可忘句有脫文又其下載樂且溺之耦耕今論語作沮古名且者國語有鬩且莊子有余且史記作豫且列子又有蒲且子漢書趙充國傳欲沮解之師古曰沮壞也沮蓋與阻同大射儀且左還注云古文且爲阻是沮阻且皆一字古文從省在漢人所書往往如此

漢石經儀禮殘碑熹平四年

隸釋云未央宮有曲臺殿天子射宮也西京無太學於此行禮故后蒼著書說禮數萬言名曰曲臺記案西京無太學洪氏此跋亦襲漢書注晉灼之誤宋吳斗南刊正可覆案也其文云太學興于元朔三年按儒林傳詔太常議予博士弟子太常請因舊官而興焉爲博士官置弟子員是也先是董仲

舒對策願興太學以養天下之士史謂立學校之官自仲舒發之故武紀以是列之贊語宣紀以是載于議尊號詔文是太學興于武帝時明甚賈誼曰學者所學之官也韓延壽修治學官注謂庠序之舍文翁修起學官招學官弟子注謂學之官舍然則儒林傳所云興官及博士官非太學而何下文郡國縣官有好文學者與計偕故文翁傳云武帝時令天下郡國皆立學校官烏有天下皆立學而天子之都乃反無太學之理紀于元朔五年書丞相宏請爲博士置弟子員按太常議本文爲博士下有官字紀脫之耳通鑑知其誤故帝紀書曰博士官蓋取儒林傳文足之也且史載何武等習歌詩太學下博士弟子王咸舉幡太學下孰謂西京無太學也哉

王尊事師郡文學官而郡文學之官舍如博士官也師古曰郡有文學官而尊事之以爲師豈忘前注耶官當作館易官有渝九家作官蜀作館通宋葉大慶考古質疑與此合

漢故聞熹長韓仁碑八分書熹平四年十一月今在滎陽縣署

碑出之正大間少有磨泐案其文云熹平四年十一月甲子朔二十二日乙酉司隸缺河南尹校尉缺空閒典統非任素无績勳宜善缺仁前在聞熹經國以禮刑政得中有子產君子缺尉表上遷槐里令除書未到不幸折命喪身爲缺祀則祀之王制之禮也書到郡遣吏以少牢祠缺竟行勗厲清惠以佺其美豎石訖成表如律缺十一月二十二日乙酉河南尹君丞熹謂京寫缺墳道頭訖成表言會月卅日如律令又

碑額題云循吏然漢史不附其名亦失紀也仁既遷槐里遂遺隕歿尹河南者猶表其墳道如此宜乎吏治之競勸也河南尹君丞攷百官志尹下丞一人不見有君丞之文唯陽朔元年銅雁足鐙銘亦列君丞則君丞自前漢巳有之豈亦如令丞長丞之謂與漢時郡符下移縣屬如朱博傳口占檄文並言如律令今道流符咒襲用此語世多昧其效漢制官府文書爲之故爲附著于此

漢豫州從事尹宙碑 八分書熹平六年四月今在鄢陵縣

碑出土完好甚無善本近以土人據之要利不容搨工摹拓惟予所收較無濃暈之痕文首云君諱宙字周南其先出自有殷然證以漢書古今人表堯師尹壽則其世系所自遠矣

而碑尙不無所遺蓋譜學難明如此又碑云位不福德顧亭林謂福亦副字之誤不知福卽副本字匡謬正俗文已詳言之然則福非誤也惟顧氏所指鉅鹿之鹿不當從金案玉篇鉅鹿俗作鏕蓋由漢人亦未能免此此伯喈刋正之功所爲不可以已與

受業　王裕栻　王思錫　校

金石一跋卷之第二

偃師武億虛谷著録　男穆淳編　孫耒重校刊

漢樊毅華嶽廟碑八分書光和二年十月

集古録及隸釋並載此碑今按其文稱光和二年有漢元舅五侯之胄謝陽之孫曰樊府君諱毅字仲德攷後漢書樊宏傳封弟丹爲射陽侯水經注云建武十三年封樊重少子丹爲謝陽侯是碑稱謝陽之孫者謝陽卽謂丹也古謝射字通用劉逵引國語宏射不過講軍實今本作榭又通作謝三國志吳射慈一作謝慈隋志禮記音義隱一卷射氏撰今本射亦作謝漢書律歷志典星射姓戴埴鼠璞案此以謝射謂古人姓從省文然則以碑推之謝陽卽射陽亦其文從省故也

章懷太子注反指臨淮别有射陽又疑違非此地豈非自爲紕繆與鄭語謝西之九州何如注謝宣王之舅申伯之國也其地在漢卽屬南陽郡國志荆州記並言棘陽縣東北百里有謝城輿地廣記謂棘陽故謝國漢爲棘陽縣屬南陽者是也由斯例証范書射陽非誤其誤自注家不審故耳隸釋据水經注云山陽城西射陽縣之故城以傳以丹爲射陽誤樊宏世有後而丹之嗣裔無聞今以此碑樊府君爲謝陽之孫于是又可補史牒所不及也

又跋

碑云惟光和元年歲在戊午名曰咸池季冬己巳宏農太守河南樊君諱毅字仲德集古録以下文二年正月己卯興就刻茲碑號據爲卽時所立而太守生稱諱頗以致疑案漢碑

西狹頌云漢陽阿陽李君諱翕字伯都翕爲武都太守以建寧三年到郡明年治西狹中道民歌頌之爲立斯石又明年復架析里橋郙閣治西坂山天井道則已建寧五年矣而當時並稱諱不以爲嫌曹全碑椽史生紀功者直云公諱全亦無所避孫叔敖碑亦云段君諱光字世賢修堯廟碑濟陰太守河南匽師孟府君諱郁字敬達下及令丞尉皆稱曰諱靈臺碑濟陰太守魏郡陰安審君諱晃字元讓又如下令亦稱諱而丞尉但直書名饗孔廟後碑相河南史君諱晨字伯時蓋漢人尊上體固宜然不爲嫌也

漢溧陽長潘乾校官碑 八分書光和四年十月在溧水縣學

碑在宋紹興十一年始出其得之者溧水尉喻仲遠也碑首

校官字趙彥衞雲麓漫鈔云范曄後漢書永平十年閏月甲午南巡狩幸南陽祠章陵日北至又祠舊宅禮畢詔校官弟子作雅樂奏鹿鳴帝自御塤篪和之以娛嘉賓則東漢時縣有校官矣引已見金石文字記案漢書韓延壽傳延壽于是令文學校官諸生皮弁執俎豆蓋又在西漢時已然

漢白石神君碑八分書光和六年今在元氏縣

碑久爲前人著録惟余自戊申歲始得之小松所寄拓本今尋其文云白石神君居九山之數參三條之壹趙氏莫詳爲何語洪景伯既証明三條尤于九山未有所晰余摭淮南王書墬形訓何謂九山會稽泰山王屋首山太華岐山大行羊腸孟門今白石山亦太行支麓也所云居九山之壹者當謂

此爾碑云兼將軍之號秉斧鉞之威後又有燕元璽三年刻字亦稱白石神君山川之神其有封號當漢季已如是而世儒謂沿于唐代非其失檢也與

漢幽州刺史朱龜碑 八分書光和六年文見洪氏隸釋

碑云察孝廉除郎中尚書侍郎以將事去官集古録謂將事去官莫曉其謂按左氏傳成十三年春晉侯使郤錡來乞師將事不敬注將事致君命今碑所云將事當謂此但漢人措語不以其失位不敬顯著于碑亦詞之慎也

漢蕩陰令張遷碑 八分書中平三年二月今在東平州儒學

張遷字公方陳留巳吾人碑爲當時故吏韋誥等感思舊君刊石立表今文漸漫漶皆粗可讀其文歷敘君之先出自有

周張仲並列及漢張良張釋之張騫獨引釋之事以約漢書爲文而語尤拙滯張釋之傳上登虎圈問上林尉禽獸簿今碑作苑令百官志上林苑令一人苑令自後漢始有此名又傳惟云尉而故易作令爲文遷就皆於事爲失其實傳云詔釋之拜嗇夫爲上林令令碑云進嗇夫爲令是矣若云令更爲嗇夫反多贅此一語何也其下更云釋之議爲不可苑令有公卿之才尤爲誤會釋之稱絳侯東陽侯以是二人爲長者足副公卿耳碑乃以苑令當之其亦粗涉史傳好以意爲之遂不悟其謬也與碑後又言詩云舊國其命維新經句亦可裁節便以成文愈爲巨謬矣惟舊國今作邦疑亦非避諱或漢時所傳本如此樊毅碑劉熊碑皆直書邦字可証也碑

向爲歐陽趙洪所未目及獨近世始著録其舛誤爲亭林氏所指者金石文字記荒遠既殯者賓之誤中譽于朝者忠之誤而又有云爰既且于君則曁之誤尙遺畧不及于此余故特著之然顧氏所指中爲忠之誤中忠自通用非誤也

漢郃陽令曹全碑并陰八分書中平二年十月今在郃陽縣

予向得是碑收貯二十餘年近稍爲推證再質之金石文字記凡爲顧氏所已攷者皆不具録惟朱竹垞云史載疏勒王臣磐爲季父和得所射殺而碑云和德弒父德與得文亦不同予嘗推之漢一字石經論語何得之衰今文得作德史記孟嘗君傳齊湣王不自得索隱曰得一作德是湣王遣孟嘗君自言已無德故也漢書項羽傳吾爲公得晉灼曰或作德

然則得與德古字通也後漢書靈帝紀中平元年春二月鉅鹿人張角自稱黃天其部帥有三十六萬皆著黃巾同日反叛今碑云光和六年復舉孝廉七年三月除郎中拜酒泉福祿長訞賊張角起兵幽冀兖豫荆揚同時並動所記與史不同蓋靈帝以七年十二月改元中平碑惟就其始書之三國志魏武帝紀亦云光和末正與碑符而典畧誤爲光和中東方有張角史家不知詳推動輒舛謬如斯類者可勝指耶又文內大女桃斐等斐即妃之異文金石文字記按魏書刑法志有河陰縣民張智壽妹容妃則固有以民間女而稱妃者然此在漢人巳通稱無忌隸釋郭輔碑有四男三女而歌詞亦云娥娥三妃與桃斐同是尤可證也

漢荆州從事苑鎮碑八分書無歲月見隸釋本

碑言鎮其先出自苑柏何爲晉樂正又云有苑子園實能掌陰陽之理卽其胄也路史云左傳有苑何忌苑鎮碑失之君肇建仁義之基始創五福之衢韜律大杜綜臯陶甫侯之風隸釋案大杜蓋法家者流而未詳所指余竊証之後漢郭躬傳云父宏習小杜律太守寇恂以宏爲決曹掾章懷太子注前書杜周武帝時爲廷尉御史大夫斷獄深刻少子延年亦明法律宣帝時又爲御史大夫對父故言小然則小杜爲延年今此碑所云大杜卽爲周又車騎將軍馮緄碑兼律大杜是必漢時指其父子俱以法名家故以大小別之南史崔祖思傳漢來習律有家子孫並傳其業是也而史闕不書得于是碑按之益嘆博

徵爲有資也

漢吉羊洗　篆書

洗一具藏吳門陸氏予在京師從摹本見之洗腹鑄羊聳立如駝形製最敦朴附以銘云大吉羊宜侯王時多咏歌題識者惟言說文羊與祥通又謂元嘉刀銘亦可附徵耳案釋名羊車羊祥也祥善也隸釋載苑鎮碑茂德翔羊義亦作祥博古圖漢十二辰鑑辟除不羊釋亦作祥其他經記所傳類是尚多予所記姑以見古通義存著于金石者特爲可喜如此洗篆文作偃波下垂器以銅模成按禮器制度洗之所用士用鐵大夫用銅諸侯用白銀天子用黃金然則是洗亦漢大夫器也

後漢碑陰題名 八分書殘缺無年月見今集古録碑本

碑在永叔集録時其僅存者云後碑則有議曹功曹騎吏有蓮勺左鄉有秩池陽左鄉有秩池陽集丞有秩皆不知是何名號又有闕文一字陽候長杸櫟候長則是縣吏之名永叔博通而於此尚有所未逮然姑闕其疑以俟知者其賢于人遠矣功曹議曹見前後漢書者甚夥而百官志有功曹史主選署功勞漢官舊儀二科補議曹此尤易知者也若騎吏則漢官云騎吏三人屬于太僕引見百官志注韓延壽傳騎吏一人後至而永叔亦遺之豈不益疎也張敞傳本以鄉有秩補太守卒史師古曰鄉有秩者嗇夫之類也百官志鄉置有秩本注曰有秩郡所署秩百石掌一鄉人漢官曰鄉戶五千則置有

秩又云鄉有秩獄吏五十六人又風俗通曰秩則田間大夫言其官裁有秩耳今碑云左鄉有秩正與此符故由是以補丞叔所遺也

漢故宛令神祠碑 八分書殘缺 今在南陽

碑首題磨滅不知爲何人其字較文内獨大云故宛令益州刺史南郡襄陽下缺數字另行云字初神祠之碑餘文蹟如句者有更訊治立碑復祠下字垣宇樹木等字中大人共案文字 缺 興二年六月字部勸農賊捕掾李龍南部字屋有守祠義民今聽復字令瑯琊開陽貫君諱字下有依稀可辨者李龍字亭長張河字譚伯祖字漢碑近出者絕少故雖已斷脫不可次序猶爲檢録如此百官志五官爲廷掾監鄉五部

舂夏爲勸農掾今碑正與志合至云瑯琊開陽者地里志開陽屬東海至後漢屬瑯琊郡國志瑯琊國有開陽是也左傳哀公三年城啟陽即開陽以避諱易之余得是拓本覩其中有空圓白如涴爲摩玩者久之齧穿中之制漢碑多如是者又二年年字中畫獨長漢隸字源云乎命年此三字垂筆或長過一二字余干他碑亦少見惟五鳳二年磚文兩年字俱長今是碑存其梗概益可珍也碑前文與二年與上缺字案東漢建號和帝有元興元興止一年桓帝永興乃得二年當定爲桓帝時刻字無疑爾中大人共案文字益以宦者監視墓勒上石亦猶袁逢華嶽廟碑遣郭香察書之比但一令長神祠至邈中貴爲之檢案亦莫解其殊寵之由也

漢孔文禮殘碑 八分書今在曲阜

碑剥缺文字皆不續屬惟首行載君諱褎字文禮孔子廿世之孫泰山都尉之元子全具案後漢書注引家傳褎字文禮又言兄弟七人融第六以此碑攷之文禮爲元子其行次可見如此碑內有業春秋篇籍靡遺字又有鈌爵固辭字益文禮少傳世學而不以榮位自繫今攷史晨饗孔廟後碑所云處士孔褎文禮是其徵也後又言元節所過及會事覺臨難引首數語皆謂身匿張儉蹈義隕殁益與史傳符然以歐趙洪三家及近如亭林竹垞皆未收及其有所遺與或云後出士亦未知在何時當俟識者訪之

漢人關銘 八分書見集古錄本

銘有二其一爲永樂少府賈君闕永叔案漢官儀長樂少府
以宦者爲之則賈君者葢亦宦者也攷此非是漢官儀帝祖
母稱長信宫帝母稱長樂宫故有長信少府長樂少府及職
吏皆宦者爲之永叔所據如此然尋文推義主少府者當亦
用士人或其屬吏爲宦者耳歲月在永叔時已不可詳今案
置永樂宫起桓帝和平元年尊其母匽皇后因置太僕少府
以下皆如長樂宫故事其後靈帝尊董貴人而續漢志亦云
置永樂宫由是言之賈君殆桓靈閒人也靈帝紀熹平三年
永樂少府許訓爲司空劉寬傳拜永樂少府楊彪傳三遷永
樂少府陳球傳爲永樂少府數子亦皆非宦者金石録吳郡
丞武開明碑據漢書志所載中官及長樂宫官屬皆以宦者

爲之而以史傳及漢魏石刻參考如大長秋少府之類皆雜
用士人今武君以孝廉爲郎謁者郎中吳郡府丞皆非宦者
之職然則兩宮官屬葢亦雜用士人也余檢閱及此益自喜
與余佐證契合若符足明永叔之踈爾

漢武氏前石室畫象

石室畫象既晦而顯皆賴錢唐黄君小松抉奇出之其以前
後標題者亦君所識别也案前石室畫象中有小車張葢駕
一馬二人導從騎上用小書題曰賊曹車字畫精勁絶倫後
漢輿服志大使車立乘駕駟赤帷持節者重導從賊曹車斧
車督車功曹車皆兩大車然則賊曹車亦副從大使車者也
武氏必嘗奉使而後人圖其儀衛之盛因以象于此歟又所

刻古帝王忠孝列士奇跡亦用分書標識其名字攷天問章句敘云屈原見楚有先王之廟及公卿祠堂圖畫天地山川神靈琦瑋僑佹及古聖賢怪物行事此亦師其意而爲之漢祠宇墓室多如是者至其圖畫近古尤足珍也

漢執金吾丞武君碑 八分書無年月今在濟寧州儒學

碑過殘缺不可成文王宏撰以碑額漢故執金吾丞武君之碑十字作陰文凸起他碑所無余十餘年所集拓本多見之搨工未及全收額題後惟親往手摹如漢太室闕篆字正銘陰文凸起魏公卿上尊號碑額唐麓山寺碑額周公祠碑額王行滿書聖教序碑額宋仁宗御書飛白賜陳繹碑額並陰文凸起又龍門山老君堂一造像磨崖小碑題爲始平公者

文皆用陰字此乃他碑所希見耳王君蓋未覩也隸續陳球碑篆額二行黑字王純碑篆額二行黑字淳于長碑篆額二行黑字

漢秦君碑 在滕縣

碑無歲月可紀其銘詞皆四言有云裔出睪睪下缺一字案睪即皋字蓋以秦君上世本于皋陶也朱竹垞跋此碑以睪與嶧通而知爲滕人斯失之矣余拓本未全金石文字記備錄此文今從之

漢郭輔碑 八分書 見隸釋

碑載輔有四男三女咸高賢姣孋案姣孋云者著其三女婦容也漢人質直不以色爲諱詞亦猶詩人窈窕之謂也窈窕毛氏舊訓爲幽閒朱子詩集傳從之案法言或曰女有色書

亦有色乎曰有女惡華丹之亂窈窕也書惡淫詞之漏法度也窈窕與華丹對舉而又取証女之有色揚子說可備採又桓譚新論武帝有所愛幸姬王夫人窈窕好容釋文引王肅云善心曰窈善容曰窕皆足見幽閒之訓取義不盡也石刻著女子色容者始見於此寻故類舉之其他如唐吳文碑云夫人李氏圓姿替月潤臉呈花亦與此碑正同

又跋

隸釋載郭輔碑文頗爲全具中有云其少也孝友而悅學其長也寬舒如好施集古録已收是碑謂寬舒如好施葢以如字爲而也春秋傳星隕如雨釋者曰如而也然始于文章以如爲而始見于此也余案碑既無歲月自酈氏水經注已言

之不審永叔何據以爲漢碑金石文字孟郁修堯廟碑在桓帝永康元年其詞云無爲如治又高如不危滿如不溢太尉劉寬碑在靈帝中平二年其詞亦云去鞭拊如獲其情弗用刑如弭其姦並以如爲而然則永叔于輔碑既不詳其年代特憑臆度之又獨云其如而見于文章者必自此始其信然耶金石録以字畫驗之疑魏晉時人所爲隸釋又謂碑有兩昭字晉人所諱疑此是魏刻二說紛紜終無定爲漢刻者竊以永叔爲失檢也余于金石著録推首倡自永叔然亦時有遺脫至此不免爲後人所掇拾蓋其創始則難其繼尋緒而推之乃較易耳嗚呼余今幸爲其易矣倘思以難難古人可乎哉

漢中常侍樊安碑

碑紀樊君歷中黃門冗從假史洪氏隸釋以爲漢志有中黃門冗從而無假史攷漢書王尊傳司隸遣隸佐蘇林曰胡公漢官假佐取內郡善史書佐給諸府也豈碑所謂假史即假佐一官而兩名與

中部碑

漢隸字源云在均州額三字曰中部碑碑云諸曹掾史功曹主簿嗇夫者盖縣吏如漢世碑陰謂之中部未曉隸釋同余以後漢書百官志証之縣有五部鄉亦有五部則以四方爲四部而縣鄉之中宜有中部此碑所題是也張納碑陰中部督郵安漢陳亂中部案獄閬中弥有北海相景君碑陰中部督

郵都昌羽忠字定公隷續又有中部勸農督郵漢時勒石稱此者最多胡身之通鑑辨誤漢之督郵掌監屬縣各郡有南北東西中部謂之五部督郵盆可推據如是是以學者貴乎博考

受業王裕栻
王忠錫校

金石一跋卷之第三

偃師武億虛谷著録　男穆淳編　孫耒重校刊

魏封孔羡碑 八分書黄初元年 今在曲阜縣聖廟

碑完具少有損蝕就視皆可辨其文引書輯五瑞以輯作揖攷史記五帝本紀亦作揖馬融曰揖歛也正義曰揖音集玉海漢藝文志攷引漢書揖五瑞以義推之揖與輯並同秦始皇本紀搏心揖志索隱揖音集碑又以太昊作太皓漢石刻淳于長夏承碑皓天不弔冀州從事郭君碑皓天不弔又孔彪碑恩如皓春李翕析里橋郙閣頌精通穹皓諸[illegible]作昊然則昊與皓文皆通用也又荀子成相篇皓天不復楊倞註皓與昊同楚詞遠遊歷太皓以右轉今注皓一作皥劉熙釋名夏曰昊天其氣布散皓皓也

金石一跋　卷之第三

幽通賦昊爾太素服虔曰守死善道不染流俗是謂浩爾太素用是知漢人于文字通義有所依據如此美封爲宗聖侯事在黄初元年碑所言美孔子二十一世也史記正義云魏封二十二代孫美爲崇聖侯既差數多一世而又誤宗爲崇不知改封崇聖當北魏太和之十九年正義于此宜不致此舛謬或亦傳刻者過也碑書黄初元年胡三省通鑑注乃以二年宋史孔宜傳亦云美仕魏爲議郎黄初二年封宗聖侯其疎與胡氏同凡此皆宜依碑爲正

魏百官勸進碑　八分書剥殘無年月今在許州繁城漢愍帝廟外

宋歐陽公作唐六臣傳論云予嘗至繁城讀魏受禪碑見之羣臣稱魏功德而大書深刻自列其姓名以夸燿于世

去歐陽時已遠碑且日就頹剥矣石之淪毀固亦其數有不幸耶然使此輩姓名久爲世所指斥而自庸夫賤隸以逮童豎之至愚且騃者過之皆唾棄如糞蛆反藉是以不存彼又豈非幸與歲乙巳予從李書源轉假是本参以魏志及裴松之註碑前後所書更案之隸釋全得其官爵姓名爲補著之

首相國安樂鄉侯臣歆太尉都亭侯臣朗御史大夫安陵亭侯臣朗使持節行都督督軍車騎將軍字缺二臣仁輔國將軍清苑鄉侯臣若虎牙將軍南昌亭侯臣輔輕車將軍都亭侯臣志冠軍將軍好畤鄉侯臣秋渡遼將軍都亭侯臣褒衞將軍國明亭侯臣洪使持節行都督督軍鎮西將軍東鄉侯臣眞使持節行都督督軍領揚州刺史征東將軍安陽鄉侯臣

休使持節行都督督軍征南將軍平陵亭侯臣尚使持節行
都督督軍徐州刺史鎮東將軍武安鄉侯臣霸使持節左將
軍中鄉侯臣郃使持節右將軍建鄉侯臣晃使持節前將軍
都鄉侯臣遼使持節後將軍華鄉侯臣靈匈奴南單于臣泉
奉常臣郎中令臣洽衛尉安國亭侯臣昱太僕臣夔大理東
武亭侯臣繇大農臣霸少府臣林督軍御史將作大匠千秋
亭侯臣照中領軍中陽鄉侯臣楙中護軍臣陟屯騎校尉都
亭侯臣祖長水校尉關內侯臣淩步兵校尉臣關內侯臣福
射聲校尉關內侯臣質振威將軍涅鄉亭侯臣題征虜將軍都亭侯臣觸振武將軍尉猛
亭侯臣當忠義將軍樂鄉亭侯臣生建節將軍平樂亭侯臣
圖安衆將軍元就亭侯臣翼衛將軍都亭侯臣衢討夷將軍

成遷亭侯臣愼懷遠將軍關内侯臣㬪綏邊將軍常樂亭侯臣俊安夷將軍高梁亭侯臣昌奮武將軍長安亭侯臣豐武衞將軍安昌亭侯臣褚等凡四十五人其中賈詡證之本傳文帝即位以詡爲太尉今在碑當勸進時已書太尉顧亭林云碑當刻于黄初之後故此也又三國志註載首勸進者惟相國歆太尉詡御史大夫朗及九卿今攷碑題額作公卿將軍上尊號奏時武臣皆因劉若首唱而蟻附之矣噫嘻漢之廷臣于斯亡矣

魏刻漢廬江太守范府君碑 八分書魏青龍三年立今在濟寧州學

范巨卿碑全文載隸釋僅缺數十字今李君鐵橋重尋出敗壁下者存一百五十三字而已碑陰題字名氏可全讀者第

一層都文則嚴公儀邱子則二層江德和邾公然三層倉舒邱叔則四層何文幹餘尚一二字可見惜以磨滅不具錄也此爲歐趙洪三家所未收而鐵橋獨搜得之益爲可珍又洪氏以傳云爲荊州刺史而碑作襄州以新野之事證之則碑誤案碑前文已有潤枯豔于荊漢其爲書刻傳訛無疑也

魏王基碑 八分書年月見本文今在洛陽縣

碑石出土僅剝其半土人傳云下截朱字隱然惜無人辨識付之鑴工遽磨拭以設今存者凡得三百七十字姓名俱不見近假得吾鄉張九六先生搨本題曰魏王基碑余質之三國志基本傳良然碑文云子有成父者出仕于齊獲狄榮如保淑遠難爲衆大夫遂缺 稟天素皓爾之質兼苞五才九德

之茂慈和孝友既著於缺嵩山林元本道化致思六經剖判
羣言綜析無形文辯贍缺柔民忠正足以格非兼文武之上
略懷濟世之宏規初缺舉孝廉司徒辟州郵請留以自毗輔
後辟大將軍府拜缺國典惟新出爲安平安豐太守敷崇惠
訓典刑惟明四缺躬以兄帝命遷荆州刺史揚武將軍又兼
使持節鎮缺究歩旌所麾前無交兵克敵獲儁斬首萬計賜
爵關內缺賓諸[illegible][illegible]蕩王師雲集公翼亮缺無遺策舉無廢
功故能野戰則飛虎摧翼圍城則鯨鯢缺於九有也比進爵
常樂亭安樂鄉東武侯增邑五千戶缺之筭征有獨克之威
而忠勤之性乃心帝室屢奏封章缺彌留年七十二景元二
年四月辛丑薨公天姿高素與缺亡則令儉斂以時服於是

將矩奉冊追位司空贈以東武侯璽印綬送以輕車介缺泰
山之速預恨元勳之未遂俯仰哀歎永懷悽悴以爲缺芾鑄
石表墓光示來裔其辭曰缺塞憲章墳素昭此物則括則利
貞在公畢力化流二邦缺寧民是用息升降順道德讓靡武
曾不慭遺我缺案碑云予有成父者子上缺文當作王此溯
基命氏之始下云孫湫遺難爲萊大夫遂字下缺以基本傳
作東萊曲城人則碑亦述其占籍所起此可以意推者也碑
載基歷官勳閥甍殁皆與傳合而亦少有闕誤傳云黃初中
察孝廉除郎中是時青土初定刺史王凌特表請基爲別駕
下云司徒王朗辟基凌不遣而碑言舉孝廉司徒辟州辟請
留以自毗輔殆謂此也傳云大將軍司馬宣王辟基未至擢

爲中書侍郎即碑所謂後辟大將軍府者其下遷安平太守公事去官大將軍曹爽請爲從事中郎出爲安豐太守碑亦云爲安平安豐太守又出爲荆州刺史加揚烈將軍而碑以揚烈爲揚武此傳誤也宜以碑爲正其尤異者碑言朱旗所麾前無交兵克敵獲儁斬首萬計賜爵關内下缺攷之本傳惟載基别襲步協于夷陵又虜平北將軍譚正納降數千口下遂書賜爵關内侯與碑符而碑列斬首萬計史于此武功竟没不見録何也豈碑溢美非其實歟碑篆字下諸夏震蕩依傳文當謂毋丘儉文欽作亂而缺無遺策數語亦指基代景王籌畫至傳言進封常樂亭侯又進封樂鄉侯又進封東武侯下追贈司空亦皆與碑侔而碑叙增邑五千戸傳云增

邑千戶并前五千七百戶所載亦異碑非全錄今不可考耳傳書景元二年云云下言是歲基薨史官例于人卒不得其月日者往往付之傳末云是歲今以碑言景元二年四月辛丑薨則傳亦失詳也碑前言忠正足以格非忠義作中漢碑多如是又傳言基母卒詔秘其凶問迎基父豹喪合葬洛陽今基墓石亦出之于此然則基亦祔葬而傳志圖經皆未之及是尤可惜也曹魏石刻自受禪勸進大饗諸碑漸磨蝕而是碑雖缺不備殆爲近世所希世其可不爲之珍收與顧亭林於封孔羨碑引宋書禮志以爲終魏之世略無紀功述行之文當亦由未見此碑故也夫未見而豈遽以意斷之與是以君子貴闕所疑也

晉瓦莂字 正書太康五年六月今藏山陰童氏家

瓦莂一只長五寸廣二寸八分中作竹節痕有二前明萬歷元年自會稽倪光簡冢地得之文云太男楊紹從土公買冢地一邱東極闞澤西極黃滕南極山背北極于湖直錢四百萬卽日交畢日月爲證四時爲任太康五年六月二十六日對共破莂釋名莂別也大書中央中破別之也民有私約如律令凡六十六字皆纖豪無刓缺徐文長搆獲是莂証其從土公買冢地謂似質買于神者案清異錄葬家聽術士說例用朱書鐵券若人家契帖標四界及主名意謂亡者居室之執守又瘞墓前甃石若甎表之號曰券臺面方長高不登三尺朱子語錄言券臺後見唐人文集中言某朝詔改爲券臺今以瓦莂所稱知

券臺之起於晉已托始矣然攷外傳越語環會稽三百里者以爲范蠡地曰後世子孫有敢侵蠡之地者使終没于越國皇天后土四鄉地主正之注鄉方也天神地祇四方神主當征討之正其封疆此亦要約明神之詞與此莂文日月爲證四時爲任縣相符合蓋越人遺俗使然無足疑者惟四時爲任任字並無訛脫文長反釋任作伍黨二櫛亦轉釋伍當作任皆似未見此莂者殊不可曉也

晉盧无忌建太公表　八分書太康十年三月今在汲縣

表僅餘上截黃小松自汲縣西門得之摹拓遺余水經注汲縣城北三十里有太公泉泉上有太公廟晉太康中范陽盧无忌爲汲令立碑于其上卽此也然今未審碑何時移置西

門又碑云太公此縣人攷之四書釋地以後漢瑯琊國海曲縣劉昭引博物記注云太公呂望所出今有東呂鄉又釣于棘津其浦今存則當日太公辟紂居東海之濱即是其家漢崔瑗晉盧无忌立齊太公碑以爲汲縣人者誤余謂不然水經注言縣民故會稽太守任宣白令崔瑗曰太公生于汲舊居猶存任宣所徵去古未遠當得其實而太公旣生居是土迫近朝歌之墟不堪其困然後辟居于東則汲固其邑里海曲乃流寓耳碑溯其始而閻氏輒詆爲誤不亦甚歟

宋宗慤母夫人墓誌大明六年見今集古錄本

慤以本傳荅南陽湼陽人而永叔按此誌云湼陽縣都鄉安衆里人又云窆于秣陵縣都鄉石泉里都鄉之制前史不載

承叔所聞見多矣而動輒踈脫今且以後漢証之河閒孝王開傳有貶都鄉侯國之文古今注番爲陽都鄉侯東觀記丙爲都鄉侯水經注曾陽縣有都鄉正衞爲碑平氏縣有南陽都鄉正衞彈勸碑而嚴安碑額更云都鄉都里隸續嚴舉碑亦云都鄉都里孝子嚴君乃亦云前史不載者何也

梁上清眞人許長史舊館壇碑陶宏景正書天監十七年今在句容縣茅山

碑未見拓本惟金石文字記載其碑首云弟子華陽隱居丹陽陶宏景造隱居手自書以謂前此未有列書人之名者此爲其始也案集古錄目郙閣頌漢仇紼隸書隸續魏大饗記殘碑後有維黃初三年缺月缺三字繇文爲書似指鍾繇文爲書蓋當漢之季世已列書者名氏洪氏又言樊敏碑石工劉

盛息操書以爲劉刻其石而厥子洛筆武斑與羊竇道碑亦有書人姓名並可舉證

後魏司馬昇墓誌銘 正書太平二年二月今在孟縣

司馬使君以志文所記云諱昇字進宗河內溫縣孝敬里人也其先晉帝之苗裔曾祖彭城王擅金聲于晉閣作藩牧于家邦祖荆州才地孤雄震玉譽于江左來賓大魏爲白駒之客始踐北都進授侍中使持節征南大將軍開府儀同三司十州諸軍封瑯琊王後遷司徒公父鎮剖隴西關右著唯良之績其載進宗曾祖及祖皆不書名至父又缺二格空不書名攷魏書司馬楚之傳太宗末假楚之使持節征南將軍荆州刺史與誌言荆州合傳又云以楚之爲使持節安南大將

軍封瑯琊王與言封瑯琊王同又傳云尋拜假節侍中鎮西大將軍開府儀同三司亦與誌同蓋司馬使君之祖即楚之也然誌言後遷司徒公而傳不書則史失其傳也楚之長子寶胤次子金龍金龍弟躍惟金龍載其子延宗次纂次悅後娶沮渠氏又生徽亮以誌言父鎮創隴西則金龍傳書爲鎮西大將軍當即其人而諸子亦不見有名昇者其亦不及錄也與或傳言延宗即誌所謂進宗與進宗以孝昌二年釋褐太尉府行參軍又除懷縣令以天平二年歲次乙卯二月二十一日春秋卅有一薨于懷縣贈使持節冠軍將軍都督南秦州諸軍事南秦州刺史其歷官可攷故并錄之爲史傳之補也

後魏中嶽嵩靈廟碑 八分書年月見跋文 今在登封中嶽廟

碑剥泐其文特存首尾據通志金石略云後魏中嶽碑太安二年有碑陰今碑陰字可識亦不復成文有內者令中常侍大長秋侍中安南將軍州刺史扶風公尉以上凡四行列官尚顯惟浸滅不能成文另行有建初被詔洛豫二州造立廟殿碑又州行職王久萬又將軍渭南又龍典洛豫二州營又陵江將軍海州等字下層列郡令等官如三陽令張宗官名俱全又劉豫王會僅存名而已然則當日被詔營建其事始末可攷如是後覽嵩嶽廟記乃誤為唐碑又証以碑右側大周聖神皇帝及所造數偽字遂决為無疑其莽鹵固已自誤而記且云篆額下鑿圓孔取義不可曉此殆與盲瞽何異檀

弓鄭注豐碑斷大木爲之形如石碑于椁前後四角樹之穿中於間爲鹿盧下棺以繂繞自是垂及于漢其制猶不泯故余凡所見漢碑額皆鑿一大孔今此碑蓋亦仍守古法而記乃視爲不可曉何與記本淺率無庸爲之置議然予猶區區如此者以近爲府志收入慮吾鄉人之陋者益種其謬故漫爲書此額題云中岳嵩高靈廟正碑數篆字是以碑陽爲正碑也額題亦古乾隆五十一年歲次丙午三月十一日予謁廟下與曾山李居來于岸爾昆季汝州王次守同觀歸書之又越五日矣

大代造石像記　正書景明三年五月今在洛陽龍門

記首層題太和七年新城縣功曹孫秋生新城縣功曹劉起

祖二百人等敬造石像一區未勒孟廣達譔蕭顯慶書于書撰人皆列名矣金石文字記云郭巨碑嗣邕撰恭之書乃後人列名之權輿又跋華嶽頌云余所見碑撰人書人列名者始此然郭巨碑在武平元年華嶽頌在天和一年而此記並前于顧氏所見又漢李翕析里橋郙閣頌後列從史缺字漢德爲此頌故吏下辨缺子長書此頌然則書撰人並列名者此蓋其始也

後魏始平公造像記 正書太和十二年九月 在洛陽龍門老君洞

記用碁子格陰文凸起他石刻所希有也其文稱父使持節缺大夫洛州刺史始平公奄焉薨放仰缺後云亡父造石像一區考隋書元孝矩祖修義父子均並爲魏尚書僕射孝矩

西魏時襲爵始平縣公然則此記始平公當太和時或子均爲修義所建與

後魏造像記 正書永平四年 今在洛陽龍門

記題假節督華州諸軍事征虜將軍華州刺史安定王仰爲亡祖親太妃亡考太傅靜王亡妣蔣妃敬造石窟一軀案魏書安定王烋子爕世宗初除征虜將軍華州刺史今造像者即爕也爕父休遷太傅謚曰靖靖與靜同字

後魏司馬元興墓誌銘 正書永平四年十月

魏司馬氏誌石近爲吾友魚山所得者凡有四惟元興及昺和兩誌以土人秘不肯出僅自得一拓本又不忍獨藏遂用油紙影摹寄余按其文云君諱紹字元興河內溫人也晉河

間王右衞將軍遷散騎常侍中護軍使持節侍中太尉公贈車騎大將軍儀同三司謚曰武王欽之元孫晉河間侍中左衞將軍贈使持節鎮西將軍荆州刺史謚曰景王曇之之曾孫晉淮南秘書監遷使持節鎮北將軍徐兖二州刺史晉祚流移姚授冠軍將軍殿中尚書大魏蒙授安遠將軍丹陽侯贈平西將軍雍州刺史謚曰簡公叔璠字朔將軍宜陽子驃騎府從事中郎鎮西將軍略陽王府長史道壽之子其下則云以魏太和十七年歲次戊申七月庚辰朔十二日壬子薨于第以永平四年歲次辛卯十月癸亥朔十一日癸酉遷葬在溫城西北而已攷晉書河間平王洪傳內有河間王欽今誌文所云元與謚武王欽之元孫即其人然史未嘗著其詳

則史之疎也魏書司馬叔璠傳但云父曇之亦不載其歷官贈謚至云司馬德宗河間王桓元劉裕之際叔璠與兄國璠北奔慕容超後西投姚興裕滅姚泓北奔屈丏世祖平統萬兄弟俱入國按之誌文晉祚流移姚授冠軍將軍殿中尚書則當叔璠西投姚興時其官階所歷已如此矣又誌文云大魏蒙授安遠將軍丹陽侯與史傳同其贈平西將軍雍州刺史謚曰簡公傳更未之及叔璠次子道壽史載其爲寧朔將軍宜陽子與誌文合惟誌言驃騎府從事中郎鎮西將軍略陽王府長史傳亦略而不書宜皆取徵于此文也元興亦見魏書但云道壽長子元興襲父爵而已今誌石題首魏故寧朔將軍固州鎮將鎮東將軍漁陽太守宜陽子史指其襲父

爵以寧朔將軍宜陽子並與道壽爵父同也然誌文云君諱紹字元興史錄其字而佚其名其爲缺記豈小失也哉別體字驃作驃乘作乗穎作頴克作剋休作烋

後魏司馬景和妻墓誌銘 正書延昌三年正月今在孟縣

誌銘題首云魏代揚州長史南梁郡太守宜陽子司馬景和妻其文首云夫人姓孟字敬訓清河人也以延昌三年自壽春歸塟鄉墳河內溫縣溫城之西攷魏書崔浩傳昔太祖道武皇帝應天受命開拓洪業諸所制置無不循古以始封代土後爲魏故代魏兼用猶彼殷商今此誌題魏代與傳文正相符契然以推之道武帝紀天興元年羣臣言國家萬世相承啟基雲代應以代爲號帝下詔宜仍先號以爲魏則當時

改號稱代帝實不從而魏修中嶽廟碑于大代字凡兩見太和二年始平公造像記亦云暨于大代太和七年孫秋生造像記首題大代以例誌文兼號魏代此必史氏之疎又不悟其紀傳自相戾也石近爲馮戸部魚山搜出已載入孟志所論與余合又別體字稟作稟葬作葬備作偹族作祩寡作亰妬作妒爺作爺

後魏洛州刺史刁遵墓誌銘正書熙平二年十月

誌石爲渤海劉克綸所得云里人自廢寺址掘出之而已殘其一角今少山拓本文微有不續者此也案誌文載高祖協元亮晉侍中尚書左僕缺晉書協爲侍中曾祖燮太倫晉侍中徐州牧司空義陽缺晉書徐兗二州刺史不言侍中司空祖暢仲遠晉中書令金紫

光祿大夫晉書言暢歷顯職暢伏誅次子嵩亡不知所在今以誌言於昭我祖遭難來翔則靡也靡當桓元之變不肯從逆而避地易名當是其事父鈌名淑和皇魏使持節侍中都督揚豫兗徐四州下鈌徐豫三州刺史東安簡公其世系之詳以案于北史列傳刁靡字淑和曾祖協位尚書令父暢晉右衛將軍較此誌叙官少略至靡本傳惟言明元假靡建威將軍又假靡鎮東將軍青州刺史東光侯遷鎮濟陰遷徐州刺史賜爵東安伯與此誌互勘乃相備也誌云公諱遵字奉國渤海饒安人也案遵亦見北史云遵少不拘小節長更修改今誌言鈌字以小節而求名無以虛譽以眩世與史正相符又遵歷官以誌證之太和中轉大司農少卿尋拜魏郡太守正始中徵字殘太尉高陽殘一字咨議參軍事都督洛州諸軍事龍驤將軍洛

一州刺史又贈使持都督殘字一州諸軍事平東將軍兗州刺史
今傳所載獨有卒于洛州刺史亦其史文之略不及盡一人
始末非廣記備言之體也誌又記小子整等整附載冲傳後
云整字景智遵子楷早卒楷子冲宜爲祖後者也今誌書小
子整奉喪於禮文未協當亦一時俗尚使然耶刁氏以晉書
言之當劉氏既破桓元遂滅刁氏幾無遺類矣而雝及子遵
並顯于魏然則協之忠固宜有後者也

後魏司馬景和墓誌銘　正書正光元年七月　今在孟縣某氏家

司馬景和見魏書云元興子景和給事中稍遷揚州驃騎府
長史清河內史正光元年卒贈左將軍平州刺史証之誌文
題首云魏故持節左將軍平州刺史宜陽子與史言贈官合

又誌文載少被朝命爲奉朝請牧王主部員外散騎侍郎給事中從龍驤府上佐遷揚州車騎大將軍府長史帶梁郡太守轉授清河内史令史惟叙其爲給事中爲長史爲内史至所言遷揚州驃騎府與誌稱車騎者不符凡史家之踈舛皆此類也誌稱君諱昞字景和晉武帝之八世孫淮南王播之曾孫魏平北將軍固州鎮大將魚陽郡宜陽子興之子播即叔璠與即元興而名字獨[illegible][illegible]裁又歷叙曾祖及父獨于祖缺不録未解臨文者何所諱也景和諱昞史亦失録與元興同塋在溫城西之五都鄉孝義之里亦古鄉里名可徵者爲圖經所宜收也别體字璠作播漁作魚休作倴龍驤作驢驤邊作邉偉作瑋徃作任

後魏張猛龍碑頌 正書正光三年三月今在曲阜

碑載猛龍字神冏南陽白水人以延昌中出身除奉朝請以熙平之年除魯郡太守能興禮教垂聲于民而民頌之如此其見于碑者八世祖軌晉惠帝永缺字當是寧字也使持節安西將軍護羌校尉凉州刺史西平公軌晉書有傳歷官與此合十世祖璵碑言魏明帝景初中西中郎將使持節平西將軍凉州刺史是軌之圖據河西亦其憑依祖德有系于民故到官不旋踵而威著也史反于此略焉不書豈不亦失紀也與

後魏武德于府君義橋石像碑記 正書武定七年四月今在河內武德鎮

河內范君質夫年七十餘矣搜奇抉古多所雅聞爲予言武德鎮魏修義橋碑四面有字其列名稱號皆古質可愛予覓

人拓出之如范君言攷碑載魏置武德在古州城又叙其形勝所據如云三魏之逵道三魏即三晉也不稱晉而稱魏亦如水經注魏分漢中立魏興郡其意固以自雄也又稱沇溴雙吐丹絕並納案竹書有丹絕不流之文則丹絕不宜與沇溴相對而卒然至此殆碑誤也其署名軍威將軍懷州長史行武德郡事河南于子建車騎將軍左光祿大夫平皋令京兆杜護宗前將軍懷縣令趙郡李同賓征西將軍州縣令扶風馬舍洛彌難將軍溫縣令廣甯燕景裕征虜將軍郡丞東平呂思哲碑陰上多漫滅有稱旨授定州刺史旨授勃海太守旨授洛陽令又有稱郡光初中王郡盟主郡兼功曹民望等號左右兩側有稱民望及民望土豪天宮主及天宮主兼

郡功曹防郡都督又有稱平遠將軍白衣左右董延和攷魏書恩倖傳趙修給事東宮爲白衣左右茹皓充高祖白衣左右今碑所書董延和者其亦恩倖之流與又其他稱號亦爲史志所不及悉録而有見于此碑故識之以廣異聞也橋亦土木築疊爲徒杠輿梁之不過費而成者碑甚鋪著其盛亦謂夸矣别體字亦作乑儀作儀侵作⿰彳㑴苦作⿱艹吉遷作遷雒作雒覃作譚擇作撢辛作𢆉旅作𣥺積作積餙作餝隰作隰爽作爽婢作婢標作樹顯作顯

後魏太公吕望碑　正書穆子容撰武定八年四月今在汲縣

碑下截剥蝕上半文獨可識有云太康二年縣之西偏有盜發冢而得竹簡之書金石録云荀勗校穆天子傳其叙云太

康二年與碑合可以正晉史之誤廣川書跋案晉紀言咸寧五年盜發汲郡冢與此碑異知史誤也余攷之非是闕伯詩云同一束晳傳王隱傳者曰太康元年房喬修者曰太康二年（案隱當據左傳後序喬當據此碑）已互異如此當以目擊之言爲據晉武帝紀本起居注杜預爲左傳後序皆其所目擊者也冢盜發于咸寧五年冬十月官輙罷究明年太康改元三月吳平預始得知又二年始見其書故序曰初藏在秘府余晚獲見之此與情事頗得由是觀之紀文殆非誤而董氏及趙明誠或失詳也北史言子容魏末爲兼通直散騎常侍聘梁齊受禪卒于司農卿今此碑後子容自題銜云通直（散騎）常侍聘梁使平東將軍中書侍郎恒州大中正修左史汲郡太守此已較

史爲詳而聘梁使乃其兼官爲當時體制如是史獨書聘梁句當未完宜以此碑補之也

後魏楊大眼爲孝文帝造像記 正書無年月今在洛陽伊闕

記首題邑主仇池楊大眼爲孝文下缺以記後文證之知其爲孝文帝造石像作也大眼書官云輔國將軍直閤將軍下缺四字梁州大中正安戎縣開國子北史裴叔業以壽春內附與奚康生等率衆先入以功封安成縣子除直閤將軍出爲東荆州刺史以此記相較蓋缺録爲輔國將軍不如魏書之詳魏書除直閤將軍尋加輔國將軍而梁州大中正失載及安戎之訛安成則兩史並譌脫也記又云南穢既澄震旅歸闕案是時爲宣武初裴叔業內附所謂南穢者卽當指此然則此記正記于宣武

時也記後文單書一武字莫曉其指書勢尤磔卓魏石刻六
希見

後魏造像記題名 正書無年月今在魯山興國寺

碑在寺正殿之後正面已爲前明人磨去今惟存左右兩側面內有河山縣屯藏比邱僧略又有邑子前恒農郡子江州刺史陽安魏書地形志魯陽河山太和二十一年置恒農郡興和中置知此碑之立在太和興和後也又魯山城南風雨壇之右一石碑正面鐫佛像背面略存數字惟都督等字可辨此地舊爲大勝寺遺址當是其寺中物也穿孔在下與他碑製亦異

後魏魏靈藏薛法紹造釋迦像記 正書無年月今在洛陽伊闕

記所言蓋靈藏法紹二人自爲祝釐之詞皆誕妄無稽不自悲其愚也別體字標作檦希作𢁉㾛作癒鹿作鏕瘁作𤸪作蘇荊作𦵩條作𢾿

受業　王裕栻　王恩錫　校

金石一跋卷之第四

偃師武億虛谷著録　男穆淳編　孫秉重校刊

北齊張景暉造彌勒佛像記 正書天保五年七月今在益都縣

張景暉造像以記所云昌平縣人也其稱師僧更在七世父母皇帝陛下之上與東魏造須彌塔記以皇帝冠師僧者益倒置矣列名有張阿妃張噉鬼張惡奴張羅侯皆鄙誕可笑此記亦遺自小松故予亦不忍不録也

北齊比邱道朏造像記 正書天保十年七月在正定佛寺

朱豹泉得此石寄黄小松琢背爲硯而小松復以遺予其文所稱比邱道朏敬造盧舍法界人中象一區未解是何象也别體字象作像邊作邉

北齊少林寺碑 正書武平元年正月今在寺天王殿後簷

碑文字尚完好其後書名皆鄙俚可笑而字尤多別體以兩作兩英作暎標作檦邊作邉卒作卆藍作濫闕作闗哉作䢜茫作泟渺作耖微作徾顯作顯苦作音齋作褰辨作辨老作㐂波作陂鎮作瑱陝作閃縣作㲉蓋其僞搆不可勝紀然亦有襲前誤者說文㬎從日中視絲古文借以爲顯字後人轉寫日作田漢熊君碑殺阬碑皆有之今碑作顯者亦有所承也又用字與古通如蹤作縱郭仲奇碑有山甫之縱曾峻碑比縱豹產夏承碑紹縱先軌石門頌君其繼縱皆以縱爲蹤周禮大司樂樂以德教國子中和祗庸孝友注云中猶忠也漢呂君碑以中勇顯名其義並作忠今是碑書體猥濫而能

用古字豈亦意爲之乃適合耶宋景文手記北齊時里俗多作僞字以碑攷之信不虛也胡三省通鑑注引然其濫觴亦不由此後漢書儒林傳讖書非聖人所作其中多近鄙別字讖起于西漢之末而亦云有別字又漢志別字十三篇然則其來遠矣碑陽列當陽像主伏陂將軍儀州司馬廣武郡西面都督南頳州郡城局衆軍石永興當陽像女瑱遠將軍加廣武太守張元勝武平二年十一月二十七日用鑛五百文買都石像主一區又有董伏恩彌勒下生主閃州騎兵衆軍倉州陵縣令董相勝彌勒下生主董逼達碑右側藥師像主鎮南府錄事衆軍馮名已缺藥師像主馮外賓右相下堪開光明主張洪略碑左側左相下堪開光明主比邱尼法好前人皆未收

及

北齊殘碑 正書武平五年十月今在汜水縣等慈寺後殿窗壁下

碑殘其下截而字特完整其可讀如句者如寺居衝要云云必亦當時爲浮圖記者也別體字容作㝐畫作晝又嗟五濁之長醎醸竟不可曉爲何字疑當作釀武平五年齊于是時未失虎牢故記仍用齊年號

北齊造彌勒佛像記 正書武平六年五月今在慶雲縣

像記文字尚完其叙云比邱尼圓昭圓光姊妹二人爲亡妣亡兄朱同敬造雙彌勒玉石象一軀葢以女流追薦其母兄者當時喜尚如是故于婦孺又何尤哉

北齊藥方碑 正書今在洛陽龍門

藥方石刻凡拓得二紙碑上層方格細書造釋迦像一小記後題武平六年歲次乙未六月朔甲申字下層即列諸藥方多殘缺然撮其首尾完整者尚得十餘方具錄如左以見古人廣爲度濟其勤如此而予之收拓金石有資于多聞者雖醫藥方書之細亦所兼攷爲前代著錄所不及用以詫奇也

冷心痛方吳茱萸一斗桂心三兩當歸三兩擣末蜜和丸如桐子酒服十九日再漸加至卌丸以知爲度又方丁香七枚頭髮灰一棗大並末和酒服又蛔心痛方取穇湯一斗服又方古屋上瓦打碎一斗五升水二斗煮四五沸服療卒遍身生泡方初覺欲生即灸兩手外研骨正尖頭隨缺字一即取石黛方寸匕冷水一斗和服又方猪肉黄令熱切取芒消一錢和

服并驗又方粟米一合淨洮經宿露水平旦以水一斗研半
服半遍瘡並驗療五痔方牛角䚡燒末和酒服方寸匕日三
秘驗釘瘡方柳枝葉一大束長三尺四尺圍剉水七斗煑卅
沸去滓煎如餳刺破塗神驗又方鬼繖形如地菌多生糞圯
見日消黑者取燒作灰以針刺瘡四畔至痛際作孔內藥孔
中再着經宿瘡發以鉗拔根出大良又方先炙瘡三壯以鍾
乳爲末和醬粒和擣搽須臾拔根驗療金瘡方嚼生栗黃搽
之不疼痛又方石灰和豬脂燒令赤擣末塗療瘡腫風入垂死
方血出不止者擣生葱白入口更嚼封上初痛後痒痒定更
封不過卽八着又方酢澱麪酒糟鹽椒擣熬令熱以布裹熨
瘡冷易又方瘡中風水腫疼痛皆取青葱葉及干黃葉和煑

作湯熱浸良瘢瘻瘡方牛新糞熱塗日三又方巴豆去皮和艾作炷灸瘡又方石留黄末冒瘡上以艾灸又方內瘻取槐白皮十兩擣丸綿裹內下部並良案北齊書徐之才與弟之範並以醫術見知今是方殆其所撰集而附于石者與然古方流傳得之既不易而後世方書搜録亦隘唯牛角鰓療五痔者見于塞上方特其一而已是則尤不可以不爲之著也

北齊法行寺造像記 正書武平六年今在汝州

記字漫滅惟首行題大齊武平六年歲次乙未四月八日獨完好日字下馮字㳙造像者名氏今惟氏可識耳汝州石刻得此爲最古亏及門王生奂守之力也

隨五百人造像記 正書開皇元年十月今在鞏縣白雲寺

記文鐫一石柱後列造像人名氏首稱正信白公臺舊寺沙門比邱慧缺傷前王宇文空一字尊云云為齊邑義道俗五百人營雙石寶柱今土人得之田間移于寺者即此也文內稱此地為白公學道得仙之所而名特不著竟未能究極其人事跡又題中正作忠正隱諱獻考忠作誠此獨直書不忌蓋當初即位國諱猶未嚴也別體字及列名人尤較魏齊時為多

隋修老子廟碑記 八分書開皇三年六月

碑載修廟始末有云使君建安公者不著其名又稱縣令西河宋景輔國將軍內散復州別駕治長史宜昌竟陵二郡缺二字都督當是其前所歷官也書體與後周華嶽頌相類隋從

隨益見當時二字並用

北齊開府儀同三司韓祐墓誌銘開皇六年十一月今在長子縣

長子韓坊村居民地窪陷掘之得古墓藏誌石其文云君韓祐字景祚上黨壺關人其先高辛氏之裔孫周武王之枝子胙土賜姓上繼列星之文因官命氏下表河山之瑞攷風俗通韓之先與周同姓武子事晉獻公封于韓原因以爲姓韋昭國語註近宣王時命韓侯爲侯伯其後爲晉所滅以爲邑以賜桓叔之子萬韓之得族以其食邑于韓故因而爲氏左傳疏舊邑若韓魏趙氏是也至韓爲秦滅復以國爲氏然則非以官也又志云爰暨中葉淮陰豈存又云韓終文成九轉神仙二傑當高帝時竝爲漢輔使其同所自出淮陰何獨屬

之中葉而留侯又必係之韓終牽引非倫無所據依志文內如云天命去齊周人遷鼎又云君懷節懷義致事東皋去祿去榮饁彼南畝嗚呼周齊之交士視棄其君如脫屣而畏死忍恥苟顏以立于世君獨邁然以節顯難矣天固欲是石之出俾世知有君耶韓君歷官授陵江將軍食招越縣幹攷北齊常山義七級碑文有食新市縣幹集古録云食縣幹入官銜蓋當時之制亦不可詳也余謂北齊書鮮于世榮食朝歌縣幹綦連猛食平寇縣幹又有稱食郡幹者暴顯食幽州范陽郡幹皮景和食齊郡幹轉食高陽郡幹元景安食高平郡幹以其時案之南北朝多有幹僮以給雜役碑稱食縣幹當由出錢供役而食其貲亦如食邑戶入官銜之比理可通也

隋車騎秘書郎張景略墓誌銘 正書開皇十一年正月今在彰德府

祥府周君伯敭持是銘贈予云其從子岐東數年前自安陽得之銘刻完好僅缺一二字其叙云君諱景略燕州上谷人漢司徒華之後也漢宜作晉臨文疎莽皆自晉魏以來士人馳騖詞章雖見聞近如晉事亦不考世代至此又云驃騎大將軍第一領民酋長文城公又遷燕州諸軍事燕州刺史考龍驤將軍諫議大夫奉車都尉行濟安郡太守金鄉侯書歷官詳備然皆缺其名而不書使後不可考爲可惜也張君被徵辟起家爲魏帝內侍左右遷秘書郎加車騎大將軍以開皇十一年正月六日寘書卒爲寘文亦僅見別體字煥作熳尋作尋寔作寔窆在相州安陽河北白素曲

隋造彌勒佛像記　正書開皇十六年六月今在正陽縣

文與北魏及齊諸造像記相襲成詞字亦沿譌體雜以隋碑

自前明都元敬趙子涵皆得之驚詫爲奇故予亦不忍遺也

隋榮澤令常醜奴墓誌　正書大業三年八月在興平縣

顧亭林跋此誌云墓之有誌始自南朝南齊書云宋元嘉中顏延之作王球石誌素族無碑策故以紀德自爾以來咸共遵用今之傳於世者惟此及梁羅二誌爲隋代之文耳余近集錄得魏司馬元興墓誌一在永平四年興之子景和墓誌一在正光元年景和妻墓誌一在延昌二年又司馬昇墓誌一在太平二年故懷令李超墓誌一在武泰二年齊韓裔墓誌一在開皇六年然則志墓之文北朝已爲之而顧君時不

及見也又隋張景略墓誌一在開皇十一年亦顧君目所未
覩者後之者録獨此倍古人是益爲可寶也
隋陳明府修孔子廟碑 八分書仲孝俊作文大業七年七月
碑完好僅三數字殘蝕今按其文云明府名叔毅字子嚴高
宗孝宣皇帝之子攷陳書高宗四十二男其皇子叔叡叔忠
叔宏叔毅叔訓叔武叔處叔封等八人並未及封今碑列明
府名叔毅者即其一也叔毅既未受封陳書亦不及其事跡
而以碑推之皇朝大統天下一家爲咸陽之布衣葢陳亡入
隋與諸王皆以禎明三年入關又碑云爰降詔書除曲阜令
亦在大業中是時諸王爲令者凡十人叔毅當與之同被録
用也作文爲仲孝俊題銜稱濟州季才前汝南郡主簿膺是

科者艮不爲易而仲君當之宜其文有可采也此碑與魏夫人祠碑並假之少山以成予所未備故益爲珍之

隋左光祿大夫姚辨墓誌銘　正書虞世基撰歐陽詢書大業七年十月

碑拓本爲近人重刻其文序姚辨歷官顛末皆詳備金薤琳琅跋此碑云隋史不爲立傳向非率更之書後世不復知有辨余以都氏所錄多無證明而此跋尤爲失檢案辨已見煬帝本紀大業七年三月丁亥右光祿大夫左屯衛大將軍姚辨卒今誌謂大業七年三月遘疾十九日薨于京兆郡其事已可見如此然則辨之名爲世所知久矣誌又言吐谷渾大保五期尼樂周等率衆歸附隋書西域傳帝立順爲主送出玉門合統餘衆以其大寶王尼洛周爲輔通鑑同獨此誌所

記部落名號與之小異益當以此誌為定又誌稱辨為鬱東道將軍旗鼓所振莫不摧殄而史亦不附見則為辨惜者此也

隋木澗魏夫人祠碑 八分書今在河內

碑首尾殘剝年月皆不具惟銘詞稱大隨皇帝瑞託人君舒光正化秉御金輪是以知其為隋代所建也字方挺有奇致他著錄者亦未見珍稱

隋皇甫誕碑 于志寧製歐陽詢正書今在西安府儒學

碑立無年月金石文字記以志寧題銜証之云當在貞觀初是也皇甫君事跡他著錄者已多證明余惟以唐石刻凡為文之人多署曰撰今志寧作製攷李善注文選頭陀寺碑文

云碑在鄂州題云齊國録事參軍瑯琊王少制然則志寧沿

諸此也

洛陽龍門諸造像記

伊闕傍崖自魏齊暨唐以來造像題名多不能遍拓好奇者輙引爲憾今歲正月湯親泉趙捘三兩君獨手搨二十餘種寄余其文多俚俗之詞無可存余撮其略爲著于篇永平四年十月七日者一文云仳和寺尼道僧略造彌勒像一區下有淸信女周阿足名熙平二年七月二十日一文內有持節督涇州諸軍事征虜將軍涇州刺史齊郡王諸銜名字魏書齊郡王簡子祐字伯授位涇州刺史與此題合而史書其歷官爲略也武平六年六月者一書尤纖約爲楷隸之先步無

年月者一爲强弩將軍掖庭令趙振所造延昌四年八月者一下題清信女尹靜妙一切衆生造天平三年五月者一字㬎暈過甚有阿容字又有無年月但勒名云杜法力爲五道將軍缺夫人缺山府君録事缺造又杜法缺爲太山府君造缺像一區葢二小記爲神造像延福其誕妄不經如此武平三年十二月者一其勒銘有戎昭將軍伊陽城騎兵曹參軍趙桃樹正光缺年正月者一有爲女安缺郡君于氏字尚可尋識永平三年四月者一比邱尼法行字猶顯餘悉莫可詳認矣延昌元年歲次壬辰十一月丁亥朔四日清信士弟子劉洛眞兄弟其文字皆可讀正光二年正月者一造像主名已剥泐唐開元缺年者一後有騎都尉直集賢院張字存名

已殘剝書勢尤秀整可撫上元二年十二月者一爲宣義郎周遠志等所記又有八分書横勒題唐贈隴西縣君牛氏像龕碑其文則題云員外郎張九齡也曲江亦爲人作尋常文字耶金石錄作禮部員外郎張九齡撰云今世有曲江集無此又惜其殘缺不完然府志嚬標其名已云久佚今尋摹得之俗名九間堂之左偏乃嘆世人憚于窮搜而使舊跡之日就湮沒爲可悲也唐牒文一開元十年十二月史樊宗名存敬善寺像銘宣德郎守記室參軍事李孝倫撰無歲月可紀攷其文云紀國太妃韋氏京兆人也茗姿含綺霏華椒掖蘭儀湛秀縉美蘋隈益亦韋庶人之族也唐人狀婦容之工于斯可見而府志誤入于後魏石佛六碣何其舛疎不倫一至此也歟時己酉二月二日

終

金石三跋卷之第一目次

金石二跋卷之第二目次

金石二跋卷之第三目次

金石二跋卷之第四目次

金石二跋目次終

金石三跋卷之第一

偃師武億虛谷著録　男穆淳編　孫耒重校刊

唐建觀音寺碣 正書陸德明撰武德五年今在汜水縣

碣文字完好首云王世充竇建德爲雠大邦我秦王赫然斯怒罪人乃得班師凱還駐蹕廣武見觀音菩薩全身畢露遂勅建茲寺樹碣以紀歲月後題國學助教陸德明撰案新唐書德明移病成皋世充平秦王辟爲文學館學士此碣殆其應辟時作也傳言德明補太學博士又遷國子博士皆歸唐後歷此官而前在隋大業間則爲國子助教今碣所署國學助教蓋于時初應召猶未授職仍以隋官題銜爾舊唐書國子監隋初日國子學觀音現像太宗託以自神德明儒者宜所不道而不能不

爲牽率爲文豈不惜哉

唐孔子廟堂碑正書虞世南撰并書今在陝西西安府府學

碑拓本爲宋王彥超重翻今多有漫滅不可識者據其文云武德九年十二月二十九日有詔立隨故紹聖侯孔嗣哲子德倫爲褒聖侯新唐書禮樂志武德九年封孔子之後爲褒聖侯事與碑符而詔文以隨故紹聖孔嗣哲子德倫爲嗣闕里志引是其續封者爲嗣衍非碑所謂嗣哲盍宜以碑爲正隨封紹聖後自煬帝始改之文帝時猶爲鄒國公也今碑云紹聖侯者益可相證又宋王彥超列銜推誠奉義翊戴功臣永興軍節度管內管察處置等使特進檢校太師兼中書令行京兆尹上柱國瑯邪郡開國公宋史本傳己于彥超管內觀察

處置等使略而不書故併著于後以補史佚也

唐等慈寺碑 正書今在汜水

碑完具後文題銜顏師古下缺一字或縣度之當作書余攷其實不然舊唐書太宗紀貞觀三年十二月癸丑詔建義已來交兵之處爲義士勇夫殞身戎陣者各立一寺命虞世南李百藥褚亮顏師古岑文本許敬宗朱子奢等爲之碑銘以紀功業案汜水爲破竇建德之地師古奉詔爲文光昭大業見於碑詞然則此記決爲師古所撰也碑言乃命克敵之處普建道場與史所記符又唐人臨文遇言及朝廷必缺三格此獨空一格

唐故汝南公主墓誌銘 虞世南行書貞觀十年十月

誌文具舊藏帖本內已鈌其後半首叙公主諱字皆不載唯云隴西狄道人皇帝之第三女也某年月有詔封汝南郡公主新唐書諸公主列傳汝南公主早薨其行次在第二今誌在第三誌又云屬九地絶維四星潛曜毀瘠載形哀號過禮不勝孺慕之哀遂戕傷生之性蓋以哀毀自隕者考長孫皇后薨于貞觀十年六月誌所謂九地絶維卽指其事仁主方屬童稚卽毀生至此亦奇女子也

唐龍門山三龕記 正書今在洛陽

碑在賓暘洞之南磨崖刋此石近亦損裂惜無年月可案集古録謂魏王泰爲長孫皇后造者在貞觀十五年攷十七年泰卽降王東萊今記書左武候大將軍相州都督雍州牧魏

王知此碑自十年長孫后既崩以後而泰猶未獲异降徙時爲近之但必于十五年未審歐陽子何據也潘次耕得拓本二十餘行首尾不具余近所收葢全本也年月書撰人皆不見亦與他碑較異

唐褒公段志元碑 正書貞觀十六年今在醴泉縣

碑殘剥拓本今惟存其半尚約畧粗可推認如碑所載志元歷官與史詳略異然史旣云父偃師仕隋爲太原司法書佐從義師官至郢州刺史今碑則云散騎常侍益都縣開國公贈洪州都督八州諸軍事又與本傳不同然以宰相世系表考之又云偃師太子家令皆參差不合如此表或據其家牒採入亦無足疑者惟碑云志元左驍衛大將軍本傳與碑合

而表作右驍衛則傳爲是表爲誤碑云謚忠壯舊唐書同今表亦作忠壯與碑合而本傳乃云謚壯肅則表爲是傳爲誤此又可參考以証者也新唐書太宗本紀貞觀十七年戊申圖功臣于凌烟閣志元圖形附見秦叔寶傳後檢此碑文又云詔司圖形于戢武閣碑立在貞觀十六年當時尚未圖形凌烟早已圖于此閣而戢武之名本傳亦不書葢闕録也金石録唐河間元王碑云唐初功臣皆云圖形凌烟閣而此碑乃作戢武閣戢武之名不見于他書惟當時石刻數數有之豈凌烟先名戢武而後改之耶與此碑同

唐王師德等造像記　正書淳于敬一制文承徽元年今在洛陽龍門

記文字體皆庸拙類魏齊間人遺跡其稱洛陽鄉望父老卅人等內有張苟子買奴奴命名亦類魏齊里巷庸兒無知爲

之也

唐衛公李靖碑 正書許敬宗撰王知敬書顯慶三年今在醴泉縣

碑殘蝕其文已不可次惟書者王知敬証之新唐書王友貞傳友貞懷州河內人父知敬善書隸武后時仕爲麟臺少監即其人也史旣稱其書而人間流傳頗尠以予今所見者惟天后御製詩正書尙存其他如少林寺金剛經剥缺亦與此同已

唐漁陽郡君李龕銘 正書顯慶四年夏六月

銘石下斷裂文有數字不可次序其銘云在于龍門疏山建塔殆以浮屠氏禮葬其母者銘先題云首豫州司功叅軍事上騎都尉王有 缺 考明威將軍守右武侯轘轅府折衝 缺 國

姚漁陽郡君李平居日約束於鈌一龕今疏繕既畢謹勒銘云後題折衝第二息前郴州司兵參軍友方修立案騎都尉下王有鈌字依文推之當爲折衝長息銘即其自作而弟友方爲立石者也轘轅府在唐洛州地里志作軒轅軒與轘字形涉似致誤宜以碑爲正

唐闕名氏墓誌銘 正書顯慶五年十二月今在孟縣書院

誌石由魚山搜出移置河陽書院首行爲士人鎚其角使此君名氏無攷可惜也誌稱此君南陽人帝顓頊之苗裔曾祖鈌魏征西大將軍祖伯齊北銀州刺史父鈌隋歷亭縣字存銘詞內痼疾因動大漸相臨大漸字見石刻者隨梁羅墓志大漸之期春秋六十有一唐王徵君口授銘大漸惟幾蘇許

公襃神道碑大漸之始並見日知錄此誌銘所云又其一也

唐會善寺造像記 正書

記石舊在寺大殿前之右今已頹仆于寺西廢戒壇中文磨蝕多不可辨惟後題麟德元年歲次甲子十月乙亥朔二十三日造成十餘字完好又有洛陽處士郭智仁書景宣文書有篆體遺法初唐猶爲近古故以里巷處士猶不墮時趨如此又北齊會善寺造像記武平七年十一月立者中嶽嵩陽寺碑爲天平二年四月自唐麟德元年從嵩陽觀移來者並毀于此矣今附誌之以見物之成毀固亦有數也

唐騎都尉李文墓誌銘 正書麟德元年二月今在同州

誌叙李君與夫人合葬而標題獨書李君唐人墓銘之例不

苟爲牽連如此然于曾祖及父闕諱而祖得書名又稱父舉晉王府參軍事晉王卽高宗未爲太子時封號也

唐造石碑像記 行書麟德元年九月今在河内西金城賓聖寺

碑上截鐫佛像下截勒此記文字完好惟麟德紀年下缺二字以記文歲次甲子攷之知爲元年也額上題有相像主倍戎校尉孫文才合家供養字今俱在碑陰碑陽下截正書小記有六班奉職西班小底諸銜名又書庚戌歲三月念二日不題年號其云見杜婆神左是碑聖像日陽暴露風雨摧剝欲摹石工補完舊像工以尊容殘缺難施工巧於是回裡作表然則唐刻爲碑陽而移置在陰其始末尚可攷也碑以自予訪得之故爲詳其所自又楊用修謂廿字韻書皆音入惟

市井商賈音念以今碑書六班借職諸人正鄉里細民之音讀也

唐梁公房元齡碑 褚遂良正書殘缺無年月今在醴泉縣

碑舊爲趙子涵所跋云僅存六百餘字今余所覩者又加殘矣碑作諱元齡字喬 子涵所跋本 與新唐書本傳合而宰相世系表又云字喬松當亦據其家譜所録故與傳及碑小異耳然此亦宜依碑爲據也又表所載尤不合者元齡子遺直禮部尚書次遺則次遺愛太府卿益以遺則爲元齡第二子今以碑推校明云第三子遺則爲朝散大夫字獨完好無損而表書作第二誤也又不顯書遺則歷官亦疎略失檢然則是碑雖磨泐而所裨益史傳如是其可珍惜多矣况出于荒塚廢

墟其文猶幸可見而世徒滅裂不學則槩以耳食易之是尤可哀也夫

鄭惠王石塔記 釋洪滿撰行書咸亨四年十月今在長子縣慈林寺

石塔記始于釋洪滿者以王姪任潞州爲造石舍利塔一所而洪滿當時實職是役故記云以勤補拙葢自紀也新唐書高宗本紀咸亨四年正月鄭王元懿薨記在是年十月八日其文所謂王諱元懿字某者今缺新唐書亦不載下云隴西狄道人與高祖本紀書隴西成紀者小異宗室世系表漢仲翔討叛羌于秦昌戰沒贈太尉葬隴西狄道因家焉生伯考隴西河東二郡太守生尙成紀令因居成紀是唐之上世居雖爾地而占籍狄道者在先故記仍溯其始直云隴西狄道

較之史先爲不没其寔本傳元懿旣歷任鄭潞絳三州刺史
又贈司徒荆州大都督今記文悉與傳符獨不載歷鄭一事
便文屬句從節故耳其下記鄭王諸子備列無遺然云僅件
先皇子孫勒諸貞石先皇葢指鄭王而祟號如是不以爲過
又塔記所列嗣鄭王鄂州刺史璥攷元懿傳作鄂州宗室世
系表又作遂州且以名璥作璜則表與傳已相悖而表旣云
十子乃于王第二子吕國公琛缺名第六王子武安公琨亦
失不載此皆史傳疎脫並宜以記爲據又新平郡公遂遂不
從玉亦史誤也歐宋去唐未遠其所漏已至此然則此記有
裨闕謬者又豈可没也與

唐上柱國任恭碑 正書上元三年十一月今在汾州府

碑爲顧亭林所收已見金石文字記云任君名恭官至金紫光祿大夫上柱國臨濟縣開國男貞觀十七年二月卒夫人郭氏其文有曰未掛東都之冠先覆北墉之首按論語伯牛有疾注禮病者居北牖下仁山金氏曰牖字誤當作墉蓋室中北墉而南牖墉墻也顧氏所証若此四書釋地北牖宜然依儀禮牖作墉論語註要爲有據不可訾也既夕記士處適寢寢東首于北墉下碑依此爲文喪大記寢東首于北牖下鄭康成註病者恒居北牖下或爲北墉下則牖與墉亦並見定元年公羊傳北墉釋文本又作牖而朱子注論語蓋依此爲文又兼用鄭氏注全句其語昭晰且在喪大記文亦并僃爲世壽覽所不及而金氏乃直云牖字誤顧氏于學號爲該洽然其推證亦不能不運謬至此

由其務慱而未遑也詩豳風塞向墐戶傳向北牖也又韓詩云北向窗也此即室內北牖制皆可攷顧氏一以其意質之必據仁山南牖為説抑又固矣乾隆五十年正月二十四日晡後船泊樊城書此

唐追刻周豫州刺史杜君墓誌 正書儀鳳二年五月今在寶豐縣

誌石僅三尺餘橫題用篆書周豫州刺史淮南公杜君之墓誌其下文皆可見惟君諱字獨缺依拓本此行界畫尚存空字處亦非刓殘而名字缺不書殆不可曉又案支君周天統二年没隋開皇元年十月葬墓石之立至唐儀鳳二年五月始云雕瑩功訖蓋爲曾孫善達義節等八人所追誌以建于阡非當時納諸壙也字亦有別體如栽襍之類其非名筆審

矣

唐李英公勣神道碑（行草高宗御製并書儀鳳二年十月今在醴泉縣劉洞村）

碑剥落所記英公進爵歴官案之本傳皆符然碑載武德二
年又授右武候大將軍今傳無之又載劉武周卒 缺 犬羊憑
陵汾晉先朝躬親矢石公則任爲偏裨而傳亦略不書下所
載者有云先朝東征大破駐蹕尋授靈州 缺 撫大使破延陀
于烏德鞬山 缺 太常卿出爲疊州都督 缺 除特進檢校洛州
刺史朕纂承丕緒延想舊勲又授公開府儀同三司 缺 案此
太宗嘗欲英公致力高宗故暫置于外俾高宗自爲擢用故
今碑雖殘而文尚可推攷傳既云翟讓爲盗勣年十七往從
之而碑作年甫十七亦相合攷讓起于大業末則在煬帝

三年是時英公葢已十七矣及薨于總章二年其數正七十有六今碑所書者是也而勅本傳于其屬疾之日云云一云我山東匹夫耳位三公年踰八十然則八十當作七十史家以七八數目字易涉混因致此誤也傳云葬日帝與皇太子幸未央古城哭送碑亦云還葬之辰朕自至橫門投書永訣較史亦有詳略文內八袏承天乾道由其廣運四維紀地坤元缺以載安是知絺構經綸必佇風雲之佐爕諧樞宇咸資川嶽之靈故軒邱御辰六相宣其景化溈水乘時五臣濟其鴻數語王著採入淳化閣帖作太宗書今見爲高宗御製及書著何文第乖忤至此黃伯思法帖刊誤亦未之及故書之以補伯思所遺

唐造彌勒像記 正書儀鳳三年七月今在河內清化鎮石佛堂

記文橫勒一佛座下書字特完具蓋李萬通所爲也戊作戍寅作寅卯作丣點畫並多加殊不曉其指書勢最近虞褚得之自余始尤爲可喜也

唐王徵君臨終口授銘 正書弟紹宗甄錄并書垂拱二年四月今在登封老君洞

徵君者元宗也書此銘者爲其弟紹宗張懷瓘書斷云紹宗字承烈江都人父修禮越王友道雲孫也承烈官至秘書少監清鑒遠識才高書古然余覽其高自矜許至比于虞君而此書寔不足相比擬豈亦以一技自喜者耶

唐木澗魏夫人祠碑銘 行書路敬淳製僧從謙書垂拱四年正月今在河內

碑載魏夫人事跡始末余約其文蓋夫人爲晉任城魏陽元

之女適修武令劉幼彥夜有四眞人降告夫人應爲紫虛元君上眞司命名山之號封南岳夫人後爲洛陽山成眞人因爲立祠其語亦取之仙傳而涉妄不經如此余故亦存而不論也

唐陶府君德政碑 正書書撰人名磨泐永昌元年三月

碑題横勒篆書用陰文凸起下鑿空依古穿中之制唐人碑制如是者絕少惜其文首數行悉剝損遂于陶君名字不見爲可惜也陶君歷官至宏道元年轉授使持節宣州諸軍事守宣州刺史其後垂拱四年已轉相州而碑題猶稱宣州碑自宣州爲之也立斯石者首列道士某僧某然後言及州縣吏人等六百餘戶以見唐之篤奉太上流極所及雖微如書

名其位置亦自允若此武后聖歷二年制州縣長吏非奉有勅旨毋得擅立碑今此碑立于永昌建元則當時制尚未嚴故宣州得以濫及也然按碑內詞過排儷亦無事跡可狀獨幸存于今者石耳陶君祖諱昱梁衡山郡太守父諱瓚梁著作隨西 缺 司功皇朝 缺 州清池縣令更歷三朝碑且書之不爲諱詞何耶

周珍州榮德縣丞梁師亮墓誌銘 正書萬歲通天二年三月今在西安府西塔寺

誌拓本完好偶于大梁書肆中得之亟攜以歸尋文漫無可推証獨誌所云梁君起家任唐朝左春坊別教醫生案之唐書皆乖剌不合百官志東宮有左春坊其職任但于賸藥有所司而別教醫生之文則志未嘗及太醫署醫博士掌教授

諸生針博士掌教針生以經脉孔穴如醫生其官又不在東宮今志牽附左春坊之下或左春坊于東宮內既典膳藥矣而其所隷諸醫生亦當因事教之是于史文特未具故以誌所録亦可附見也志又言永隆二年以運糧勲賞授上柱國垂拱二年以乾陵當作功別敕放選釋褐調補隱陵署丞又云上延朝譴授珍州榮德縣丞梁君歷官亦或遭時倖位不足殫述然于當日權宜之制多爲史所未備故并爲著之

唐浮圖銘 趙皷撰姚瓌行書萬歲通天二年四月

銘後列佛弟子馮善廓及其眷屬諸人知爲馮氏所建也多武后僞製字又寅字作潰别字也文尤猥濫

唐岱嶽觀造像記

記凡有八天授年間者一萬歲通天年間者一聖歷年間者一久視年間者一長安年間者一其中文內數目字作壹貳叁肆捌玖等字謂皆武后所改顧亭林証以演繁露謂古已並作此字唯古文經史凡書千百之字無有用阡陌之阡伯权之伯者以余攷此書阡伯字經或無文然記傳蓋嘗有之矣管子四時篇修封疆正千伯注千伯即阡陌也董仲舒云富者田連仟伯過秦論起仟伯之中而漢書食貨志商君壞井田開仟伯此數字雖不專以數目言然仟伯與阡陌字古亦同用至志下文云商賈亡農夫之苦有仟伯之得師古曰仟謂千錢伯爲百錢則數目字亦作仟伯如是見于史者非其徵與周書克殷解命南宮百達遷九鼎楊用修云百達即伯達百與伯亦同用又顧氏引冊[illegible]

元龜文宗太和二年十月詔太后所撰十二字並却書其本字今按景隆以後碑誌之文固皆書其本字矣不知何以復有此詔乎檢容齊續筆唐中宗既流殺五王再復武氏陵廟右補闕權若訥上疏以爲天地日月等字皆則天能事賊臣敬暉等輕紊前規削之無益于淳化存之有光于孝理疏奏手制褒美據此則僞撰字已復行至文宗乃見于詔文始以掃除其迹耳顧氏殆亦未之詳也與

唐澧州司馬魏府君墓誌銘 八分書景龍三年十一月今在伊陽

魏君誌石拓本王文守搆之友人某遂以見貺字體畫過纖約今已漫滅不可盡識魏君諱體下一字損缺又云其先鉅鹿鼓城人也避地於懷今爲獲嘉縣人歷官冑解褐授楚州

司法參軍轉豫州西平縣令滑州韋城縣令澧州司馬其卒在神龍二年葬以景龍三年墓地爲汝州西南紫邏山懷吉村始末約畧可見如此而名缺一字惜不著稱也

唐獨孤仁政墓碑銘 正書劉待價撰劉珉書景雲二年二月今在孟縣

獨孤君碑案其文所紀君諱仁政字仁政河南洛陽人本姓劉氏避時於北漢因山易姓宰相世系表進伯擊匈奴兵敗被執囚之孤山下生尸利單于以爲谷蠡王號獨孤部又六傳至羅辰從後魏孝文從洛陽爲河南人初以其部爲氏劉氏之爲獨孤其所從正與碑合今碑載仁政高祖永業質之北史言永業本姓劉母改適獨孤氏永業臺隨母爲獨孤家養遂從其姓又與碑不符傳言永業天保初除中書舍人後

爲洛州刺史河陽行臺左丞遷行臺尚書河清末徵爲太僕武平三年爲北道行臺僕射幽州刺史又除河陽道行臺洛州刺史又進位開府及遣子須達告降于周授上柱國應公宣政末爲襄州總管碑于永業在齊紀其爲南道行臺右丞又加散騎常侍儀同三司封夏州啟寧縣開國公武安郡開國公廣州德廣郡開國公西平郡開國公瀛州章武郡開國公彭城郡開國公各食邑二千戶轉七兵尚書兼吏部尚書入周拜司徒公行臺尚書令冊臨川王大司寇少右弼史于本傳皆失載而永業爲崔彥睦所殺碑言論貞殆指其志操爲易其名而傳亦從畧豈非漏與碑載曾祖子佳周柱國直閤將軍武安郡開國公華州刺史儀同三司隨大將軍淮州

刺史應國公案氶業在周為應公子入隋亦襲父爵而世系表子佳隋淮州刺史武安公亦宜以碑為據碑載祖義恭隨京兆郡富平縣令唐秦王府曹參軍事荆王府長史右衛郎將左衛中郎將左監門率溫汾歸㚆四州諸軍事㚆州刺史上柱國高平縣開國侯表列義恭獨闕其官爵又于義恭不載其子孫今以碑証之義恭子士賛唐宏文館生文德皇后挽郎選授霍王府戸曹參軍事潞王府兵曹參軍事原州都督府戸曹參軍轉汴州尉氏縣令遷坊州鄜城縣令上騎都尉行丹州司馬襲爵高平縣開國侯士賛子卽仁政皇朝左勳衛左金吾別駕解褐思州司倉參軍事改授宣州溧陽縣丞轉朝議郎上護軍行兖州都督府方與縣令仁政嗣子宗

業並可補表所未録也余列叙仁政之世系不憚于繁如此

亦以廣記備採使後有爲史學之緒也

唐行大理司直郭府君墓誌銘正書無書撰人名氏景雲十二年十二月今在洛陽

郭君思訓字逸誌載其歷官解褐睦州建德縣尉轉滄州缺

縣丞除缺府兵曹叅軍事轉太子典膳授大理司直而首題

曰孝子序亦未徵寔其孝何事也

唐故將軍桂國史公石銘正書

銘文無可采史公亦無名字桂國在唐書百官志視從二品

惟此可攷見耳後列延和元年歲次壬子七月再書夫人襄

邑缺氏建

唐宗國公契苾明碑正書婁師德撰殷元祚書先天元年十二月今在咸陽縣

余近得拓本僅得其半就文內與史有可參校者新唐書明本傳年十二遷本韋大夫今碑作稱奉輦大夫稱卽授字亦作稱百官志掌輦四十二人奉輦十五人然則本輦亦依碑作奉輦而史云擢嫡子三品官下云子聳襲爵今以碑証之有云稱長男從三品與傳同下文列明子嵩崇等並以行次從山而史但作聳誤也明父史作何力此碑何作河益漢碑何多作河如吳公碑逢盛碑柰何字皆作河則何與河古用字亦可通也碑立于先天元年十二月爲元宗受禪已後故碑首行云式隆王道隆字缺中畫又有鑿璧元年鑿卽證唐君臣正論武后改易新字以永主久王爲證此又以永主人王爲證

金石二跋卷之第一終

受業 王裕拭 王思楊 校

金石三跋卷之第二

偃師武億虛谷著録　男穆淳編　孫耒重校刊

唐姚文獻公懿碑銘

正書胡皓傳徐嶠之書開元三年令在陝州張茅鎮南二里文獻墓前

碑誌姚懿及其夫人始末字并完好中所缺者僅數字文云公諱懿字善意新唐書宰相世系表與碑合而姚崇本傳乃云父懿字善懿意懿聲相近由此誤也碑言曾祖宣業陳征東將軍吳興郡公祖安仁隨青汾二州刺史父祥隋懷州長史檢校函谷關都尉今表以宣業作梁征東將軍安仁惟言汾州刺史又失爲青州表列懿凡三子元景潭州刺史元之名崇相武后中睿元元素宗正少卿以碑攷之景乃爲宗正少卿碑載懿後取劉氏令紫微令崇故宗正少卿景之母也而非元素又碑言二子少

孤明非三子疑表誤入元素乃致乖錯不符當一以碑爲正碑下列夫人遺令云生以形累死以魂遊然事尊在冥無違不至何必合葬然後爲禮昔郗根矩沐德言並通儒達識咸以同穸爲非實獲我心當從其意無改我志下云崇等敬遵遺旨以景龍二年九月葬萬安山之南陽三復斯言夫人不愧達賢矣懿旣追謚文獻而崇亦謚文獻易名之典兩世並同亦希見也父子易名兩世並同者余有論証在五經碎義

唐光祿少卿姚府君神道碑一正書崔卬撰徐嶠之書開元五年八月今在洛陽

新唐書姚崇傳三子彝异奕皆至卿刺史此碑云光祿少卿者即彝也碑下截剝殘不復成文惟上截載彝歷官始末有除君太子通事舍人遷都水使者出爲延州司馬又除君隴

州刺史未到官又封虢縣開國子拜鄧州刺史兼檢校商州又有徵拜光祿少卿其卒在開元四年八月較之宰相世系表但云吳海鄧二州刺史者爲詳後有題弟正議大夫行太子中舍人下缺名者以史証之爲奕也

唐幽栖寺浮圖銘　正書開元六年七月今在汜水縣

浮圖銘爲幽栖寺尼正覺作也詞無可錄而書亦有謡體其用筆拙滯如魏齊時庸手爲之唐石刻似此絕少

唐華岳精享昭應之碑　咸廙撰劉升八分書開元八年今在華陰西嶽廟

碑在嶽廟倘全整金石文字記跋此謂古碑陰多無刻字故後周之碑而唐人得以刻之然攷水經注樊城西南有曹仁記水碑杜元凱重刻其後書伐吳之事葢古人簡便不重煩

妲此又渭水內載漢文帝廟數碑一碑是建安中立漢鎮遠將軍段熲更修祠堂碑文漢給事黃門侍郎張昶造昶自書之魏文帝又刻其碑陰二十餘字此又碑陰刻字更在杜征南之前者若至近世磨滅往代碑碣欲以自張其迹未幾而亦頹殘作柱礎矣悲夫

唐蘇州常熟縣令郭府君墓誌銘　正書孫翌文開元九年正月今在洛陽

郭君思謨與思訓昆弟也前思訓誌載曾祖興周上黨郡守平東將軍此誌獨以爲名昇莫識其所謂也思謨始以孝子徵解褐拜定州安平縣丞轉江陽縣丞擢武功尉遷常熟令又載其仁孝之感慈烏銜肉菴藋冬實取以供母當時上之天后命史臣褒贊而新書孝友傳不附其名或者亦餙爲之

與思誤父幽素舉而身又應廉讓舉以見唐制之繁如此

唐少林寺賜田牒 正書開元十一年十二月 今在寺裴漼碑陰之下

牒録當時賜田緣由勒之于石後題銜有判官殿中侍御史趙冬曦副使國子祭酒徐堅中書令都知麗正修書張說三子爲唐顯人並見新書本傳然証之于史冬曦開元初遷監察御史坐事遷岳州還復官不言爲判官殿中侍御史堅自始末歷官亦不言其當開元時爲國子祭酒舊書同而獨見之此牒張說傳下制改麗正書院爲集賢殿書院授說院學士知院事舊唐書徐堅傳開元十三年改麗正書院爲集賢院百官志開元十一年置麗正院修書院置使今牒在十一年與志既相符而說即首膺是任亦已榮矣然不見諸史者史有闕也非是牒後世其孰

知之嗚呼此予集録之勤且煩其有以也夫又容齋三筆唐世符帖文書今存者亦少隆興府摠持寺有一碑凡三牒今按此牒亦足以知唐勅牒之制如此又不獨如洪氏所見也

唐述聖頌 正書開元十三年今在華陰縣

碑首列京兆府富平縣尉達奚珣撰序左補闕集賢殿直學士呂向撰頌并書珣從逆不足道向見新唐書文藝傳進左補闕在開元十年後與碑合至敘所云法駕時巡路直玆地將選巨石先期底功又言吾君有光比夫周銘弇山漢祠少室云云蓋由元宗自爲文勒石西嶽詔向爲鐫勒使故珣盛述其事俾向爲文頌以二人共成一碑唐賢集內墓誌銘亦多此體

唐修古義士伯夷叔齊二公廟碑（梁昇卿撰并書今在蒲州）

碑爲二賢修廟記也其所云二公諱伯夷叔齊綮春秋少陽篇所載夷齊名氏尚不足據況昇卿以附會無實之詞遽見于碑宜其爲世所訾至如以夷齊爲殷時遼東孤竹君之二子則更悠謬失倫方孤竹建國豈得以殷時遂有遼東目之臨文牽合乃至于此葢考之未審也新是廟者縣宰太原王公而碑之刋立則在開元十有三年惟一月既望云

唐慶唐觀紀聖銘（八分書元宗御製御書開元十七年九月）

碑題有龍角山文內亦云改山號爲龍角則山舊葢名爲羊角也冊府元龜載開元十四年制爲元元皇帝置廟于羊角廟中此卽當時山名可據如是又文內武德三年四月于時

太宗爲秦王討宋金剛總戎汾絳新唐書太宗紀三年四月擊敗宋金剛于柏壁金剛走介州是也又云改浮山縣爲神山與舊唐書地里志武德四年改爲神山合

唐麓山寺碑并陰 行書李邕撰并書 開元十八年九月

碑舊爲集録者所收僅見碑陽而已其陰則自予遊長沙始得之者也此碑爲世所重然惟題曰嶽麓寺碑今證以題額作方篆陰文凸起益爲麓山寺碑再証之文內亦云麓山寺者晋太始四年之所作也而杜工部詩又稱麓山之南則向所名嶽麓寺碑疑爲非實又石墨鐫華云在岳州府金石文字記云今在寺中皆得之傳聞予以目驗覩是碑在書院之右十餘步碑陰列銜書名爲妄庸人題名交午横貫以致損

餘不可考第餘稍就其可辨者志之第一層有功曹參軍字倉部員外同正李字戶曹參軍士曹參軍參軍趙參軍劉利器字又錄事王敬撰博士張長卿可見者三人又下博士王獨存姓而已又郴令姓名缺贊尚可尋讀成句有曰禮樂仕門缺君子同官比能隣缺為美坦坦為懷謙謙虛已有力豊碑下漫滅第二層首行長沙字可辨三行康楚元名四行成麟字五行上柱國懷靖字皆彷彿可辨下數行并有尉員外同正字間行亦有贊名家缺意君子德心缺木繁林階下無訟堂上有琴大絃以雅小絃不淫又有醴陵令李仁丞張道主簿張思巳尉李靈尉張光庭衡山令劉咸之丞劉員外尉王光大尉周待徵湘鄉令王武信下缺不全者陽令孟瀏陽

令主簿張宇又贊華宗舊德利器缺播政震雷缺有典有則字可見第三層有鄧洪敏石泰桓嗣宗張輝楊庭訓朱封禪祝仁期姓名悉存此以予攷之碑陰諸列名者皆不顯于唐世而所見又剥蝕無餘然甞由予爲收録使後世知有其名者必自此發之也坦字缺畫以避睿宗諱旦故書之如此地里志衡州下衡山本隷潭州神龍三年來屬今碑在開元十八年則衡山隷衡州久矣然衡山令猶列讚于此何也豈與守潭者有舊識與今守潭者名在碑陽獨彦澄字存餘有政和題名一淳缺題名下牛元若題名一其大書横勒者則前明提學郭登庸也

唐尊勝陁羅尼石經幢 正書年月見跋文今在石嶺寺前殿東

石幢當開元十九年率府長史王元明立其後大中八年重立及漢乾祐元年又重立余著録存之以爲五代之際喪亂彝仍雖其世數歲月亦紊易不可攷知而獨是幢稱大漢者詳也其云乾祐年初歲次涒灘月建辛酉五日辛巳者漢高祖改元乾祐戊申之歲八月五日也又佛殿之西石幢行書者一爲長興三年八月所建今完好

唐重叙隴東王感孝頌八分書開元二十三年七月

碑後載唐濟州刺史楊傑重叙斯文今案其文始以齊武平元年正月二十一日雕瑩前稱開府儀同三司尚書右僕射尚書左僕射尚書令攝選新除特進使持節齊州刺史隴東王下一字缺其左旁惟右一月字顯當是其名而北齊書有

隴西無隴東王竟莫詳爲何人也碑中凡王字皆鐫毀亦在金海陵時金石文字記作孝子郭巨碑引碑文嗣邑撰恭之書武平元年正月並與今頗合但此係唐人重叙刻者而顧氏以爲齊又云正書與余所見八分書亦懸殊或顧氏所收爲北齊原碑與

唐大智禪師碑八分書嚴挺之撰史惟則書開元二十四年九月今在西安儒學

碑盛述大智勤行戒律至後終以皈依比于昔人稽首東向獻心廬嶽者以爲愨慕之極攷挺之傳云溺志于佛與佛屠惠義善義卒衰服送其喪已乃自葬于其塔左其迷溺不返有由然矣挺之題銜中書侍郎者史亦未及惟則書殊肥重無足取

唐景賢大師身塔石記羊愉撰釋温古行書開元二十五年八月今在會善寺

記載景賢没于開元十一年八月春秋六十有四唐文集如

柳子厚誌僧年皆作僧臘益彼教法謂出世即不復以俗年計筭而此獨書春秋與隆闍法師碑同皆亦不襲浮屠氏語耶書逸峭未以其僧徒易之也

唐錢塘縣丞殷府君夫人墓碑銘 顏真卿撰并正書開元二十六年七月今在洛陽

碑四面鐫字半已損滅其序夫人號缺一字定而不書諱字益婦人不以名行雖表墓之文亦不輕布如此又言夫人贈華州刺史昭甫府君季女與魯公之父爲同父而生者宜魯公臨文之愼也

唐任城橋亭記 八分書游芳篹文王子言書開元二十六年閏八月今在濟寧

記文叙開元十三年告成於岱元宗紀十一月庚寅封于泰山是也其云翠華之往則北巡濟河玉軑之旋則南指陳宋

唐時東巡遂文猶可案指又云陽門橋當晉之要衝衞即遂二字古通用唐人臨文推崇本朝輒用空三格或跳行書之此碑獨叢雜有空三格四格六格七格十格不等莫詳為何意

唐易州鐵像頌 行書王端撰蘇靈芝書開元二十七年五月今在易州

易州太守盧君暉字子晃造鐵像郡人張皇其事勒爲頌文暉見唐書宰相世系表官太原少尹者當即其人碑後載盧君開北山通車道三所有官坐鎮白錫谷峩院諸名以韋濟開偃師東山下新道例之暉亦宜附入地里志而史文不及豈有所遺耶暉又置縣三日五迴曰樓亭曰板城地里志五回開元二十三年析易置并置樓亭板城以碑案之首發議

建置者自盧君始也君又造驛店軍營廳廊水碾信謂才吏矣

唐守易州刺史田琬德政碑 行書徐安貞撰蘇靈芝書開元二十八年十月今在易州

田琬字正勤開元二十四年除易州刺史碑盛述其爲政有惠爲州人所樂而推其先世云敬仲適齊因陳爲族周齊聲近遂氏於田新書宰相世系表陳田聲相近與此符合史記田敬仲世家以陳字爲田氏索隱曰據史此文敬仲奔齊以陳田二字聲相近遂爲田氏然則陳田聲近葢由舊說也荀子不苟篇田仲注曰仲齊人處於陵孟子作陳仲史記游俠傳東陽田君孺索隱曰漢書作陳君孺皆可取以附証此碑之所依據又碑稱戶部尚書王晙太子太師蕭嵩篆晙與嵩

並見唐書本傳稱官與碑合

唐夢真容碑 蘇靈芝行書開元二十九年六月今在盩厔縣

碑言元宗自言夢見玄元皇帝余案此漢桓帝故寔元宗踵而行之隸釋老子銘延熹八年八月皇上尚悳宏道含閎光大存神養性意在凌雲是以潛心黃軒同符高宗夢見老子尊而祀之可類徵也

唐金仙長公主神道碑銘 行書徐嶠之撰明皇御書開元缺年今在蒲城縣

碑損蝕以新唐書相校公主始封西城縣主碑云先帝之龍潛藩邸公主以王女受封是其事也但碑云以丙午之歲度爲女道士丙午當神龍二年史乃以太極元年爲道士非也唐諱丙爲景此獨仍其字豈由明皇御書乃從巳祧不諱之

例耶公主居東都開元觀與傳言築觀京師者符又史於公主降日薨年亡者闕而不書此當以碑補之云薨開元時

唐內侍省功德碑 行書開元缺年 今在洛陽龍門

碑過殘蝕不見書撰人名氏金石攷作御製御書篆文首稱弟子右監門衞將軍缺上柱國渤海郡開國公內供奉高力士又有稱光祿大夫內侍省內侍缺宏農郡開國公內供奉楊思勗二人並見唐書宦者傳餘人名多可識以徵不具錄後題一百六人奉爲大唐開元神武皇帝云云則諸宦者爲天子祝釐也必非御製御書金石攷不及細檢爾末列宮闈局給使內供奉百官志凡無官品者號曰內給使碑所記與志合

唐虢國公造像記行書開元缺年四月今在洛陽龍門

記文已殘滅首稱虢國公下名氏缺惟存一耶字蓋易字脫其上半攷唐書宦者傳楊思勗封虢國公即其人也記稱橫行邊徼追馬援之功以傳証之開元初安南蠻渠梅叔鸞叛思勗繇馬援故道出不意賊駭貽不暇謀遂大敗封尸爲京觀而還記所指謂此又封虢國公在從封泰山時元宗本紀開元十三年十一月庚寅封于泰山今記文缺年當亦屬十三年後也

唐張之宏撰兗公之頌包文該正書天寶元年四月今在曲阜

碑頌以之宏爲曲阜令承渤海李公命所撰文膚猥無可紀唯云俯徵曾禮贈此兗公舊唐書禮儀志贈顏子淵兗公在

開元二十七年八月今碑稱兗公者由此也碑言顏子字子
泉避高祖諱使然

唐隆闡法師碑 行書天寶二年十二月今在西安府儒學

碑無書撰人姓名而首行名題大唐實際寺故寺主懷惲奉
勑贈隆闡大法師下復有懷惲及書懷惲已故矣焉能自書
又所謂及書者措詞益莫可曉也碑云懷惲二十一代祖安
晉丞相襲爵鴻臚公高祖融黃門郎遷太子庶子祖英唐解
褐太常太祝襲爵天平公尋轉吳王祭酒碑旣書永昌元年
勑徵法師爲寺主後遂言以大足元年十月二十二日神遷
春秋六十有二大足元年以長安元年正月丁丑改故碑已
云然隆闡世想也而詭尙異教至此悲夫

唐聖德感應頌 八分書李林甫撰徐浩書裴迥題額天寶三載三月今在登封嵩陽書院門外

碑敘元宗命道士孫太冲設醮燒丹而林甫從恿神奇其事攷之通鑑天寶四載元宗謂宰相朕于嵩山鍊藥成卽指此碑列林甫銜内朔方節度等副大使案舊唐書林甫傳天寶改易官名爲右相停知節度事今碑有右相與史合而仍節度朔方則未嘗停其使職也題額者裴迥見宰相世系表稱迥司封員外郎地里志河南有伊水石堰天寶十載尹裴迥置以碑推之天寶三載巳云守河南尹河南水陸運使兼東都留守豈不亦久于其位與宜其建置便于人也徐浩在本傳惟云遷累都官郎中據此碑題銜由檢校尙書金部員外郎徐浩神道碑遷金部員外郎歷階至都官而史文從略故不悉書嵩陽

石刻多遭損頹此頌獨無恙亦由石質過大捶搨者少而易
于保完又何其幸與

唐潘智昭墓誌銘 行書天寶七載七月無書撰人名氏

潘府君名智昭字洛京華原人誌歷叙其上世云楚大夫汪之緒也左氏傳楚有潘尪賈氏注楚大夫師叔字今誌作汪與傳文不合又智昭祖觀太中大夫行司津監唐書百官志龍朔二年改都水監曰司津監使者曰監以是推之觀行司津監即其為使者在龍朔以後也誌內戊字缺畫又書景時景時者丙時也時皆用支此獨用干他文亦不見惟北齊書南陽王綽傳有景時

唐靈運禪師功德塔碑銘 行書崔琪撰勤　書天寶九載四月今在登封縣少林寺

碑稱上人諱靈運蕭姓蘭陵人梁武帝後皇考翕虢州恒農縣尉其叙靈運世系如此今額題行書與碑既非一手而又誤指靈運卽梁帝皇嗣臨文失檢殆非實也碑側下有辛秘題名其文云元和十二年閏五月二十九日河南尹辛秘奉勅祭中嶽散齋于此寺正書凡五行俱完好竊怪葉封嵩陽石刻記可謂博采矣然亦遺而不收獨予乃始得之故益自矜惜爲可寶也辛秘見新唐書本傳累遷汝州常刺史河南尹與題名合

唐修殷太師比干廟碑 正書李翰撰宋張琪書朱子才立石天寶十祀今在汲縣

碑重立字畫過纖已漸損蝕不大顯鑿文爲李翰撰翰見新唐書文藝傳云翰擢進士第調衞尉令碑自序天寶十祀余

尉于衙者是也然天寶三載于正月巳改年爲載而翰猶于文內稱祀載祀古雖可通但失當時改制之意未審翰何爲率然至此翰既上巡功狀表諸史官而于太師忠烈之跡猶三復言之非如世所號爲文士也

唐永泰寺碑 正書靖彭撰荀望書天寶十載閏三月今在嵩山永泰寺

碑建于天寶十一載稱年爲載是也今文云貞觀二載神龍二載當時元宗自欲變年爲例未嘗易及祖制又文稱隨仁壽二載并前代亦追改之緇流不學輒遷就下此多寶佛塔碑亦云天寶元載岑勛之失與此并同碑內書隋字仍作隨案金石文字記云虞世南孔子廟堂碑歐陽詢九成宮醴泉銘王知敬李衞公碑高宗李英公碑天后順陵碑于敬之華陽觀王先生碑裴漼少

林寺碑皆然獨孤府君碑陶府君德政碑梁師亮墓誌銘並作隨當日金石之文二字通用自司馬温公作通鑑以後始壹用隋字而水經注潁水東南逕隋縣西隋字作隨則知此自古人省筆之字謂文帝始去辵而爲隋者未必然也案漢隸字原穀阬君神祠碑其祀隋廢集韻隋文帝省隨之辵以爲代號而史傳已多假用此字碑云隋蓋隳之省字原証以隋失倫爲附識于此

唐張府君墓誌銘行書田穎書天寶十五載四月

誌云淸河張公字希古晉司空華之裔孫也書字而不書名未審當日何所避忌遂使後世不知其名也歷官有云累遷馬邑郡尙德府折衝都尉游擊將軍上柱國員外置同正員新唐書兵制太宗貞觀十年號統軍爲折衝都尉別將爲果毅都尉諸府總日折衝府凡天下十道置府六百三十四皆

有名號杜牧之云折衝果毅府五百七十四會要云關內置府二百六十一又置折衝府二百八十今此誌尚德府亦當時名號可見者其他如姚懿碑貶授晉州高陽府折衝都尉臧懷恪神道碑七子內有游擊將軍崇仁府折衝希崇漁陽郡君李龕銘有轘轅府折衝都尉郭敬之廟碑有雍北府金谷府碑陰有成皋府興德府晉陽府李輔光墓誌有涿州仁賢府張詵墓誌銘祖元植皇朝盧龍府折衝田琬德政碑以功授合黎府別將歷果毅轉折衝皆不可僕數宜類舉以與史志相証也又志下文子長曰行瑾次曰崇積並武部常選武部即兵部舊唐書元宗本紀天寶十一載改兵部為武部此尤足取証

金石二跋卷之第二終

受業王裕栻
王思錫校

金石三䟦卷之第三

偃師武億虛谷著錄　男穆淳編　孫来重校刊

唐憫忠寺寶塔頌　行書張不矜撰蘇靈芝書至德二載十一月今在寺茶毗後小房壁上

頌由史思明旣降爲肅宗作也案舊唐書肅宗紀思明以至德二載十二月己丑表降然此頌已載十一月則當時尚未臣順兇徒豈肯早爲稱祝葢思明旣欲歸命遂先以此貢媚爲容身之具亦或然也或云至德二載字凹陷亦似後重刻者此又不然頌內明言作噩繼統據爾雅歲在酉日作噩至德二載正爲丁酉葢必無誤也若稱肅宗尊號以大聖字移文武之上與史不合則如顧君云思明誅後此地歸唐後人重刻者近之

唐郭敬之廟碑 正書顔眞卿撰并書廣德二年十一月今在陝西布政司署

敬之汾陽王父也碑列其上世云漢有光禄大夫廣意生孟儒爲馮翊太守又云隨有金州司倉履球府君舊唐書地理志金州隨西城郡武德元年改爲金州是隨不名金州而文亦遷就爲之也下文篤生唐凉州司法諱昶府君生美原縣主簿贈兵部尚書諱通府君今案新唐書宰相世系表廣意作廣智昶作隨凉州法曹亦非金州司倉而通作美原尉尤不言主簿碑在當世魯公自所書宜爲有據而表或誤也碑載敬之遷扶州刺史又渭吉二州刺史又授綏州遷壽州據表所書敬之吉渭壽綏憲五州刺史與碑歷官數亦合而異地獨不載扶州又別書一憲州攷元和郡縣志憲州無其[illegible]

唐書地理志始有之其小注云憲州本樓煩監牧嵐州刺史領之貞元十五年別置監牧使龍紀元年李克用表置州舊唐書志作貞觀十五年楊鉢爲監牧使下又云龍紀元年特置憲州于樓煩監則憲州蓋起于唐末故元和志不載而當敬之時州尚未設何以云爲刺史由是言之知表亦誤也今碑所云扶州者當依以爲正

唐贈工部尚書藏懷恪神道碑 正書顏眞卿撰并書今在三元縣

碑不見立石年月而文內已載廣德元年詔此碑所建亦必後于其時又云開元初嘗遊平盧屬奚室韋大下公挺身與戰所向摧靡新唐書室韋傳惟載開元天寶間凡十朝獻其後貞元四年與奚共冠乃見于傳證之碑則開元初已內侵

而史益失錄又碑下文遇突厥斬啜八部落十萬餘衆于狠頭山今撿突厥部落無此名通鑑聖歷九年九月改默啜爲斬啜當時武后憤其倔强故漫爲此號而曾公亦襲用之然懷恪應變紿敵功不爲細乃卒不附突厥亦傳亦其疎也又所云僕固懷恩父設支適在其中獨身遁之由此獲免遂與設支部落二千帳來歸案之唐書皆不合傳載懷恩鐵勒部人則懷恩父亦舊屬鐵勒矣又云乙李啜生懷恩世襲督都則傳言父益名乙李啜今碑乃云懷恩父設支則又名設支矣至云與設支部落二千帳來歸設支又自有部落及開元初來歸始爲唐臣亦非世襲都督者疑此數事史文皆未悉並當以碑爲據且足補突厥室韋二傳之闕則是碑之傳益可寶也

唐峿臺銘篆書元結撰瞿令問書大曆二年六月今在永州

銘搨本假之吾友書源後附以黄山谷跋及書磨崖碑詩字尤奇偉可喜跋所云崇寧三年三月己卯今山谷集刻本脱三月字則己卯日竟無所屬又下列敘僧守能志觀德清義明等衆而刻本以等衆作崇廣不能爲文刻本作豈復能文偶强作數語惜秦少游已下世刻本亦少偶字及已字詩内鳥擇栖刻本鳥作烏至臣結春秋二三策句刻本春秋作春陵此其尤謬不可不以石刻舉正者也攷次山春陵行自敘蓋爲諸使徵求而發于中興碑無所寓詞惟易以此石作春秋二三策與碑云天子幸蜀太子即位靈武其中隱寓貶例此春秋之義也集刻半誤于工人而此跋又參遠爲世所不

見故爲存錄以訂近本之踈使校勘者知有考也

唐光祿卿王訓墓誌銘正書嗣澤王溓撰并書大歷二年八月

王訓字訓卿瑯琊臨沂人誌所載祖同皎父繇並見新唐書然史言同皎相州安陽人誌以爲臨沂人當各據其郡望占籍書之非別有異也誌言同皎皇光祿卿駙馬都尉贈太子少保今案史但云睿宗立詔復官爵而不及贈官誌言繇皇特進太子詹事駙馬都尉贈大傅尚永穆長公主史亦云繇尚永穆長公主而不及歷官皆子文略也史載繇生子潛令訓亦爲繇子訓娶嗣紀王鐵誠之季女攷宗室世系表云澄初名鐵誠合而撰誌者爲嗣澤王溓表惟書溓守光祿卿而已今誌仍有前秘書監亦溓所歷官則未之及宜依此互舉也

唐李季卿撰先塋記 李陽冰篆書 大歷二年

碑斷裂季卿名已不存雖從子陽冰書完好新唐書陸羽傳御史大夫李季卿宣慰江南潘孝子頌稱大歷中宣慰使李季卿蓋卽其人前有細書云是碑年代寖遠風雨昏潰字體不完讀者斯泥吳興姚宗蕚覓安璨重刻大中祥符三年九月十四日畢功碑學書訓詁體雅與亦不多見從子較唐人俗稱姪男者爲近古 朱子語錄姪字本非兄弟之子所當稱當稱從子

唐故張禪師墓誌銘 正書無書撰人名氏大歷三年二月今在洛陽龍門

張禪師諱義琬字思靖俗姓董氏河南陽翟人傳會善大安禪師印法者也誌載其開元十九年七月滅度時云後卅年有大功臣置寺度遺法至大歷三年二月果爲汾陽表請賜

謚號大演禪師又稱汾陽爲文武朝綱字缺一國老忠義司徒尚書左僕射朔方大使相國者文武朝綱之號他亦未見

唐元次山墓碑 正書顏眞卿撰并書大歷四年十一月今在魯山縣學

碑舊在青條嶺予近所見搨本葢魯山李居來家所藏持以贈予者字間有剝泐證以舊志所載全文讀之始無遺缺碑云曾祖仁基朝散大夫褒信令傳乃作寧塞令次山父延祖歷魏城主簿延唐丞傳僅云再調舂陵丞而已舂陵漢舊縣景文書唐人仍襲用舊名使其歷官所在後世幾不可考殆非例也元和郡縣志舂陵故城在延唐縣北十里景文于傳書之其亦用古之過而遂僻謬如是與凡史以紀實也作詩常文字猶不宜遷就其詞況于成一代之史以俟後世其毋

益滋之惑而大失眞與碑載次山起家爲道州刺史爲西原賊所陷人十無一戶纔滿千今傳云遺戶裁四千攷次山舂陵自序道州舊四萬餘戶經賊以來不滿四千傳所書當據此文而碑云戶纔滿千眞卿在當時手自傳錄理亦不謬然或更有所本與殆亦詩人靡有孑遺之謂與次山祖傳云諱亨字利貞碑惟云利貞由避肅宗諱不書

唐故太尉文貞宋公碑　正書顏眞卿撰并書大歷五年十二月追建當七年九月今在沙河縣

碑自宋崇寧二年范致君因謁墓下蓋目得之其所錄碑側文亦詳確可案也趙明誠著金石錄跋此碑以碑言公有七子曰復昇尚渾恕延華衡乃八子也魯公所撰碑側記亦曰公之第八子衡謫官沙州蓋廣平寔有八子唐書闕復延二

人而此碑曾公誤書八子字爲七爾余案新舊唐書璟本傳皆闕復延惟宰相世系表列璟八子獨全趙氏益未嘗檢及又曾公記碑側已言第八子而于璟碑書七子此必非誤自曾公亦爲傳刻者過也趙氏又以碑云自吏部侍郎兼攝尚書左丞而史不載後自楚州刺史歷魏兖冀三州兼河北按察使遷幽州督都復爲魏州而史但言歷兖冀魏三州刺史河北按察使進幽州都督而已是兼攝尚書左丞與復爲魏州誠如趙氏所指二史皆未之及然余又以碑案璟之歷官方其始也調上黨尉以役轉王屋主簿又轉合宮尉又授錄事參軍凡三遷官然後拜監察御史裏行自此又遷殿中侍御史又遷天官員外郎然後爲鳳閣舍人新書但于自上黨

尉而下即書爲監察御史遷鳳閣舍人而舊書以累轉鳳閣舍人包之其失皆畧也新書四年遷吏部兼侍中證之此碑所載四年遷吏部兼黄門監五年復兼侍中八年拜開府儀同三司此新書省文誤也舊書四年遷吏部尚書兼黄門監明年官名改易爲侍中與碑文敘符合而新書遂于兼侍中亦附之四年之下則中間方隔一年其官仍名黄門監而寧連書之至此是尤疏也舊書弱冠舉進士據碑言十六下即稱明年進士高第則璟年十七成進士猶未及弱冠也新書删弱冠二字較舊史爲不苟矣又碑言十三年駕幸東都新舊書本傳及元宗紀皆作十二年或碑亦摹勒有失眞耶然新書本傳遂改易其文作東巡泰山則爲非是案紀十三年

乃有封泰山之文其于幸東都蓋已兩書之而舊文又誤以二事合爲一此大不可也新舊書並以璟二十年請老碑作二十一年公抗疏告老碑從當時盧僎所上行狀宜可據璟之子復先璟卒昇尚書郎太僕少卿宰相世系表作太僕少卿渾職方郎中諫議大夫御史中丞東京畿採訪使太子左諭德表作太子右諭德華判入高等登封尉尉氏令表作尉氏令衡右散騎常侍兼御中丞河西節度行軍司馬表作河西行軍司檢校左散騎常侍其中詳略亦可參證然史載廣平諸子皆荒飲併嬉而碑云或肅或文或哲或又克篤前烈以休令聞嗚呼諛墓之詞雖魯公亦不免若是歟新舊書言渾恕尚坐貶皆書地而華衡得罪獨從畧焉今碑言衡謫居

沙州是亦史所未及可備錄也外又有神道碑側記趙德父已具錄茲不再贅云

唐干祿字書 顏元孫撰顏眞卿正書大歷九年正月

金石文字記收得此本証其序稱第十三姪男眞卿書推明姪男爲當時俗稱語不爲無據然魯公臨書亦少有訛舛証之說文繫傳云此書聳字改未爲牙晃字轉门爲向鄰正體也而謂之訛隣俗謬也反謂之正益爲病矣葢徐氏所訂已如此惜余未覩全本爲一詳攷也又徐氏謂顏元孫作干祿字書其從孫眞卿書之于石案序既云第十三姪男家廟碑又云生我伯父諱元孫則從孫殆從子之訛傳抄者不及審也爲附正于此

唐王忠嗣神道碑 正書元載撰王縉書大歷十年今在渭南縣鄉賢祠

忠嗣爲唐顯人其在本傳舊書忠嗣太原郡人家于華州之鄭縣新唐書云忠嗣華州鄭人今案碑五代祖隨周武帝入關署馮翊掾因從家于鄭今爲華陰人所錄較詳于史而史特就其占籍之始言之宜參之此碑爲據也紀功與史同然其文頗贍麗可喜蓋亦所謂當時體也碑僅磨泐數字細推皆可識唐石刻之幸完整無缺者如是碑亦不多見其爲後人取貲多矣

唐右僕射裴府君神道碑 書撰人名氏缺金石錄作楊綰撰盧曉八分書大歷十一年二月今在洛陽

裴府君遵慶唐書列傳並取之此碑而載此君歷官頗簡略

金石錄已指其踈然碑言轉司勳吏部郎又遷兵部戶部侍郎傳並亦未之及趙氏旣摘言兵部而戶部仍不爲傳文舉遺當更依碑爲據也碑于論蕭克濟罪案云才辨不足聚人今傳以才辨作財賦語太寬易恐失其實

唐王府君斷碑 行書侯冕撰大歷十二年二月今在高陵

碑拓本下截已斷脫文云王惟璽後系出田宗其氏尚可推如此而府君諱履清字履清則亦以字行也又載汾陽王以吉昌濁河上流邊郡善地戎州夷落易動難安永言緝綏缺帝可其奏仍乘傳走郡是王君亦由汾陽薦擢而獲膺此劇任其偉略宜不可沒然如碑所云又敷異術載底吉祥猛獸渡河而去境恐亦文人緣飾于詞不可據也猛獸蓋避唐諱

虎字銘內聖祀白廿爽廿其昌廿濟其美亦作廿唐人避世皆作代此獨缺畫又下車幾何幾亦缺畫案幾爲元宗降基嫌名所諱然劉知幾改名子元見于新唐書本傳初不聞其缺畫今覩此碑亦以見當時之制益不盡見典文而韓退之諱辨猶云不聞諱滸勢秉機豈其然歟幾且爲之缺畫然則機豈有未避者歟

唐贈揚州大都督段府君神道碑 正書張增書大歷十四年閏五月今在汧陽縣

段府君行琛太尉秀實之父也碑叙其世系云曾門德濬初羅否運播遷隴坻新唐書所稱秀實曾祖師濬仕爲隴州刺史留不歸即其事也然碑指爲行琛曾祖於秀實爲高祖而傳仍以爲曾祖且碑言播遷則已非從仕矣又其歷官如碑

所指亦惟在周辟奉朝請入隨直文林館更無所謂刺史也凡此皆疑傳文爲誤碑云曾門德濬下言大父操考達則德濬即行琛曾祖名唐人重嫌忌必非敘他文直犯其家諱者而傳稱曾祖師濬德誤作師亦宜以碑爲正也行琛以碑言天寶九載夏之季序遘疾至乙酉奄歸無物攷秀實本傳李嗣業爲節度使而秀實方居父喪表起爲義王友充節度判官〔嗣業傳爲北庭行營節度使亦在收復東都之後〕然則嗣業爲節度已當至德改元爲天寶之十四載通鑑上命河西節度副使李嗣業將兵赴行在下言以秀實自副將之其語可案據而傳謂居父喪即在此時推之碑言天寶九載者葢誤幷失考也通鑑天寶十載右威衛將軍李嗣業勸仙芝宵遁別將汧陽段秀實詬

嗣業執其手謝之還安西言于仙芝以秀實兼都知兵馬使爲己判官約通鑑文是嗣業爲右威衛將軍而秀實爲判官距天寶九載父卒方間一歲正居喪時也于事爲得其實

顏氏家廟碑 顏眞卿撰並正書建中元年七月今在西安府儒學

碑魯公自敘歷譜其世系所出以逮子姓號爲詳備然載先出于顓頊之孫祝融孫安爲曹姓其裔邾武公名夷甫字顏子友別封郳爲小邾子遂以顏爲氏顧亭林案左傳襄十九年齊侯娶于魯曰顏懿姬其姪鬷聲姬注曰顏鬷皆姬母姓當云母氏則顏之爲姬姓爲魯族審矣姓譜曰顏姓本自魯伯禽支子有食采顏邑者因以爲族其出于邾之說本自圈稱葛洪嵇徒見公羊于邾有顏公之稱而不考之于左氏也莒之犂比公豈必爲犂彌之祖乎

案魯公嘗承其家學如師古註急就篇顏氏魯伯禽支庶食采顏邑因著族又顓頊之後封邾郳武公名夷父字顏公羊傳謂顏公其後遂稱顏氏故魯公臨文不檢已爲後人所訛而世尤妄爲牽附乃于己之所祖而肆誣焉抑何惑歟又碑敘之儀則謂黃門兄今北史云之推弟之儀魯公去隋未遠又上書不過五世此必有所據史載之推二子長曰思魯次曰敏楚碑作愍楚敏愍古音同故通用之若之儀碑載出爲集州刺史新野公北史于子儀拒命下云出爲西疆郡守及踐極詔徵還京師進爵新野郡公開皇五年拜集州刺史較碑頗詳而進爵亦稍有先後此又可互見乃是覩其全者故亦不可不兼取資也

唐姜源公劉新廟碑高郢撰張誼書貞元六年十一月今在邠州本廟內

碑載作新廟遷于南郭者張公獻甫也獻甫歷官當貞元四年已爲邠寧節度觀察使檢校刑部尚書兼御史大夫郎寧郡王案新書本傳德宗西幸又從渾瑊討朱泚戰多累遷至金吾將軍檢校工部尚書下遂言貞元四年代韓遊瓌領邠寧節度使而碑作刑部又兼御史大夫郎寧郡王史皆不備凡此皆依碑爲詳德宗紀貞元四年九月庚申吐蕃寇寧州邠寧節度使張獻甫敗之今碑所謂戎醜是膺授鉞而至是其事也碑後云自先幽州大夫以來一門四人幽州張守珪也四人者則獻誠獻恭及昞與獻甫當時伐閱之盛若此可謂濟美矣

唐鴻臚少卿張敬詵墓誌銘 正書薛長儒撰貞元十年今在洛陽

張君有夫人合葬墓誌銘書其上世及此君占籍歷官名字皆互異已詳合葬墓誌跋文惟此誌稱東都副留守河南尹裴公請命公爲押衙以時攷之謂晉公也

唐會善寺戒壇記 八分書陸長源撰陸郢書貞元十一祀七月今在會善寺

碑首行陸長源列銜有云汝州刺史兼御史中丞考之新唐書本傳惟由汝州刺史爲汴行軍司馬昌黎集董晉行狀貞元十二年八月上命汝州刺史陸長源爲御史大夫行軍司馬令長源作記當貞元十一年已稱兼御史中丞然則入汴時長源蓋由中丞復進爲大夫而史皆缺不載其後題年月乃云貞元十一祀龍集乙亥大火西流之月變年爲祀而九

書龍集乙亥皆依古爲文長源好奇如是卒斃于難亦足悲夫

唐贈太保李良臣神道碑 正書李宗閔撰楊正書貞元十一年八月今在榆次

碑紀光顔爲其父良臣請文遂書及光顔功績悉與唐書符李光進傳云其先河曲諸部姓阿跌氏貞觀中内屬今以碑証之良臣王父當唐初受命太宗文皇帝已即大位遂率其所統南詣靈武請爲内臣於時方在貞觀初而史以爲中非其實也宰相世系表叙鷄田李氏自良臣始惟云襲鷄田州刺史而不著鷄田列爲内地建置刺史之由案碑良臣王父賀之太宗拜爲銀青光祿大夫鷄田州刺史充定塞軍使表宜緣此爲文然後子孫襲職始有因依良臣父延豐襲鷄田

州刺史以功加開府儀同三司太常卿上柱國贈工部尚書表既未詳延豐生三子長曰光玭爲朔方都將表亦無文而于良臣下卽書光進次光顏是脫其長子不錄葢于史爲失紀皆宜依碑爲據也永叔作表當本其人之家譜而譜以子孫自敘必不疎漏至此或鷄田李氏傳譜已佚永叔但卽舊史所錄而存之以備李氏宰相之一宜其有未備也與世稱榆次三碑此葢其一尚有光進光顏二碑余屬少山致其鄉人覓之今猶未獲也

唐濟瀆廟北海壇置祭器銘 八分書張洗撰貞元十三年今在濟源

濟源令張洗字濯纓爲濟瀆北海廟壇自置祭器不勞官民既成用假始末刻之于石今案其文云有唐六葉封茲瀆爲

淸源公置瀆令一員祝史一人齋郎六人執魚鑰備灑掃新唐書百官志云五岳四瀆令各一人正九品上掌祭祀有祝史三人齋郎各十三人較之碑所紀益倍其數不知何時增益爲之也或志文他有所據今亦未能詳也碑又云北海封爲廣澤王天子以迎冬之日命成周內史奉祝文宿齋衮冕七旒五章劒履玉佩爲之初獻縣尹加繡冕六旒三章劒履玉珮爲之亞獻邑丞元冕加五旒無章亦劒履玉珮爲之終獻濟源唐舊屬洛州故成周內史爲之攝祭禮儀志祭北海及濟于河南是其事也然志文不詳其儀數余故備錄存之洗字濯纓而題云濯纓不才謬領茲邑臨文自稱其字非用謙之道也器物名數題在碑陰者尚未拓得今此本亦假之少仙云

唐澄城縣令鄭公德政碑 行書撰文人缺鄭雲逵書貞元十四年正月今在本縣

碑殘泐金石文字記云公字叔敖鄭州滎陽人而不得其名今案碑前列十一年閏八月辛巳詔諭錄紀左馮翊澄城令鄭楚相功德于其理所之南門楚相即其名故下惟云字叔敖而名不再見顧氏殆失檢也鄭君初擢秀才第爲東觀校書郎授長安府至于宰是邑百姓孫士艮等請命朝省斯頌作焉後又言左司郎中宇文邈修功善狀蓋唐自武后聖歷二年制州縣長吏非奉有勅旨毋得擅立碑于是凡以政績將立碑者具所紀之文上尚書考功有司而攷其詞今此碑猶可案也驗實則人無溢美準勅立益有風勸余故錄之以見唐制如此宇文邈載宰相世系表爲御史中丞者當即其

人

唐贈越州都督苻璘神道碑正書李宗閔撰柳公權書貞元十四年十一月今在富平縣

碑字亦有殘脫然繹其文皆可句璘初爲田悅將後以去逆効順屢從征著有功伐案新唐書璘附其父令奇傳後事多不備攷田悅傳悅以苻璘爲腹心馬燧傳悅使苻璘李瑶衛還淄青殘兵璘等亦降今碑所稱燧知公才略開以禍福公計遂決乃使家監潛通其誠燧因遺公犀帶以示要約公於是卒所部下缺是其事也傳又言李懷光反河中賊將徐廷光守長春宮城燧諭廷光云云以碑証之璘亦同收長春宮降徐廷光而本傳惟錄先濟河與西師合而已璘之歸國由其父決計及璘降而父仍留賊營遂爲賊所害延於家屬其

死忠之報宜福流其子也苻史從竹非是宜依碑爲據

唐雲麾將軍張府君及夫人樊氏墓誌銘正書沙門至咸撰永貞元年今在洛陽

張君與前誌稱鴻臚少卿者爲一人前誌雙名敬詵此誌單名詵前誌稱馮翊同川人此誌稱隴右天水人前誌稱左金吾衛大將軍元長府君之孫此誌稱祖定遠甘州司馬前誌稱中散大夫撫州長史崇讓府君之次子此誌稱父潭州長沙縣尉惟書子女及卒之年月符合而張君又非別爲人後者疑不可曉也

唐甄叔禪師碑銘并塔銘

碑銘爲劉夢得撰及正書劉申錫篆額當元和二年五月塔銘爲沙門至閑譔僧元幽行書瑯琊王周古篆額當太和六

年四月並由澤州胥燕亭官萍鄉得之寄余遠方墨搨著錄家絕少良可寶也碑銘劉夢得題銜云朗州司馬員外置同正員顧亭林謂此在元宗猶不能盡革及證之此碑則當憲宗時亦不盡革也

唐修武侯祠堂碑 正書裴度撰柳公綽書元和四年二月今在成都府武侯祠內

碑完好其云相國臨淮公者謂武元衡也又言元和二年冬十月詔相國臨淮公由秉鈞之重承推轂之寄新唐書元衡爲劍南西川節度使由蕭縣伯封臨淮公此碑所記與史合又此碑裴公題銜云侍御史質之本傳遷監察御史論權倖切出爲河南功曹參軍武元衡帥西川表掌節度府書記碑文當作于是時而爲侍御史史亦未詳載碑在前明補刻今

所見者已非舊觀用爲可憾耳文苑英華辨証裴度諸葛亮祠堂碑故州平心與元直神交謂亮與崔州平徐庶友善也而文粹以故爲荊

唐解府君墓誌銘正書無書撰人名氏元和五年十一月今在孟縣

解府君諱進字進籍京兆府鄠縣入步鄉解村葬河南府河陽縣太平鄉樹樓村無官閥世行可紀葢微者也然賴子著錄名亦不沒矣始獲此石亦自魚山發之是尤足爲解君喜也

唐故大德塔銘正書文滮撰王叔清書元和十四年四月八日今在鞏縣石窟寺

塔銘僅一小石砌置在寺前殿東窗之側文云和尚俗姓柳河東人也貞元十九年請入淨土寺春秋六十有七元和十二年六月八日坐化銘題云大德者即其人也所誌氏居生

卒始末略可見如此而文字庸惡蓋爲村里小兒所爲又書撰人文濋輩皆稱釋門弟子昔歐陽論徐嶠稱弟子帖謂徐嶠筆法何用于闍黎稱弟子自南朝起此弊事遂成風俗由斯觀之則如唐之顯人士大夫者且善佞若此況于世俗委巷其中漫無所執持益泯然不足道余蓋摩綏斯石爲之感且悲也西安府城南有大德塔銘乃元和十三年八月立者爲沙門文湜撰文王叔清正書今此塔書亦爲王叔清叔清書名不見書唐世而東西兩京塔銘皆其遺跡豈亦有附託爲之耶

唐贈雲麾將軍朱孝誠神道碑　行書蘇遇撰曹鄴書長慶元年二月

朱孝誠以宦者爲忠武監軍荐歷華膴而有妻王氏有嗣

士倪次子士倫史稱李輔國娶元擢女奉勑爲之唐內侍之橫其有由也夫碑言問罪淮西以護許軍故是時光顏爲陳許師而孝誠奉命與之左右益不獨梁守謙一人往撫蔡師也又言李師道竊犯近郊案本傳師道遣客燒河陰漕院錢三十萬緡米數萬斛倉百餘區卽指其事

唐西平王李晟神道碑 正書裴度撰柳公權書太和三年四月在高陵縣

碑列敘晟功績較史爲畧其書歷官特詳是用備舉以資互勘案碑載晟特拜左字不可檢道率繼表用歷二府右職北庭節度及四面都遊奕使代宗徵以左金吾衞將軍爲神策軍兵馬使授檢校太子賓客加御史中丞授檢校工部尚書加檢校右僕射史文皆未及晟子愬唐世宰相世系表誤作甚以

字形涉似耳至其占籍也碑詳其後徙京兆而史不具錄皆宜爲據也

高嵩高靈勝詩碑正書太和三年六月今在中嶽廟峻極門之東角門壁

碑自熙寧丁巳大梁王紳移置壁間舊惟嵩陽石刻記作尉遲汾書近府志踵襲其謬且謂金石文字記作尉遲汾撰者誤據詩云皇皇三川守磬德清明躬其意正言王尹雒制拜嶽汾乃寄呈此詞若以尹自撰豈復作此語哉詩後用東山扆崗等字皆可証明爲汾所寄無疑而葉氏竟率然至此其他安得不滅裂爲之耶唐石刻遇稱皇帝皆空三格今詩內三川守又詔賢導宸衷三川守及賢字揩語美王尹耳何爲亦空三格耶小註內引白武通云中央之嶽獨加高者何也

央居四方之中可高故曰嵩高以余近所見本直無此文惟云中央為嵩山者言其後大之也乃知近刻為不全之書其中傳刻佚脫必有為世所未及見亦不暇補綴者非得是石何由少見古本耶左傳正義云白虎通義因穀梁之文為之說曰王者諸侯所以田獵何為苗除害上以共宗廟下以簡集士衆也春謂之田何春歲之本舉本名而言之也夏謂之苗何擇其懷任者也秋謂之蒐何蒐索肥者也冬謂之狩何狩地而取之也四時之田總名為田何為田除害也今白虎通義十卷無此語豈亦有逸篇與見困學紀聞

梓州刺史馮宿神道碑正起撰柳公權正書今在西安府儒學

碑後文磨蝕垂盡今獨前文存者尚可辨案碑云宿冀州長樂人而新唐書本傳則稱婺州東陽人金石續錄謂宜以碑為正攷馮氏之所自出惟杜陵長樂二望碑因以宿為長樂

北史馮跋傳亦云代本出長樂宿北燕裔也今碑書其始望是也唐碑刻如池州刺史馮仁碑云長樂馮文王之肖與此碑同則碑信非無據然驗其實宿之占籍當在婺州今文內所載乞歸江左以奉邑養當時自宿祖父並居東陽又宜依新書爲是此固當兩存之不宜有所偏廢也張建封旣殁宿以書說武俊使表建封子愔爲留後新唐書云爾而碑獨記德宗以愔得衆聞而善之則愔之得請亦不盡出自武俊碑載宿丱歲侍僕射府君廬于員外府之墓左則宿與父子華並守墓矣而傳文惟言子華廬親墓有靈芝白兔葢史略也新唐書牛元翼徙節山南東道爲王庭湊所圍以宿總留事碑云天子以深州刺史牛元翼納忠效順詔除襄州節度時

亟圖不解未克之官下丞相以公對上曰峴南留務斯人可矣文較史爲悉又碑載開成元年十二月長樂公薨下又明年克葬云云碑之建立約亦在是時矣至碑又云其親戚號于中唐金石續錄云唐似是堂字案詩中唐有甓傳堂塗也爾疋釋宫廟中路謂之唐此即碑依用所自後漢書延篤傳少從潁川唐谿典司馬虎續漢書作堂谿典堂與唐亦古通用字何爲疑哉

金石二跋卷之第四

偃師武億虛谷著錄　男穆淳編　孫耒重校刊

唐國子學石經 艾君晦陳玠鈇一人正書開成二年今在西安府儒學

鄭覃創立石壁九經舊史詆其蕪累近顧亭林按此本亦云謬戾非一余嘗按金石文字記輒卽顧氏所摘誤字少爲推證使世知石經所書其與今異者必多得之古通義或亦有晉宋舊本非盡可訾也易繫詞力小而任重顧云小誤作少冢儀禮鄉飲酒禮主人少退注少退少避釋文作小避又少逡巡少作小特牲饋食禮挂于季指注季小也釋文作季少定十四年傳從我而朝少君釋文云本亦作小君正義曰少君猶小君也路史少昊幣文作小顥周書亦作小顥少者小

之文古文止用小是也是少小爲古通用盡則飭也顧云飭誤作餙案鄭本王肅作餙又姤遇也顧云姤誤作遘案釋文引薛云古文作遘鄭氏易同是姤與遘古今字又詩邂遘相遇釋文云遘本亦作逅逅遘古並通用尚書臣下罔攸稟令顧云令誤作命案命猶令周禮大司馬犯令陵政注令猶命也王覇記曰犯令者違命也月令命宰呂氏春秋作令宰是命令爲古通用王乃狥師而誓顧云狥誤作循案孔傳狥循也左氏傳文公十年國人弗狥服氏作循云循順也見御覽引是狥古通作循子有亂臣十人顧云臣字旁注案注脫文也顧云此者盖因有亂十人視爲定本臣字爲後世附益九經古義是說有攷魏略文帝詔周武稱予有亂臣十人虞在武帝時

所引固若此又云釋箕子囚封比干墓表商容閭顧云子下干下容下各添一之字案史記引書此文並有之字是此添注皆非妄入詩戎車既飭顧云飭誤作飾案呂氏春秋舉難篇舉難爲非則行飾注飾讀曰飭飭飾音相近蓋亦通用字涼曰不可顧云涼誤作諒案涼彼武王韓詩風俗通並作亮論語君子不亮一作諒書高宗亮陰禮記作諒闇漢五行志作涼陰字一音而文凡三是涼亮諒皆一字無此疆爾界顧云界誤作介案漢書地里志界休縣後漢郭太傳太界休人今並作介薛君章句介界也又以二字通釋蓋字從同故兩書之皆通侯彊侯以顧云疆誤作彊案說文本作畺古字省又與疆通月令可以美土彊注土彊强檗之地季夏紀注彊

界畔也釋文彊畺也李翕天井道碑以彊爲疆馮緄碑以彊爲疆衡方碑以彊爲疆楊孟文石門頌綏億衙彊安平相孫根碑以寧上彊是彊古並作疆賈誼新書敵彊碎疆天子之事也匡謬正俗當音爲疆場之彊然則石經彊作疆依音通之亦是也周禮大宰三曰郊甸之賦顧云郊誤作邦案他本郊甸亦作邦甸與石經合又注內明云邦甸二百里疏亦言三曰邦甸之賦鄭孔所見皆可依司几筵設筦筵紛純顧云筵誤作席案士虞禮記几席設如初注古文席爲筵司几筵注筵亦席也鋪陳曰筵藉之曰席然其言之筵席通矣大射儀賓升就席注今文席爲筵是筵與席爲古今字又特牲饋食禮厞用筵郭注爾雅引作厞用席文選東京賦注引周禮正作設筦席紛純覲禮疏其席

莞席以下亦司几筵文案彼云設莞席紛純等信其古本亦
如是也大司樂太師令奏鼓朄顧云鼓誤作瞽案古今人表
瞽作鼓是瞽與鼓亦同用大戴禮瞽夜誦詩注賈誼云瞽史誦詩然瞽與鼓聲誤也案此亦古字省作鼓耳　儀禮大射儀坐授瑟乃降顧云授誤作受案士昏禮
捂授玉玉篇曰捂授也授亦作受特牲饋食禮婦拜受爵注
令交授爲受月令授車以級呂覽亦作受是授與受古今通
用字士喪禮祭服不倒顧云倒誤作到案呂氏春秋愛類篇
王何其到也注謂惠子言行何其到逆相違背也太元經上
次六升于堂顛衣到裳測曰升堂顛到失大衆也事上九到
耳順注到耳逆聞也漢書匈奴傳親屬益疎則相殺至到易
姓說文云不順忽出也從到子県到首也賈侍中說此斷首

到縣県字到義皆作倒到即倒古從省文禮記月令其器閎以奄顧云奄誤作掩案昭二十七年傳使公子掩餘史記作葢餘韓非子說林將攻商葢書又作商掩孟子誅紂伐奄殘此奄掩葢皆字異而義同白虎通引公羊傳亡國之社奄其上令亦作掩淮南子原道訓注淹讀曰奄漢隸字源郭仲奇碑掩忽徂亡嚴訢碑掩忽摧藏義作奄漢書敘傳掩有東土並作奄是掩奄亦古同用大學人之其所親愛而辟焉顧云五辟字皆誤作譬按鄭注辟猶喻也釋文謂譬喻也鄭氏解正與譬同論語友便辟馬鄭皆讀辟爲譬弓人辟如終紲釋文辟音譬此以音字作正文或亦古字從省也詩豳風正義古者避辟扶亦反譬僻皆同作辟字而借聲爲義此又可舉

証若有一个臣顧云个誤作介案釋文个一讀作介尙書作介又釋文云一介耿介一心端慤者又作个公羊傳文公十一年而况乎我多有之唯一介焉斷斷焉無他技孔光傳援納斷斷之介此卽約舉秦誓爲文已作介後漢杜詩傳注引書曰如有一介臣文選注引若有一介臣石經之立在文宗開成二年李善註引作介介當屬古本無疑後徐氏以个列爲俗書云亦不見義無以下筆明堂左右个者明堂旁室也當作介襄三年傳一介行李石經介亦作个介與个二字相易久矣不必執一爲斷春秋左氏傳僖三十一年晉新得諸侯顧云新誤作親案書金縢惟朕小子其親迎鄭注云新迎馬季長本亦訓親爲新詩東山鄭箋親迎周公注仍訓爲新

此舊作親而後人轉釋爲新大學在親民程子亦讀作新是
也文元年王使毛伯來錫公命顧云錫誤作賜案覲禮天子
賜舍注今文賜作錫書禹貢納錫大龜史記夏本紀作入賜
錫土姓錫亦作賜攷司馬遷往孔安國問故所見是紀引賜
古文也詩王錫韓侯周禮注引作王賜爾雅釋詁錫賜也易
王三錫命禮記亦有三賜之文新唐書高祖本紀熙生天賜
舊書賜作錫此益証賜與錫爲古文可並用也宣二年趙盾
弒其君夷皐顧云弒誤作殺案殺三傳文類如此悉宜讀如
弒釋文于隱四年殺例云弒本又作殺同音試凡弒君之例
皆放此是也周語晉侯殺宋庠補音殺中志反亦讀爲弒宜
十五年吾獲狄土顧云土誤作士案古土字皆作士呂刑有

邦有土史記作有士呂覽任地篇后稷曰子能使吾士靖而甽浴士乎高誘曰士當作土世本相士作乘馬汲郡古文同而左氏傳作相土古今人表亦作相土漢碑刻文多以士爲土是石經所依者與古同襄十七年所不嗣事於齊者顧云事誤作是案洪範五者來備史記作五事後漢荀爽傳作五韙注韙是也事與是古亦通用襄二十一年欒盈過于周顧云過上多奔楚二字案別本欒盈出奔楚過于周周西鄙人畧之石經所據與別本同又此傳前文姤叔虎之母美而不使今石經使字下旁添視寢二字賀之論衡引此傳正與此同由此以例奔楚葢非妄入矣昭二十一年傳毀其西南石經下有子朝奔郊四字顧氏杜解補正又引石經不以爲衍

是石經較今文多者亦可據如此三十年單公子愆期顧云期誤作旗案論語巫馬期呂氏春秋作巫馬旗管子小匡弦子期爲理期一作旗二十七年傳免餘復攻甯氏顧云餘誤作余案隸釋故民吳仲山碑父有余財義作餘余亦古從省昭二十一年傳心是以感感實生疾顧云感誤作咸案易咸彖詞咸感也從省感卽作咸上文窕則不咸釋文云本或作感感古文感是上旣云窕則不咸故下云心是以感從咸非誤公羊傳宋人蔡人衛人伐載顧云載誤作戴左氏傳伐戴顧云戴誤作載案左氏傳作戴釋文戴音載穀梁傳同公羊傳釋文載如字本或作戴然則石經亦從或本也周頌載并俅俅郭氏爾雅註引作戴弁俅俅哀十五年傳景伯負載劉光伯亦作負

戴鄭詩箋載猶戴也釋名戴載也其通爲訓義又如此皃左傳釋文內正作伐戴載字林亦作戴是左氏舊本已作載陸氏所引爲不妄石經其亦依諸此也僖三十年歸惡乎元咺也顧云乎誤作于案王制類乎上帝宜乎社造乎禰白虎通引乎皆作于書孝乎惟孝友于兄弟漢石經乎作于與下句此乎于菾同字耳〔見黃伯思東觀餘論〕桓六年傳淫乎蔡乎作于顧氏又以與今文不同而得兩通是自相戾也文四年其謂之逆婦姜與齊何顧云何誤作河〔爾雅何鼓謂之牽牛顧云何誤作河金石文字記隨龍藏寺碑何人爲河人以爲理之不可通其誤與此同〕案漢吳公碑柰何作柰河唐契苾明碑父河力史亦作何力詩景員維河箋河作何河與何古同用廣雅河何也又通釋如是三十三年百里子與蹇叔子顧

云百誤作伯案漢書食貨志有仟伯之得師古曰仟謂千錢伯爲百錢集古錄毛伯敦銘龔伯彝銘伯庶父敦銘伯俱作百是百亦通作伯宣十五年然後歸爾顧云爾誤作耳案論語女得人焉爾乎爾漢石經作耳玉篇引論語亦作耳爾與耳亦兩通論語爾愛其羊顧云爾誤作汝案皇侃義疏正作汝予使漆雕開仕顧云雕誤作彫案皇氏作彫又郊特牲丹漆雕幾之美釋文雕作彫公羊傳注禮天子雕弓詩行葦正義引作彫荀子大畧篇亦云天子彫弓是雕與彫爲一字再斯可矣顧云斯誤作再案三國志諸葛恪傳引夫子曰再思可矣皇氏作再思斯可矣較今本多一字不知其仁及無求生以害仁顧並云仁誤作人案古之賢人也古本人亦作仁

徐彥云古之賢仁也韓勑造孔子廟禮器碑人作仁何以守位曰人釋文云桓元明僧紹作仁栢人道因碑作栢仁二字古同用捫蝨新話論語中如曰孝弟也者其爲仁之本與又曰觀過斯知仁矣又曰井有仁焉竊謂此仁字皆當作人益是假借用之此益可爲証三人行顧云三人上多一我字必有我師焉又云有誤作得案釋文正作我三人行必得我師焉一本無我字必得本亦作必有陸氏葢兼此二本收之証以史記孔子世家必得我師亦以有作得何氏注亦言我三人行皇氏作我三人行必得我師殆由魏晉間人相傳是本有是字九經古義亦云顧氏習俗不攷告夫三子顧云三上多二字案皇氏有二字可與言而不與之言顧云脫之字案皇氏本無之字

何德之衰顧云衰下多也字案莊子人間世云何如德之衰也漢石經何而德之衰也往者不可諫也來者猶可追也三句較今本並多也字皇氏本亦多也字爾雅替戾底廢顧云廢誤作厎案釋文正作底厎翿纛也顧云翿誤作翢案宋本翿作翢與石經合皇華也顧云誤作華皇案釋文先華後皇孶麻母顧云孶誤作孳案釋文作孶此皆陸氏所收古本信可據依而顧氏惟從監本校勘石經又漫無所旁推宜其以偏証獨斷從而失之也至云凡經中二十字三十字石經皆改經文而爲廿卅字非案漢石經論語卅而立年卅而見惡焉古本經文已如是又考工輪人二十分寸之一謂之枝鄭注云故書十與上二合而爲二十字此尤見石經非無據也

顏氏是正文字不爲不審然猶不免小有失而況學顏氏之學者與書之以誌警也

唐石經論語旁注字

論語石經字旁注者於貧而樂下注道字史記仲尼弟子列傳不如貧而樂道富而好禮鄭元曰樂謂志於道不以貧爲憂苦也皇侃義疏亦作貧而樂道此古本皆有道字之徵今率從脫文矣舊唐書云石經脫貧而樂道道字使後人因循不改未必非此書之作俑信然哉

唐慈恩寺基公塔銘 行書李宏慶撰釋建初書開成四年五月

基公尉遲氏蒞鄂公從子元裝請之而後披剔者鄂公晚節學延年效方士之所爲宜其陷是子于緇流也神首按吏部

李侍郎父碣文父唐書有傳爲吏部時請謁不行時人語曰李下無蹊徑風斯尚矣銘題某缺畫下字凡兩見又不缺或以行書可權爲之耶

唐故李氏夫人墓誌銘　正書張元審撰開成四年四月今在孟縣

誌石文字皆無可採今畧記其事跡夫人爲鄭宏禮適妻以開成四年三月卒遂以四月葬女子四人亦幼小未有所適是爲可哀已稱夫人父爲爭及銘詞爲五言絕句詩凡三首他文亦希見石爲魚山修孟志旣脫稿後復窮搜得之者外又有數石刻並附見孟志茲不具錄云

唐尹府君朱氏夫人墓誌銘　正書無書撰人名氏會昌四年十一月今在孟縣

尹府君諱澄以開成四年卒其夫人卒則以會昌四年祔葬

文皆委巷之人爲之庸淺不足道唯後書葬于孟州河陽縣安樂鄉字缺一垓村以見河陽之改隸孟州爲可考也拓本亦魚山所寄魚山搜奇至此無負古人矣

唐右僕射高府君神道碑正書撰書人名氏缺大中六年六月今在洛陽

碑過漫漶書撰人名氏尤缺蝕惟字體類柳誠懸今土人猶指爲河東書也案此碑稱元裕命氏世居之始與宰相世系表合但元裕九世祖翻表載爲後魏侍御中散孝宣公碑作太尉錄尚書事翻生岳表載爲北齊太保清河昭武王碑作侍中清河王岳生勱表載字敬德隋洮州刺史樂安侯碑直云敬德不言其名勱似亦以字行者而歷官則爲開府儀同三司改封樂安王又碑載滄州長史已不見其名以表證之

當爲峻於元裕爲高祖其下載迴杭州餘杭令贈尙書戶部員外郎彪秘書省著作郎贈右諫議大夫集太原少尹兼御史中丞並與表相符其少有異者碑言著作郎表云佐郎父諱集表作焦字形之似偶涉誤也元裕所歷官碑自其初擢進士上第調補秘書省正字佐山南西道荆南二鎭爲掌書記轉試協律郎大理評事攝監察御史入爲真御史右補闕復爲侍御史擢拜司勳員外郎轉吏部員外郎又除左司二缺字遷諫議大夫中書舍人又出爲缺州刺史復入爲諫議大夫兼充侍講學士尋兼太子賓客擢拜御史中丞遷尙書右丞改京兆尹授左散騎常侍遷兵部侍郎尙書左丞吏部尙書充禮義使尋改宣歙池觀察使入拜吏部尙書又遷檢校

吏部尚書山南（缺）道節度觀察等使蓋其詳如此而新書本傳惟云累辟節度府以右補闕召俄換侍御史內供奉擢諫議大夫進中書舍人復授諫議大夫翰林侍講學士兼賓客進御史中丞擢尚書左丞領吏部選出爲宣歙觀察使入授吏部尚書拜山南東道節度使于其歷官蓋未悉書也

唐韓昶墓誌銘（昶自撰正書大中九年今在孟縣文公祠）

韓君誌舊傳爲盜發出之土中向置文公祠某年郡守移于府城賴馮魚山募役夫輦回俾還舊所亦一快也誌文云唐故昌黎韓昶字有之傳在國史生徐之符離小名曰符韓文考異符讀書城南詩樊注云符公之子又公墓誌及登科記公子曰昶登進士第在長慶四年此云符則疑爲昶之小字

今証以此誌小名曰符又知符因地取名其自爲紀寔益不可没如此誌云張籍奇之爲授詩時年十餘歲日通一卷文公贈張籍詩所云試將詩義授如以肉貫串又召令吐所記解摘了瑟僴悉與隱合當爲五百家注所未及然則金石之裨益豈小補哉誌又云受詩未過兩三卷便自爲詩年十一二樊宗師大奇之攷東野集壽符郎詩有天縱于此益徵夙不獨爲孟生所奇矣而舊說謂公子不慧如李綽尚書故實及韋詢所錄劉賓客佳話錄則多忌者之誣也文出之韓君自撰其敘事簡質信不負其家學故予悉著之以示來者勿爲君口實也

唐霍夫人墓誌　周遇正書　大中十年

誌文過爲溢美無實可紀惟以其書夫人之夫官行內侍省內侍伯有子三人其長復禮威遠將軍監軍使行內侍省內僕局丞仲全禮內侍省內府局丞充內養皆與百官志合而充內養不見志文又父子三人官同一內侍省必以宦者取婦而假子並領此局任耳誌文云霍文之部也部即邵字轉訛

唐故內庄宅使劉府君墓誌銘 正書劉瞻撰崔筠書 咸通九年今在西安

誌近出土完具無缺劉君諱遵禮字會鄉自筮仕至終沒皆兼使職會昌元年充監醫官院使其年六月改充宣徽北院使大中五年改充宣徽南院使尋兼充京西西北制置堡戍使其年使回改大盈庫使七年改內弓箭庫使八年改內庄

宅使九年改兗海監軍使十二年改鄆州監軍使十三年越明年授營幕使其年再領弓箭庫使咸通三年授內飛龍使七年復授內庄宅使歷官在他人亦希見撰文者劉瞻新唐書有傳云劉瑑執政薦爲翰林學士拜中書舍人進承旨出爲河東節度使咸通十一年以中書侍郎同中書門下平章事宰相世系表作咸通十年今誌瞻題銜翰林學士承旨守尚書戶部侍郎與世系表合而守尚書戶部侍郎傳未之及得此則詳略足備也書方勁似柳誠懸亦可喜

唐石室題名年月見本文今在永興縣東三十里俗名侍郎窾

石室題名凡四吾友夏邑李東川攝縣事聞此地舊名侍郎窾有韓文公經過遺跡命人訪之無有也獨得此數題名讀

搨以歸而自爲詩以嘆夫世之探奇者少使此物沉埋而以訛見傳爲可惜也歲甲辰余沿湘入耒口晤東川于署東川乃持此以見遺其一爲李吉甫題名八分書文云清河路恕體仁朝議大夫郴州刺史舊唐書云尋授柳州刺史遷饒州柳當是郴字之誤李吉甫貞元十九年歲次癸未十月朔戊寅二十四日辛丑蒙恩除替歸赴京闕長男紳次男緘從行鄉貢進士羅造書新唐書李吉甫傳贄之貶忠州宰相欲害之起吉甫爲忠州刺史使甘心焉既至置怨與結懽人益重其量坐是不徙者六歲改郴饒二州下云憲宗立以考功郎中召知制誥據此文推之即由郴州歸闕與傳指爲改郴徙饒者異又傳云子德修次子德裕今作長男紳次男緘則德修蓋舊名紳德裕亦舊名

緘今皆不見於史文其二爲梁褒先題名亦八分書文云朝散大夫使持節郴州諸軍事守郴州刺史賜緋魚袋梁褒先因行春經此石室績勒修鐫元和二年五月十日先記其三爲韓泰題名正書文云朝散大夫守睦州刺史韓泰子堦鄉貢進士裴友男師仁男懿文另行書右泰長慶元年三月自漳州刺史授郴州四年六月轉睦州八月九日沿流之任處士嚴行立同行黃萬書安政興鐫新唐書泰以戶部郎中神策行軍節度司馬貶虔州司馬終潮州刺史今以此推校泰遭廢之後頗能振復後由韓退之薦舉所云過犯貶黜至今十五餘年自領漳州悉心爲治而史皆從略不書僅附于王伾傳後泰八司馬之一也不幸爲所絓誤至此然則士之所

處宜何如哉其四爲宋梲題名正書文云前太常博士宋梲大唐光化四年五月十一日經此余旣覩此數紙以其僻在荒遠不爲集錄家所收又以其得之之勞益自矜護故備著之

唐鄂州刺史盧府君神道碑正書撰書人名氏年月並鈌今在洛陽許家營

碑剝鈌不可尋讀惟額八分書題唐故鄂州刺史盧府君神道碑十二字存文中細認方見者有太子左庶子下稱祖諱寶素隨晉州別駕考諱安下一字鈌綿州長史案新唐書宰相世系表盧氏爲鄂州刺史者二人一爲正道一爲翊以表証之此君卽正道也表列昌衡隨太子左庶子下列寶素隨澤州內部長晉州別駕安壽綿州長史與碑所書世次歷官並合

碑安字下缺文當依表作壽後書盧君解褐冀州信都主簿改絳州太平丞又恩除洛州新安宰以犯家諱更下缺唐人避家諱不就官者似此多矣後又有可識如錦州員外司馬江東按察判官字盧君始末見此碑者尚可依推而世不知尋推使名亦不聞于後悲夫金石補遺載爲李北海書然書勢過拘廹殊不似北海未審何據云然也金石錄李邕撰并行書天寶元年二月

唐達奚珣遊濟瀆記八分書達奚珣文薛希昌書今在濟源縣

碑拓本假之少山已訂裁成帙不見年代惟達奚珣題署吏部侍郎質之通鑑珣爲河南尹降祿山在天寶十四載其爲侍郎未知于何時也記文殊庸猥不足錄姑以珣始知策祿山異謀而繼乃以身奉之其爲鄙夫患失已發于文如此後

爲略存其跡以見士之貳行可醜也

唐陁羅尼經幢

經幢予著錄不遍收惟此以僕人喜事從汜水某寺搨得之又僅覩其一面其題署云開府儀同三司試鴻臚蕭國公大興善寺三藏沙門大廣知不空奉詔譯案舊唐書王縉傳賜僧不空官至卿監封國公通鑑亦云僧不空官至卿監爵爲國公其卒也通鑑又書贈開府儀同三司司空賜爵蕭國公攷前文已言爵爲國公則非于死後始賜爵也册府元龜載不空贈官詔但云仍封蕭國公則非初賜爵于文甚明而司馬氏不知據何哉又此石幢記爲籥國公此俗手載筆之誤嚴郢撰不空和尚碑在建中二年此碑未知的于何時姑闕

之案不空和尚碑作肅國公蕭當是肅字之訛

受業　王裕楨　王恩錫　校

金石三跋卷之第一目次

金石三跋卷之第二目次

宋題名

金石三跋　卷之第二目次

金石三跋卷之第一

偃師武億虛谷著錄　男穆淳編　孫耒重校刊

李克用題名 正書中和五年今在曲陽縣

晉王題名其文云河東節度使檢校太保同中書門下平章事隴西郡王李克用以幽鎮侵擾中山領蕃漢步騎五十萬衆親來救援與易定司空同申祈禱翼日過常山問罪時中和五年二月二十一日克用記易定節度使檢校司空王處存看題至三月十七日以幽州請就和斷遂却班師再謁睟容兼申賽謝便取飛狐路却歸河東克用重記攷新唐書李茂勳傳中和末大原李克用始强大與定州王處存厚相結可舉惡其窺山東爲已患云云乃遣票將李全忠率衆六萬

圍易州鎔以兵攻無極處存求援太原克用自將赴之今以題名推數中和五年二月以後即改元光啓故史云中和末正與明寺而史云克用自將赴之亦與此親來救援合惟通鑑謂遣將康君立救處存或克用爲主帥而君立佐之遂以異文也與左傳正義云僖二十三年晉侯親自敗狄而郤缺爲將成十六年楚子親戰鄢陵而子反爲主類如此者不可更僕數故例舉以見其非誤也題名下小字云天會十二年七月六日尙書都官員外郎知曲陽縣高君陳摹刻則此題至金已重刻然不知原刻何以見毀也

後唐澤州開元寺神鐘記 正書今在澤州元妙觀

鐘記鑄勒作陽文用駢體內稱我府主侍中德惟賢德明討

明勳又云一自鎮臨茲府不暇修崇綿歷歲時曁營勝事瞻於龍興後又言四口各餘萬斤内一口緣澤州元無化銅至府而就陶鈞可表金石者即此鐘也首列昭義軍節度使澤潞磁邢洺等州觀察處置等使開府儀同三司檢校太傅兼侍中潞州大都督府長史上柱國隴西郡開國公食邑一千五百戶李嗣昭著其爲鑄鐘之人故備書如此後列天祐十一年七月十三日而嗣昭書官獨較史爲詳也

吳尋陽長公主墓誌銘 正書危德興撰順義七年三月今在揚州

誌銘拓本爲吾友大興朱少白裝表成幅懸之壁間者余偶獲讀之歷按其文皆承五代衰薾氣格靡然不振然念楊氏僭號淮南數更變亂其事迹或存或沒爲史家撰述所略而

不道今尙于此誌見之故亦不可遽棄也已誌云尋陽公主大吳太祖之令女下又云公主母太后王氏五代史吳世家行密夫人朱氏又行密子渥爲嫡嗣而隆演傳內亦稱渥母史氏其他不見悉錄然則此誌王太后云者蓋于行密之妃又其一也誌旣言公主以順義七年七月二十六日薨葬則以乾貞三年三月廿四日按順義行密第四子溥年號也至七年十一月又改元乾貞故此誌書順義七年而十國世家年譜不書七年獨紀改元史例如是無足疑者惟主所適劉公歷官太僕卿檢校尙書左僕射舒州刺史惜不著其名遂失考也劉公之先誌云首匡社稷於吳朝尋擁麾幢於江夏據通鑑及五代史並言行密以劉存爲鄂岳觀察使是存當

時與行密首發難而官又歷鄂岳疑稱麾幢江夏者當即其人又主生子有六名位皆可見長臣時授鎮南軍節度討擊使撫州軍事押衙銀青光祿大卿檢校國子祭酒兼侍御史上柱國次臣業試秘書省校書郎次臣遠臣禹臣舜嚴老並幼而岐嶷考二子官階所云光祿大卿者案劉道原十國紀年載楊行密之父名怤怤與夫同音是時行密據淮南方破杜洪於鄂而有其地故將佐爲諱之行密之子渭建國之役改文散諸大夫爲大卿又鄱陽浮洲寺有吳武義二年銅鐘安國寺有順義二年鐘皆刺史呂師造題官稱曰光祿大卿檢校太保兼御史大卿見容齋三筆並與誌同又言享年三十八歲箕帚二十二春則主之下嫁當在渥稱天祐三年而

歸窆於順義七年是時溥已在金陵矣今仍云都城江都縣者從舊都揚州故也字多俗體於唐諱民字猶缺畫以見古人臨文之愼如是危德輿稱將仕郎前福州閩縣丞必當王氏未建國而德輿舊官於其地故書銜以前自別與余故備著之使攷者得以資焉

晉王墓二殘碑 正書破滅無年月今在代州

朱竹垞舊跋此碑云其一爲唐故左龍武軍統軍檢校司徒贈太保隴西李公神道之碑文云公諱國昌字德輿今爲隴西沙陀人偉姿容善騎射蓋克用之父朱邪赤心也其一爲唐故使持節代州諸軍事代州刺史李公神道之碑文云公郎太保之次子也其名克字僅存餘無可識者有公前潞焉

彎弓及徐方等數字按史克用弟四人次曰克讓爲振武軍校從討王仙芝以功拜金吾衛將軍宿衛京師賜第于親仁坊自克用稱兵雲中殺守將段文楚詔捕克讓克讓與僕十餘騎彎弧躍馬突圍出奔雁門與碑文合則爲克讓無疑但史載克讓守潼關與黄巢兵戰敗匿南山佛寺中爲寺僧所殺不言其爲代州刺史又得歸葬于代皆不可曉者當歐陽永叔時去五代甚近沙陀世次已不得詳其爲唐家人傳謂大祖四弟皆不知其父母名號至國昌字德與紀亦遺之是二碑永叔亦未之見也余既讀是跋竊以永叔既不及詳然如竹坨所指終與私心剌謬因附以鄙議冀爲博識者攷焉案新唐書宰相世系表于國昌下首列克恭次克儉次克用

次克柔五代史唐家人傳太祖四弟曰克讓克修克恭克寧則克用屬長表列之第三又失列克修克寧獨載克儉與太祖四弟數之亦少一人唐書表與五代史皆出永叔一手何爲乖錯不倫至此反覆尋次知傳文誤也表當據其譜牒而傳或因仍舊史因誤贅克讓一人列爲次弟乃致與表不符舊唐書懿宗紀咸通十三年十二月李國昌小男克用殺雲中防禦使段文楚據雲州既言國昌小男則太祖非長不得有四弟表列之第三爲正而克讓之闕入益爲顯誤矣北夢瑣言云李國昌其姪克讓明非國昌之子也又云爲羽林將軍史所言拜金吾衞將軍者卽此今竹坨以史言太祖四弟曰克讓因指碑克字僅存懸揣爲克讓至再證以躍馬彎弓

及徐方等數字遂決爲無疑然不知遭唐季世亂所在蜂聚國昌諸子弟皆以武功起家安必克讓從討王仙芝而遽以實之耶克讓既死于寺僧後亦未聞歸葬于代至爲代州刺史竹坨亦以史不言爲疑然則克讓宜依瑣言爲國昌之姪今此碑所言公即太保次子者益宜爲克柔表于克用下列克柔代州刺史正與碑合而竹坨推爲克讓又不旁證于表而臆決焉皆失據也竹坨引唐家人傳謂大祖四弟皆不知其父母名號更以永叔爲未逮此尤疎也按歐陽氏既書太祖父名號矣諸弟亦皆同父始類及之則謂不知其母名號世亂失次可也若同父矣于太祖書之既云其父名號若此而于諸弟又云皆不知永叔殆爲瞶人矣疑于父字爲傳刻

者因毋字衍文以致遺誤後學如是其舛攷傳下文書太祖子八人存勗存渥存紀與莊宗同母存義存確存禮皆不知其母名氏號位莊宗五子繼岌母曰劉皇后其四皆不著其母名號此尤可例而推而竹垞獨未是正何歟然則世所踵謬者多矣二碑余未見搨本惟以竹垞跋語訂之爲指其踈如此他日道由代州訪晉王墓于其荒棘叢莽中手捫是碑而讀之或更有考也

宋重修中嶽廟記 騎文蔚撰行書乾德八月今在登封縣中嶽廟峻極門左

記監修者郭武同監修者王仁遇而武所歷官有云登封鎮遏使據宋史職官志未詳是文或當時亦權設也與劉仁矩旣列銜試大理評事又題曰廟丞監察御史裴陟亦書行廟

令禮志詔嶽瀆并東海廟各以本縣令兼廟令尉兼廟丞專管祠事然則二人皆非縣令尉矣而亦兼此職當由宋初崇飾祠廟特任若是也碑左側皇祐三年六月四日王珣琇題名一右側景福二年六月二日張顗題名一珣琇所謂被命祀土王者也顗亦言准詔祀事禮志土王日祀中嶽嵩山於河南府題悉與志符

宋陁羅尼大身真言鐵柱 正書董蘊書淳化元年今在長沙鐵佛寺

陁羅尼經寺僧鑄之率用石幢今其存者遍天下而頗損斷仆往往爲好事所收予獨以其釋氏言棄之不錄也甲辰冬在長沙得此經文其製用鐵柱鑄勒長八尺餘各有稜觚外覆以磚塔葢其善自護惜如此嗚呼三代鼎彝之文流傳及

諸後世皆銘于金刻故雖其沉沒發見終不可知然銘勒獨較石爲全今陶鑄之工日趨簡易吾儕興役者亦漫不知所事焉而釋氏之徒能重其師之說獨欲見諸久遠如是柱者是可異也夫

宋左監門衛大將軍趙玭神道碑 正書趙巖書咸平二年今在汝州北十里范家集

碑三面皆叙趙君行迹而陰則爲其元配琅邪郡夫人王氏墓誌重録于後者也碑舊仆于地其陰久漫滅獨碑陽完如故文首叙先人諱玭字國珍又追其世系稱大王父王父云云是文爲玭之子惟永自述者也宋史本傳玭澶州人家富于財晉天福中以納粟助邊用補集賢小史調濮州司戶參軍案之碑所稱玭字國珍史于字闕而不錄碑稱晉天福初

年家出匿粟致千斛以輸邊丞相桑魏公召之與語以年未及冠姑授濮陽秏掾其初所歷官史亦與之小異又玭于此時得見魏公則以魏公已不居中矣通鑑五代史並言維翰出爲彰德節度使是其事獨與史合也碑稱秦帥何崇建于晉開運四年幸戎猾夏獻地于蜀後蜀世家云是時契丹滅晉漢高祖起于太原中國多故雄武軍節度使何建以秦成階三州附于蜀通鑑作何重建降蜀本傳亦云會契丹搆難秦帥何重建獻地于蜀凡諸所記事跡並同而五代史以建爲單名通鑑及宋史又作重建不作崇皆與碑相戾則史之失實而誣宜以碑正者也通鑑成都觀察判官趙玭舉城降斜谷援兵亦潰成階三州皆降成都蜀所都也無以外臣驟

任至此者玭本傳孟知祥署高彥儔秦州節度使成爲支郡因署玭秦成階等州觀察判官今証之此碑又有授三州之事當指成階然則宋史云成階宜得其實其他如通鑑所云成都者恐不足據玭自以城歸周頗爲世宗所知欲授之藩鎮宰相范質不可乃授郢州刺史歷汝密澤三州刺史建隆中入爲宗正卿乾德初出爲秦州刺史傳所錄如此悉與碑文符但碑云密澤泰而傳作秦秦與泰字宜涉混或傳刻者誤也據碑載建隆三年冬禮遍嚴禋自高平郡入拜宗正卿禮畢未旬郄刺海陵高平郡卽澤州玭蓋由澤拜宗正又出爲泰州泰州卽海陵郡碑云郄刺海陵則宜從泰爲是然竊疑傳言建隆中入爲宗正碑云建隆三年是也若傳云乾德

初出爲泰州刺史案宋太祖建隆元年爲庚申歷辛酉壬戌及癸亥十一月始改元乾德而傳書玭之出在乾德初以碑攷之但云禮畢未旬却刺海陵是玭于三年冬至祭圜丘後即已外出不應至越歲改元始任泰州也由是推之傳所謂乾德初者或以其到官爲言與傳以玭乾德二年改左監門衞大將軍判三司碑亦云乾德二年春未果卒歲詔判三司下遂言玭欲去之汶汶有舊居其家易給上旨問前致仕官合居何處乃章自明復授左監門衞大將軍公捧詔命詣闕門傳言六年詣闕納所授誥命是其事也但傳指請退居鄆州與碑欲去之汶敘次亦少有先後或玭已嘗居汶而後又請居鄆傳特據其後書之也碑載玭既忤旨以後詔許家屬

于汝墳郡安置開寶八年後復歸于汝而玭復不願歸汝就
居靜坊今傳惟言黜爲汝州牙校此又與碑詳略互見足爲
證明者也至於碑言爲子惟永娶中郎閻公丕之子閻公從
主帥景公延廣至戎王所戎王義而釋之及攷五代史延廣
傳與從事閻丕馳騎見德光于封邱并丕見鎖延廣曰丕臣
從事也以職相隨何罪見鎖丕乃得釋是又以見丕之釋由
延廣請而獲免與碑不無少異然今所取其可補傳錄之未
備者自多也玭之葬傳言太平興國三年碑言戊寅歲七月
廿五戊寅即大宋建元之三年也始葬于浚儀迫戊戌安葬
于汝而玭既在汝有惠政死乃歸魂此土宜其今尚可見也
宋碑避唐諱如卜謚伏羲廟女媧廟碑在乾德三年猶于民

珉二字缺畫今碑當咸平二年尚避高祖諱瀆淵作澶泉古人之敬愼至于異代且如此矣碑自乾隆癸卯冬十月余適汝見圯之道左越乙巳假館李文亭學舍日爲言之竟莫能致也九月中余將歸而州吏目丁君百香獨募役夫三十餘人用力三日爲余摹搨此本蓋碑質過大其得之爲不易而丁君尤好奇喜事以卒成余志爲益可寶也君首成此舉跋成亦首歸之君時丙午夏六月十四日書于京師擷英書屋

宋贈貝州觀察使石保興神道碑 行書楊億撰尹熙古書大中祥符四年今在洛陽縣

碑下截已損缺就識尚可句案宋史石保興傳約取此文而少加删易碑言保興當大祖時進如京使卽爲御營四面都巡檢史不備載碑言爲京州府兵馬駐泊鈐轄兼管華缺二字

商巡檢兵馬捕盜等事徙爲延州路鈐轄兼管界都巡檢使則史較此爲略也又碑言惟烈考守信封衛王累封秦王史但言進封衛國公追封威武郡王宜以碑爲正保興本名保正碑云本名貞此由仁宗諱禎當時史館收此並避貞故遂易貞爲正而元修宋史相仍不改故耳碑久爲金石攷收及但誤爲石守信則非小誤也府志同此誤書有二王遺法尤爲宋刻所希

宋贈中書令石保吉神道碑 行書大中祥符缺年今在洛陽

碑多漫滅書撰人名氏俱不見今案其叙保吉歷官始末與宋史互勘太平興國初遷愛州防禦使以碑攷之尚有進檢校司空起復爲威塞軍節度以碑攷之尚有雲麾將軍右金

吾衛大將軍其由大名改橫海也碑仍紀加檢校太傅進封西平郡開國公而本傳皆不書史從略也又碑言保吉占籍家于真定後徙浚儀史但云開封浚儀人是沒其祖居所自于文太不備此更宜以碑爲據也保吉墓平樂鄉宣武原先王之塋然則守信墓亦在此惜其碑無傳而傳訛致誤故附著于此俟訪得之爲補續也

宋中嶽醮告文 行書真宗御製劉太初書天禧三年九月今在登封嶽廟

文用石柱起爲稜觚磨平面面刻之宋史禮志真宗自製五嶽醮告文遣使醮告卽建壇之地構亭立石柱刻文其上余今所得中嶽廟者此蓋其一而以文案之則大中祥符八年歲次乙卯二月壬子朔二十五日丙子也志于年月從略得

此可證明也

宋解州鹽池新堰箴幷序 集右軍字

碑半已磨損今案其序鹽澤之守設兵以防之樹棘以禁之置屯以斂之建官以統之與宋史食貨志參較所云巡邏之兵百人目爲護寶者合而新堰修建則又以設防滋弊故易之而便利于民也今史獨軼此事何歟序言郎日議定其狀馳驛以聞又云乃條勤請遽下命而營成之當時改制之規奉命于上而又獲有成效不宜盡沒其實使才臣計畫不著於世也碑前題銜朝請郎守尚書祠部員外充集賢校理知解州軍州下缺騎都尉賜緋魚袋借紫張名缺又有仲君字益其奏請營兩池新堰在天聖九年冬十月而碑記之立則在十

年十月兩浙者解縣安邑屯集勒字人拓本過暈重不可辨是役也以讖詞內云總領曰恩曰鼎貽一時之人任事者故并著之亦以吾儕喜發人之名因事輒見如此

受業王裕栻 王思瑒校

金石三跋卷之第二

偃師武億虛谷著録　男穆淳編　孫耒重校刊

宋范文正公神道碑八分書歐陽修撰王洙書至和三年今在洛陽南萬安山

碑下損泐與集本參證皆次敘成文至所記文正事跡亦不異本傳惟碑言遍判河中府陳州攷之史亦云從陳州則陳州決不可刪今集本無之而別本有之然則別本宜可從也文正知饒州下碑無明年呂公亦罷六字又下磨滅自坐呂公貶至置羣議而用之凡九十一字碑本亦無案邵氏聞見録文正子堯夫自削去驩然戮力等語歐公不樂謂蘇明允曰范公碑爲其子弟擅于石本改動文字令人恨之歐陽公集與杜訢書又云范公家神刻爲其子擅自增損不免更作

文字發明欲後世以家集爲信是當日文字上石所爲竄易已失原草而近人率然以石本爲據豈其足信歟故予向所錄每以石本證他本今反以他本訂石本義固各有取也困學紀聞歐陽公爲范文正碑云至日大會前殿上將率百官爲太后壽公上疏其事遂已其後老泉編太常因革禮有已行之明驗質之歐公公曰諫而不從碑誤此又永叔秉筆自誤非范家子弟所改

宋賜教忠積慶禪院額牒　正書

牒爲文潞公遷塋伊闕欲依近例改鄉名教忠里名積慶兼乞墳側置僧院亦依此爲額故當時中書門下行牒具刻如石牒後列工部侍郎叅知政事劉謂劉沆也戶部侍郎叅知政事高謂高若訥也二子史皆有傳然高若訥傳云以工部侍郎叅知政事今証之碑乃戶部侍郎叅知政事耳牒當時

題銜必非訛殆史誤也中書下牒在皇祐三年七月而潞公建立在嘉祐三年十月潞公自列銜推誠保德崇仁忠亮翊戴功臣河陽三城節度孟州管內觀察處置河隄等使開府儀同三司檢校太師同中書門下平章事使持節孟州刺史判河南府兼西京留守司事畿內勸農使上柱國平陽郡開國公本傳但言以河陽三城節度使同平章事判河南府封潞國公較此為略又牒所敘云推誠而職官志作推忠攏罔阡表歐陽自叙亦言推誠保德范文正公神德碑銘亦作推誠保德李昭亮碑題銜云推誠王彥超題名亦云推誠奉義見孔子廟堂碑則推誠非誤而史作推忠又于下勳號亦重一忠字益知其為史誤也

宋賜淨土寺二鐘記

記云慈聖光獻皇后以熙寧六年十一月十一日賜大小二顆付西京鞏縣十方淨土寺寺即今土人云石窟寺者也後又有建中靖國元年九月缺日奉議郎知河南府鞏縣賜緋魚袋宋直方名余目驗得之今府志以爲宋銅鐘讚逸失殆因在碑陰而失尋也

宋常景造像記 正書常景撰元豐二年七月今在洛陽龍門

河中常景徙家河南哀子淸孫慧而早殤爲造此像記書文無可貲攷姑悲其志而不忍沒其名略爲著之以示後也淸孫記言補廣文生宋史選舉志舊制凡試國子監先補中廣文館生乃投牒求試此亦可附證

宋興教寺玉峰軒記 八分書陳正舉撰 元豐四年十二月

興教寺舊在樊川呂大防師雍奉祠事而道經于此即其地爲軒題曰玉峰今記後署銜龍圖直學士朝散郎充永興軍路馬步軍都總管安撫使兼知軍府事較宋史本傳除龍圖待制知秦州元豐初徙永興者爲詳然記言雍州而傳言秦州則記者以古疆域名之也

宋昭孝禪院主辨證大師塔銘 正書王詵撰并書額臨篆額元祐六年八月今在鄠縣康家店

辨證主昭孝禪院熙寧初詔即永昭永厚陵建浮圖氏居以修梵福五年功畢改額曰昭孝禪院御書其榜宋時園陵之制如是臣下亦依此例見賜文潞公教忠積慶禪院額牒又題臨篆額碑列題其歷官與宋史本傳合王詵撰書而列銜

云持節文州諸軍事文州刺史充本州團鍊使詵見魏國大長公主傳不書曾爲是官亦從略也詵與東坡遊故碑銘叙雅飭書尤似東坡余所見蔘寥子三十六峰賦自書亦得東坡遺意與此頗相類益見東坡爲世所傾慕若此辨證墓今在碑後其陰列諸弟子名皆未刊缺又陀羅尼經石幢一亦附立是碑之左

宋贈中書令李昭亮神道碑　正書馮漢撰王巃書今在洛陽東南五十里茅村

碑微有剝落其序昭亮世系歷官功勲並與史同惟史載昭亮祖處耘潞州上黨人而碑序自昭亮曾祖肇以前已遷於開封則史所未及者也史言處耘賜葬洛陽今昭亮墓祔在洛陽惜已久没矣

宋封魏王廷美告詞

李昌邦正書政和三年五月 今在汝州西北三十餘里

封魏王告詞龕置寺佛像後爲卧石其地僻晴居人摩拭所不至故獨得完好詞稱宣祖皇帝子贈太師中書令兼尚書令秦王謚悼廷美云云進疏王土大啟魏邦尚其幽寵服此休命可特追封魏王宋史本傳眞宗即位追復皇叔涪王廷美西京留守檢校太師兼中書令河南尹秦王仁宗即位贈太師尚書令徽宗即位改封魏王案此廷美先贈兼中書令後加贈尚書令今以告詞質之當仁宗前已贈太師中書令兼尚書令而史欲爲省文以致謬戾不合職官志中書令宰相職也兼中書令乃使相耳其下又叙及尚書令班制崇卑之見于期者益犂然若是故方眞宗時廷美已贈兼中書令至

仁宗又推恩矣乃反遷下以尚書令加之非也宜如告詞所贈爲正勅行之行在元符三年三月十四日子時徽宗猶未改元故也立石則已政和三年五月初十日矣外又有熙寧五年刻石一爲詔舉秦王官諸喪祔于臨汝脾山悼園之次者又六年刻石一爲宗室陳國公詔塟汝州梁縣秦悼墳之次及舉諸喪祔者其祇役執事人亦皆列見于後按廷美傳云改塟汝州梁縣之新豐鄉與此並合今所塟地俗呼爲陵頭卽宋之新豐鄉也

宋賜商湯廟額及封山神牒　正書政和四年六月

牒文叙禱雨湯廟獲應遂進封析城𨺗城兩山神爵號緣於古帝武湯亦云特賜廣淵之廟爲額賜以臨下之詞而加諸

前王義非所安傳牒者妄也

宋題名 在密縣超化寺

留守薛公以右丞召還通判張戩邢倞戶曹李敏能刑掾趙子泰送行至超化寺政和三年閏四月初九日 真書

大原王洌子因施穀三十碩充超化常住齋僧所集鴻因祝延壽筭安樂吉祥宣和癸卯九月廿五日白 行書

邑令王景美平叔唐卿王詵晉賢董來景諶題 八分書

張子山强君翊同宿超化寺薄晚登眺于此元祐丁卯七月十九日 正書

汝南郝闢之希孟鄭遹周永年延之西水陳知權仲與熙寧丙辰季春二十二日同游超化寺 正書

韓川王亢吳宗顏同瞻三寶塔及觀缺先生碑元祐七年八月初九日題正書

宣和改元清明日王開叔同弟叔求來行書

宋元祐黨籍碑正書重刻嘉定辛未八月今在融州

碑完具其立此者朝奉郎權知融州軍州兼管內勸農事古書沈暐也暐爲沈千之曾孫以家藏碑本鐫諸玉融之眞僊巖碑式凡三截上橫勒蔡京書題云皇帝嗣位之五年證之於史實崇寧三年也徽宗紀六月戊午詔重定元祐元符黨人及上書邪等者合爲一籍通三百九人刻石朝堂今碑悉與史合惟碑所言皇帝書而刊之石置于文德殿之東壁（崇寧元年籍元祐及元符諸臣百二十人御書刻石端禮門見本紀）則史未嘗載上自書也史稱

計元祐元符而碑止題元祐黨籍較史微有異文豈固以元祐爲首惡而大書特書之與中載文臣內分宰執侍從餘官又有武臣內臣並列其名次然碑以司馬光居宰執第一而紀則首文彦博碑以內臣張士良武臣王獻可爲第三而史則悉列于首益爲重定之文如此又書爲臣不忠曾任宰官二人王珪章惇不與上諸官連案是事在三年二月巳酉詔王珪章惇別爲一籍如元祐黨今碑另行所書是也下截曉自記刻石始末爲臣子之勸嗚呼京之計欲出死力以沉錮幽埋此諸君子者今反借力而譽揚然則京之愚爲可悲而惜不早覺悟也

金刻澤州旌忠廟牒

雄忠者以裴約賜謚立廟而自尚書省牒此文也約見五代史歐陽公稱爲全節之士宣和四年始褒封焉文全具當時未登石後追明昌五年州刺史許彥仁乃自爲行書今所收拓本是也牒後列太中大夫守右丞李太中大夫守左丞王太傅少宰不著氏下並有押字宋郄掃編舊制宰相官僕射以上勅尾不書姓此勅尾不書姓而云太傅少宰蓋即宰相官僕射以上者宋之遺制猶可備徵如是

金承安重修中嶽廟圖碑今在嶽廟

圖具碑陽其外列尚書省委差監大中大夫同知河南尹事梁襄修廟接手官忠勇校尉河南府錄事宋元立石梁襄見金史本傳襄字公贊絳州人登大定三年進士自始歷官至

累遷保大軍節度使以卒皆未言河南同知尹事此史略也今府志載襄芮城人芮城屬解州與史言絳州不合又河南府通判據百官志諸總管府同知都總管有掌通判府事其餘諸府惟府判一員是襄所治河南亦宜稱府判而志云通判又志之誤也故余攷斯碑襄列同知河南尹事不惟于史有補雖如府志率卒成文致成謬戾者亦可附證然則著錄之效信其備哉

金石窟寺瓶建佛牙像塔記 正書郭仁撰王芮慶書興定五年七月今在寺西石崖

記文粗可讀所云自後魏宣帝景明間鑿爲窟刻千萬佛像興建而來實爲津寺後魏宣帝北魏宣武帝也魏書景明元年詔大長秋白整準大京靈巖於雒南伊闕山爲高祖文昭

皇太后營石窟二所然則今淨土寺與龍門蓋並準之大京者也而此獨無文撰記者夫北魏時未甚遠或亦有舊刻可據與後列題官銜凡五證以史其合者梁天顏爲輦令而書階反爲明威將軍宣宗紀興定五年四月詔定進士中下甲及監官散階至明威者舉充縣令天顏立石已至興定重九固宜有此號也外有榮祿大夫遙授河平軍節度使兼都水權樞判行工部事完顏銀朮可內族榮祿大夫睦親府丞權同僉中京行院事完顏闕斜內族昭軍大將軍中京留守知金昌府事完顏訛出內族金吾府上將軍陝西路統軍使權簽院中京行院事完顏訛可四人皆完顏然稱內族者三金史宗室表完顏亦分同異姓則稱內族者蓋別于異姓耳表

云大定以前稱宗室明昌以後避睿宗諱稱內族今此記是也

元韓氏漁庄記 行書陳儼記趙孟頫書大德十禩閏正月今在安陽縣韓魏公祠內

漁庄爲韓雲卿之別墅覔陳儼記其事者雲卿出牧廣平又改樞府判又改奉常卿官不爲卑矣而無所繫以勇就退噫嘻其可嘉也雲卿以文內所述從益無似繫官于朝者改之雲卿益名從益云

元中岳投龍簡詩 行書吳全節詩謝君與書皇慶二年四月今在登封岳廟大殿東階

碑敘稱皇慶二年歲在癸巳四月甲子詔元教大宗師張留孫醮大長春宮弭星芒禱雨澤也史稱邱處機號長春子因旱禱獲雨詔賜宮名曰長春今碑言醮大長春宮者蓋卽其地又所云弭星芒仁宗紀皇慶二年夏四月甲子熒星于司

天臺月日悉與碑敘合然言彗星芒則非泛指榮祭如春秋傳日月星辰之神則雪霜風雨之不時於是乎榮之者也攷是年三月丁未彗出東井似星芒所謂或當指此而紀稱榮星于司天臺碑稱彗星芒于長春宮其日同其所則異也紀前又言元旱既久帝于宮中焚香默禱遣官分禱諸祠甘雨大注書于三月丙辰之下以碑案之禱雨澤在四月則紀言遣官分禱亦屬四月而紀錯列于上此誤也三月丙辰遡四月甲子僅九日如既已獲雨何言建醮長春必不錯迕若是碑當日目覩所記宜可從也張留孫字師漢見元史釋老傳至元十五年授元教宗師大德中加號元教大宗師仁宗即位又加號刻玉爲元教大宗師留孫既死其徒吳全節嗣令

節字成季傳亦附見云是大德十一年授元教嗣師至治二年制授特進上卿元教大宗師崇文宏道元德眞人今是碑止稱元教嗣師眞人尙襲其故號惟加一眞人耳投龍簡者奉金龍玉簡投諸嵩洞然當事與全節副行尙有正議大夫大常卿李大中今并顯存故具錄之

元虛照禪師明公塔銘 正書陳庭實撰趙孟頫書延祐六年八月今在順德府

塔銘蓋記劉文正秉忠爲明公建塔始末秉忠本傳隱武安山中久之天寧虛照禪師遣徒招致爲僧以其能文詞使掌書記留居南唐寺世祖在潛邸海雲禪師被召過雲中聞其博學多材藝邀與俱行既入見應對稱旨屢承顧問故今塔銘所云世皇潛邸文正公實與賓僚謂此也然初爲虛照師

所招是以塔銘又云奏遷舍利于天寧賻贈殷重爲起塔之費其于知已以云報也銘後列秉忠銜有云加贈推誠協謀同德翊運功臣太師開府儀同三司上柱國追封常山王謚文正明公徒輩追記如此爾

元重修東嶽行宮碑銘 正書至治二年十二月今在汝州城東二十里

東嶽行宮碑言直汝州治之震方一舍遥中趙落之保向有重修碑爲宋慶歷五祀孔旼所作今攷是碑泯不復見獨元重修此碑存文字皆無可紀然如所云逮我聖元即其故封加大生之號質諸元史禮志加上東嶽爲天齊大生仁聖帝益至元二十八年春二月也至元世祖年號逮至治二年[illegible]廟故碑依用爲文亦與史附證

元重建蕭梁達磨大士碑 正書歐陽元撰巙巙書至正七年今在登封縣少林寺

撰碑叙者歐陽元書者巙巙元史俱有傳今碑列元題銜爲翰林侍講學士通奉大夫知制誥同修國史案此皆在元統改元至元五年間所歷官而碑後有至正七年歲次丁亥蓋必立石者所紀年歲也史稱元文章道德卓然名世而碑叙亦襲取浮圖誕妄之詞殊不可解巙巙史稱善眞行草書此所書倘無愧云

受業王稚棫 王思錫 校

授堂金石文字續跋

道光癸卯年重刊

授堂金石文字續跋

授堂藏版

授堂金石文字續跋目錄

卷一

晉

任城太守孫夫人碑

陳

攝山棲霞寺碑銘

前秦

廣武將軍碑　　鄧太尉祠碑

元魏

司馬解造彌勒像記　　魯衆造像記

崔敬邕墓誌銘　　姜氏造像記

陸希道墓誌銘　　樊道德像記

張法壽造像記　　中岳嵩陽寺碑

卷二

東魏

北齊

卷五

唐

卷六

唐

卷七

後梁

卷八
宋

卷十一

宋

僞齊

卷十二

遼

金

元

授堂金石文字續跋卷一

偃師武億虛谷著　男穆淳編　孫耒重校刊

周西宮襄戎夫盤銘

盤銘予收得拓本後入京師又閱孫季逑集諸家釋文讀之始了晰其題西宮云者古命士以上父子皆異宮故因所居以爲氏乃有西宮之目襄則其謚而戎夫爲其字也又云自瀰涉以南至於大沽一表以陟二表至於㣼柳復涉瀰陟雩阻原隊以西表於敾淳桂木表於艾道表於艾衜內陟芻登於厂淳表㓹麻隊陵剛桮表於單衜表於原道表於魯道以東表於遊東彊右還表於莧衜㠯南表於卻道衜㠯西至於唯莫莧井邑田自稿木衜左至於井邑

表衙以東一表還以西一表陟剛三表降臼南表於同衙陟州剛登厤降棫二表皆記爲標表田之事禮記郊特牲八蜡內郵表畷謂於田界畷連處樹表銘所指即其事春秋左氏傳襄二十五年表淳鹵正義云淳鹵地薄故表之輕其賦稅然則表所施又以分地之瘠腴爲恤民艱計也古制湮晦以此銘所識涉原歷岡猶可仿相如是金石刻之流傳安可不爲護惜耶後云乃敢圖大王於豆季逑謂稱大王者六國時器案大讀若太周有號大王者盧侍中禮記注美大故號之又詩韓奕汾王之甥傳汾大也正義引釋詁曰墳大也傳意以墳汾音同故亦爲大也王肅云大王王之尊稱也則周時固有稱王爲大者此爲周器無

疑也

已侯鍾銘

已侯鍾銘近人在壽光舊紀城得之今爲益都李孝廉廓收置藏于家鐘高五寸圍一尺一寸上有柄長五寸柄間有環徑一寸二分腹作乳釘形凡三十六質厚五分皆以工部營造尺度之文凡六字云已侯虓乍寶鐘案桓二年穀梁傳秋七月紀侯來朝注隱二年稱子今稱侯蓋時王所進及莊四年紀侯大去其國則紀稱侯至失國僅二十一年此名虓者卽于此時矣公羊傳莊四年哀公亨乎周紀侯譖之追書爲文也又穀梁傳云已卽是事而朝之注已紀也桓與諸侯校數功勞以取宋賂不知非之爲非貧愚之

甚紀不擇其不肖而就朝之范氏注已爲紀與古文合漢書律歷志理紀于已廣雅釋言紀已紀也（案文當作紀紀己也傳刻誤）紀義訓皆爲已是紀與已爲一字假爲紀侯名未審的作何字或曰古文虎也

虢叔大林和鐘銘

鐘銘拓本何夢華所藏云得之故友司馬達甫其文稱皇考虢叔旅曰丕顯皇考惠叔穆秉元明德御于乃邦稽首作對旅敢啓帥刑皇考威義爲御于天子迺天子多錫旅休旅對天子魯休用作皇考惠叔大替和鐘皇考嚴在上異在下鍠鍠越越降旅多福其萬年子子孫孫永寶用享（依阮詹事釋文）案外傳周語周景王鑄無射而爲之大林蓋卽此

鐘所由名然攷其時虢亾已久安得復有虢叔爲之效尤此殆其後續封也唐書宰相世系表西虢地在虞鄭之間平王東遷奪虢叔之地與鄭武公楚莊王起陸渾之師伐周責王滅虢于是平王求虢叔裔孫序封于陽曲是爲郭公表文雖舛然言序封者要有据依則與予所証相符楚簡王十四年越既滅郯及頃襄王十八年復有鄒費郯邳四國春秋時小諸侯絕而繼世類如此者不可僕數也叔初封于虢子孫因之世世稱叔猶樊仲山甫後有樊仲皮亦襲樊仲智氏世稱伯如荀罃與瑶同稱智伯趙氏世稱孟見之哀二十年傳趙孟降于喪食注趙孟襄子無恤國語后子謂其徒曰趙孟將死矣即指文子皆足以見虢叔

之後封得稱叔此鐘銘是也若虢雖亡其子孫仕于王朝亦可銘功取效大林之名冀州從事郭君碑云與自于周口蕃虞郭在河魏之間遭晉荒疆乃喪厥土亦世孳孳職思其勲子孫纓布家于欒土然則此虢叔當景王後爲王朝卿士亦或然也時人以虢叔已亡不當在景王後爲大林鐘獻疑至稱皇考威義周禮大司徒以儀辨等鄭注故書儀或爲義肆師凡國之大事治其禮儀注故書儀爲義詩其儀一兮箋云儀義也疏儀義理通故轉儀爲義漢碑引詩蓼莪作蓼儀亦作蓼義范式碑儀間辟逝儀卽義魏三體石經左傳遺字有義儀故此稱威義者義卽古文儀蓋一字足爲經文證朗如此予旣訂其實仍歸此本于何氏

漢

王莽居攝墳壇刻字

墳壇字遺刻移置在今曲阜至聖廟其一文云上谷府卿墳壇其一文云祝其卿墳壇皆居攝二年造趙德甫首著錄跋此不知府卿祝其卿爲何官洪氏推爲郎府丞縣丞其說見隸續水經注載陽嘉三年碑云府卿規基經始予以丞卿漢人通名之故蓋亦有自周官太宰立其兩註兩爲兩卿鄭司農云兩爲兩丞疏以其兩卿丞副其長先鄭以後代之官況之故云兩丞也然則丞卿品秩皆相比從古則云卿依漢制則云丞近人爲文好用古官名稱知府曰太守知州曰刺史亦猶是也若漢南安長王君平鄉道碑丞什邡王卿尉綿

竹楊卿此又丞與尉並得云卿矣趙氏又云古未有土木像故爲壇以祀之兩漢時皆如此案宋玉招魂所言像設居室及抱朴子云汲郡塚中書言黃帝既仙去其臣有左徹者削木爲黃帝之像帥諸侯朝奉之故司空張茂先撰博物志亦云黃帝仙去其臣思戀罔極或刻木立像而朝之據此則像設用土木古已有是矣

孔廟置守廟百石卒史碑 八分書永興元年在曲阜

碑首行司徒臣雄司空臣戒稽首言末言臣雄臣戒愚戇誠惶誠恐頓首頓首死罪死罪臣稽首以聞此卽漢制三公奏事之式與獨斷所云奏者亦需頭其京師官但言稽首下言稽首以聞相合然誠惶誠恐頓首死罪字蔡氏皆

之不書今以碑所載可証其有遺典也

孔君墓碑

漢孔君碑殘蝕過甚僅存篆額孔君之墓下所叙官跡有官椽守長史兼行相事字可識官椽上闕文當爲五字史晨饗孔廟後碑五官椽魯孔暘卽叙列長史李敬之下故此碑孔君得以五官椽守長史也又首行年乙未字趙氏金石錄孔君碣在孔子墓林中其額題孔君之墓文已殘其前云元年乙未此碑元字已沒惟年乙未尚見然則此碑卽孔君碣也未審何時埋置錢塘何君夢華始剔出之因作林外訪碑圖亦異事也

魯相史晨祠孔廟奏銘 建寧二年在曲阜

碑載漢郡國奏事之式其首言建寧二年三月癸卯朔七日己酉魯相臣晨長史臣謙頓首死罪上尚書洪氏隸釋云臣晨上尚書者郡國異於朝廷不敢直達帝所因尚書以聞也案無極山碑載太常臣耽丞敏頓首上尚書後載尚書令忠奏雒陽宮是臣耽位太常亦同郡國矣漢制羣臣奏事多詣尚書上聞亦不盡限以內外之制獨斷所謂文多用編兩行文少以五行詣尚書通者也

熹平殘碑

碑當癸丑歲十月黄小松遣人訪碑自曲阜東關淤土中剔出遽告阮詹事爲移文廟戟門之側石斷剝首行之頁時榮闓闕之中卩二行成于內名立聲著嵩蔓自天之祥

三行口年廿有七熹平二年十一月乙未卒四行府君君
國濟民以禮閑風旌善表德五行嘉珪璋其質芳麗其華
敦書樂古如六行君有命必以疾辭何辜穹蒼降此短七
行惟見一哉字子繹其文蓋亦處逸守介不延其年于時
守斯土者表于墓也曲阜在兩漢並為魯國今碑出於此
而文稱府君意其為國相與韓勑修孔廟碑後云魯相河
南京韓君又云府君諱勑字叔節無極山碑稱太常下郡
國相南陽馮府君北海相景君銘故北海相任城景府君
安平相孫根碑稱皇矣府君趙相雍勸闕銘稱趙國府君
然則漢時稱國相與太守同矣顧亭林謂府君晉漢時太
守之稱蓋未穷推于此也熹平二年十一月乙未當為遭

疾以卒之歲未審立石在是歲否也碑自昔著錄所未及
訪今爲黄君出顯晦洵有數哉

潘乾碑 光和四年十月

碑首行云蓋漢三百八十有七載□□□于□□□□銘
功著斯金石其誄曰溧陽長潘君諱乾字元卓陳國長平
人錢少詹事槃釋名誄累也累列其事而稱之也廣韻誄
壘也壘述前人之功德也誄本爲哀死而作今縣民頌其
長而稱誄雖亦累德之詞然失其義矣予証以周禮太祝
作六詞以通上下親疏遠近六曰誄注誄謂積累生時德
行以錫之命主爲其詞也疏此六詞者皆爲生人作詞無
爲死者之事是誄之名施于死生而通之殆如考妣資于

兼生稱也論語誄曰禱爾于上下神祇孔氏注云誄禱篇名說文引此作讄亦云纍功德以求福從言纍省聲推之此碑吏民頌其生君於義固無嫌哉碑稱布政優二詩以布作敷說文引書敷重蔑席敷亦作布儀禮聘禮管人布幕於寢門注今文布作敷是布敷爲古今字

張遷表頌 中平三年二月

碑載張君除穀城長蠶月之務不閉四門臘正之僚休四歸賀兩漢金石文字記引桂未谷說僚即祭之異文小不疋蔡法也尙書禹貢二百里蔡鄭康成注蔡之言殺減殺其賦春秋左氏傳周公殺管叔而蔡蔡叔注蔡放也云云此碑蓋謂張君治穀城未減獄訟者省刑釋囚故下文云

尚書五教君崇其寬詩云愷悌君隆其恩是則傺之爲祭無可疑者余謂傺釋作蔡句內臘正無所屬矣傺指祭祀之祭漢正臘日有此舊典續漢書季冬之月星迴歲終陰陽已交勞農大享臘以送故初學記引今本無以送故三字獨斷臘者歲終大祭從吏人宴飲是也後漢書虞延傳每至歲時伏臘輒休遣徒繫各使歸家並感其恩應期而還華陽國志王長文傳試守江原令縣收得盜賊長文引見誘慰時值臘晦皆遣歸家獄先有繫囚亦遣之此皆因臘縱囚與碑所稱正合癸丑二月遇桂君于歷下舉是以質君曰子言良是向所証誤也因附記于此

王稚子闕銘

王稚子二闕其一銘云漢故先靈侍御史河內緜令王君稚子闕黃小松所藏舊拓本字尚顯存惟緜字損剝趙德甫釋緜作縣謂後漢書循吏傳王渙字稚子嘗爲溫令而刻石爲河內令者蓋史之誤洪氏指河內縣令者以郡爲縣蓋謂河內之縣令耳即溫也予以字証之溫通作緼隸釋所存緜字即緼字之轉今此拓本緜既全沒蓋當宋時必亦有殘蝕遂致誤認爲縣案詩飲酒溫克禮器溫之至也內則柔色以溫之漢書義縱傳少溫藉義並與蘊藉同則石刻舊必作緼也稚子見古樂府亦言渙從溫補洛益證史爲非誤雲漢正義溫字引定本作緼

周公成王畫像

右畫像爲門屏居中立一人形微小署曰成王旁二人容過俯署其一曰周公下羣立左右者又數人不署字案禮記明堂位昔者周公朝諸侯于明堂之位天子負斧扆南鄉而立注天子周公也負之言背也斧依爲斧文屏風于戶牖之間周公於前立焉據是畫成王中立則記言天子者成王也康成氏依家語周公相成王抱之負斧扆南面以朝諸侯之圖解天子爲周公義過曲矣漢隷字源載成王周公畫像多齊魯間漢公卿墓中物近小松得之汶上兩程山足徵婁氏說非誣

孝堂山畫像

孝堂山在肥城有石室畫像鐫木架左右繫以繩繩[illegible]

人攀繩引鼎鼎既離水而繫絕又鼎耳左旁鑄龍蜿蜒仰噓皆莫測其所謂桂君嘗俾予考之因案水經注周顯王四十二年九鼎淪沒泗淵秦始皇時而鼎見于斯水始皇自以德合三代大喜使數千人沒水求之不得所謂鼎伏也亦云系而行之未出龍齒齧斷其系故語曰稱樂大早絕鼎係當是孟浪之傳耳然予謂漢人已見諸圖畫則其傳遠矣龍齧系斷而畫作噓呵之狀龍神物也以氣噴之系自暗絕漢人畫理之深非俗工所討也

晉

任城太守孫夫人碑 八分書

夫人濟南孫氏之中女也實曰□姬其與□□□姓□別

賜族遂以爲氏父列卿光祿大夫建德亭侯以儒雅稱世濟其休夫人少有淑質純靜不口寬仁足以容衆明敏足以辨物九歲喪母少爲父所見慈撫終喪哀毁坐不易位口有隱括傅母之訓四以加焉父時未有繼室長沙人桓伯序有寡妻伏氏魏文帝以口妻之伏氏年少有國色然非所好而顧違尊口莫之能定夫人謂父曰何不以嘗同寮辭之父意乃寤文帝詔報之曰生敬其人死辭其室追遠敬終違而得道者也父悅入謂之曰昔臧武仲先犯齊壯不令與已邑今我不犯尊而蒙優詔同歸殊塗爾其口哉伯序爲侍中父爲侍郎此爲同寮故夫人口口父爲渤海太守十餘年政化大行孤宣口口口口先意時夫人見

□□家止父令□□而謂之□父慼而艮雖天之道然事
君不懟□□□□□□爲吏部尙書多□老成先帝
舊臣舉□行□不忘君□□□舉君爲侍中夫人□□□
過窮理盡情爲父所異皆此類也夫人在羊氏次□有□
度承上接下衆皆悅之任娍非夫人□□主夫人由此相
帥孝□□之謙勤戰戰臨深□恐不遝是以舅姑嘉其淑
婉娣姒宜其德音□□夫人爲婦卅餘載言無□過行無
怨惡故也□□上感慈□□□□下惟詩人刑于之詩
瞻前□□卒由弗違以御於家邦終始以孝聞□□太人
之□□□□□□二子小子女朗洪哲□□□□牟早
亾子□皆仁孝振振有麟止□化□是義□□□□□

□□□□□八年□次庚寅□十二月甲申□嗣子□
哀懷永慕□□罔極追惟□□□□□□□□九列□
之訓□□歎曰古者鍾鼎□□所以章君父之令德也又
有號謚亦□□□□□□□□我先妣立□立德□之衣
朽可沒而無稱哉於是乃追而□□爲之辭曰
煥乎文母於我夫人潛神內識罔不彌綸和樂色養□□
□□□□□日□□□是勤昧□□令問日新喪難洪
多仍罹□□翼翼小心惟□用老□□□□□□□□
□□□□□□□忄小遺孤辟踊靡及曰古□□□□□
何以告哀

右碑額題晉任城太守夫人孫氏之碑額下有孔碑凡二

十行行三十七字字徑寸餘惜多殘剝爲擷其畧書之夫人濟南孫氏之中女也父列卿光祿大夫建德亭侯夫人九歲喪母父時未有繼室長沙人桓伯序有寡妻伏氏魏文帝以口妻之夫人謂父何不以嘗同寮辭之按伯序桓階也魏志列傳桓階字伯緒長沙臨湘人碑以緒爲序尒疋釋詁序緒也是古字通故也階傳言劉表辟爲從事祭酒欲妻以妻妹蔡氏階自陳已結婚拒而不受因辭疾告退是當爲階元配如碑載伏氏年少似是其繼室也階身歿而遺事可見近杭大宗三國志補注蓋未搜及之碑言伯序爲侍中父爲侍郎此爲同寮按階傳魏國初建爲虎賁中郎將侍中而夫人之父官侍郎亦同其時其後父歷

官侍郎渤海太守吏部尚書侍中則位亦顯矣然史不爲立傳碑亦不書名按盧毓傳文帝以毓爲吏部尚書使毓自選代乃舉阮武孫邕帝於是用邕按碑言父爲吏部尚書其時正與相近疑其爲孫邕也又魏志齊王芳紀注引魏書公卿上表列名四十六人中有光祿大夫關內侯臣邕邕又見論語集解序光祿大夫關內侯臣孫邕碑所題光祿大夫者正相合建德亭侯蓋由關內侯遞封至此又碑云夫人在羊氏按羊氏當晉時泰山南城門閥最著任城太守爲羊氏之族惜碑不見其名遂莫可稽也晉書職官志王國改太守爲內史以宗室傳證之景王陵太始年轉封任城王之國是任城爲王國不宜稱太守蓋當

內史而淆亂往往相易不可遽數如桓彝見武帝紀稱宣城內史及按桓温傳則亦稱太守皆此類也碑年號已損惟第十五行有十二月甲申字逆推前文有庚寅字又上有八年字據是則爲太始六年歲次庚寅也但微於六字殘其上爾碑以仲爲中太爲大莊爲壯趾爲止皆古通用字乾隆癸丑江君秬香在新泰張孫庄搜得此碑拓一紙屬予及門張璞斯轉致之江君篤古好奇宜其獲此以資清娛然尤喜與予金石爲緣自此始也

陳

攝山棲霞寺碑銘

碑前題侍中尚書令宣德將軍參掌機事菩薩戒弟子濟

陽江總持撰陳翊前會稽王參軍京兆□霈書陳書江總本傳至德四年加宣惠將軍尋授尚書令後主紀亦作宣惠而碑作宣德總前已參掌選事而此又參掌機事皆史文所未備菩薩戒見總自序云弱歲歸心釋教年二十餘入鍾山靈曜寺則法師受菩薩戒是其事也然見於石刻列入題銜之內亦其時風尚如是徐孝克持菩薩戒姚察自敘吾在梁世當時年十四就鍾山明慶寺尚禪師受菩薩戒史悉載錄垂示後人必有笑其愚且妄者矣翊前會稽王參禎明二年會稽王莊爲翊前將軍故題銜有此碑經唐會昌毀廢已重立而其石斷缺文字訛殘前充寺主僧契先自檢囊財購石依本寫之寻今所据蓋康定元年

賜紫沙門懷則書者也

前秦

廣武將軍碑

碑已殘剝其文字畧可屬者有云維大秦建元四年歲在丙辰十月一日廣武將軍缺使持節冠軍將軍益州刺史上黨公之元孫三代侍中缺卿建忠將軍撫夷護軍扶風太守遷口匡侯之亂子諱産字君缺又云君秉德口玄高韻絕流文柔武烈令問孔修又云匡毗獻主忠訓殊異宰政欽中顯授池陽令又卽授征西大將軍左司馬後罰威臨南界與馮翊護軍苟輔叅分所口刋石又云西至洛水東齊定陽南北七百東西二百蓋頌其功烈如此然究未

得其人始末也文前題建元四年歲在丙辰晉書載記興寧三年堅又改元爲建元今以碑証之四年實爲丙辰而歷代紀元彙考乃以爲戊辰何也

鄧太尉祠碑 八分書

碑磨蝕事跡多不屬其文有馮翊護軍建威將軍奉車都尉城安縣侯字下名氏不可見又云鄭能邈字宏道聖世鎮南參軍水衡都尉石安令治書侍御史降南軍督都水使者 缺 除爲護軍甘露四年十二月廿五日到官以北接元朔給兵三百又屠刀百五十人統和寧戎鄜城洛川定陽五部領屠各上郡夫施 缺 白虜高德西羌盧水白虜支胡粟 缺 苦水雜戶七千夷類十二種後言以太尉鄧公祠

頹朽因舊修飭遂以其年左降爲尚書庫部郎至祠成之歲不可攷矣水經注濮陽城南有魏使持節征西將軍太尉方城侯鄧艾廟廟尙有艾碑泰建元十二年廣武將軍兗州刺史關內侯安定彭超立後秦去魏未遠人感鄧侯風烈爲之置祠宇如余所收甘露四年殘碑又其一也衛從稱屠刀百五十八亦當時遺制世葢罕從聞焉

元魏

司馬解造彌勒像記

彌勒像記正書在龍門文云都綰闕口遊激校尉司馬解伯達造彌勒像一軀願皇道赫寧九荒沾泯父母康延智登十地仕達日遷眷屬道場聲求鶴和斯福必就六趣羣

生咸同此願太和年造按闕口郎伊闕魏嘗於此設官故有都綰闕口遊激司馬解名魏官氏志未及當以其流品卑故也別體字徼作激書年號而不紀年亦與他記異

曾衆造像記

記正書在龍門題云護軍府吏曾衆敬爲所生父母合門大小造石像一區供奉從心正始四年四月魏書官氏志護軍第二品中其開府置吏則見於此記也

崔敬邕墓誌銘 正書熙平二年十一月

誌石近出安平縣已取置學鄉賢祠今按其文另行序世系在題目之前祖秀才諱殊字敬異夫人從事中郎趙國李烋女父雙護中書侍郎冠軍將軍豫州刺史安平敬侯

夫人中書趙國李銑女此惟行狀序三代有此式今用於
誌銘亦金石例所希也下入崔公誌題序云君諱敬邕博
陵安平人也年廿八被旨起家召爲司徒府主簿俄而轉
尚書都官郎中兼吏部郎詮太和廿二年春宣武皇帝以
君爲東朝步兵景明初丁母憂服終徵君拜爲左中郎將
大都督中山王長史出圍僞義陽城拔甗旋君有協規之
功授龍驤將軍太府少卿臨青男永平初持節營州刺史
延昌四年徵君爲征虜將軍太中大夫以熙平二年十一
月廿一日卒蒙贈大將軍濟州刺史加謚曰貞敬邕魏書
有傳自初歷官至卒加贈皆與誌合惟營州刺史傳作管
州爲字形之訛又延昌四年徵爲征虜將軍傳作熙平二

年卒於熙平二年而傳作神龜中謚曰貞而傳作恭當依碑爲正臨青男傳作臨淄男未知其孰爲審也義陽城拔君有協規之功卽傳所謂中山王英南討事也字別體煎作揃旄作旄㝠作棄

姜氏造像記 正書

記石上鐫佛龕下鐫記文畧云神龜二年七月七日清信女膚口姜爲亡夫橫野將軍李道奇造石像一區今在洛陽東二十里俗名石嘴官道旁予往來搜剔土蘚囑土人善置之膚下缺文當是施字膚施屬襄樂郡也

陸希道墓誌銘 正書正光口年在孟縣

誌石蓋篆書魏故涇州刺史淮陽男陸使君墓誌之銘凡

十六字文首行題魏故使持節守諸軍事字次行鉅鹿郡開國公之子並可驗識後側面題前涼州刺史兼吏部郎中陳郡袁翻字景翔制銘十九字吾友馮魚山拓兩紙見遺嘗推證其事跡載於孟縣志予撿其畧云魏書陸俟傳後附子孫諸傳稱叡長子希道字洪度克義陽以功賜爵淮陽男後轉平西將軍涇州刺史正光四年卒今按誌謂涇州刺史淮陽男者與傳正同又誌云鉅鹿郡開國公之子者蓋其父叡曾封此爵亦見叡傳而此誌即陸希道誌石也傳稱正光四年卒則此誌固正光間物矣袁翻傳由著作佐郎歷官至涼州刺史還拜吏部郎中亦與此題合

樊道德造像記

記正書在龍門文云永熙二年七月十日淸信士佛弟子揚列將軍羽林監大官承樊道德爲亡妻張造釋迦像一區友願亡者神生靜祉値遇諸佛現在眷屬口掌與善口口口口魏書官氏志有揚烈將軍而羽林監大官丞闕於紀錄當依此記補之

張法舜造像記 正書天平二年四月在登封少林寺

記爲比丘洪寶所製驗其文云務聖寺檀主張法舜於熙平二年捨宅爲寺宿願暫像未獲畢志其息榮遷亦願刻石建像釋迦文佛觀音文殊仰逝亡考舊願者予畧著其始末以爲嵩陽石刻補遺

中岳嵩陽寺碑 八分書天平二年四月在登封

碑在會善寺廢戒壇字多漫蝕亍今收得舊本復次其文云大德沙門生禪師隱顯無方沉浮谿嶺此山先來未有塔廟禪師卜茲福地創立神場當中岳之要害對衆術之樞牙司空公裴衍昔在齊都欽承師德願歸中國爲寺檀主本願旣從雲歸表節魏書列傳衍字文舒仕蕭寶卷至陰平太守景明二年始得歸國授通直郎衍欲辭朝命請隱嵩高碑所謂雲歸表節實與傳合也衍後歷顯仕北討葛榮軍敗見害贈使持節車騎大將軍司空相州刺史今碑稱司空公者舉其贈官也後稱禪師大弟子沙門統倫豔二法師各窣兩塔仰副師願沙門統者魏制緇轄僧衆之名釋老志沙門統惠深上言是其証也

授堂金石文字續跋卷一終

受業魯山李渊校

授堂金石文字續跋卷二

偃師武億虛谷著　男穆淳編　孫耒重校刊

東魏敬使君碑 正書興和二年在長葛縣

碑題禪靜寺刹前銘敬使君之碑文云公名空一字字空一字顯儁益因寺為潁川太守梁洪雅所建而顯儁復事修置時八頌之如此其稱史君者顯儁為潁州刺史也禮雜記客使自下注使或為史漢書霍光傳使樂成小家子師古曰使者其姓也字或作史因知史與使二字古可通用也顯儁歷官北史本傳稱從神武信都義舉歷位度支尚書以功封永安縣侯[illegible]衛中卒於兖州刺史齊書本傳為羽林監高祖啓為別駕行臺倉部郎中轉都官尚書二書所載畧

異然以碑証之蓋於孝莊初封泰平縣開國子及拜車騎將軍孝靜初爲汾州刺史轉晉州刺史拜儀同三司驃騎大將軍潁州刺史大都督潁州諸軍事皆未及也

張府君殘碑

碑滅沒所餘文字已不能屬次惟題大魏故勃海太守張府君字存後題興和三年三月前人未著錄陸稼書先生載入靈壽縣志今在城中古寺內辛亥夏四月余假自黃小松拓本爲著其目如是

李仲琁修孔子廟碑 正書興和三年十二月在曲阜

碑爲府州佐及令士民樹於廟廷蓋記李仲琁修廟設像容其云仲琁自隷兗部嘗未浹旬言觀孔廟遂有斯役

書本傳出除車騎大將軍兗州刺史仲琁以孔子廟增字頹有頹毀遂攺修焉是其事也碑稱乃命工人修建容像孔子曰從我於陳蔡者皆不得及門也因歷叙其才以爲四科之目生旣見從歿□□侍雕素十子□□其側今於□□□□奉進儒冠於諸徒亦靑衿靑領按水經注魏黃初元年文帝令郡國修起孔子舊廟廟有夫子像列二弟子執卷侍立是廟制久以弟子配矣然十哲之侍後世葢沿於此予故爲著其自也聖容及列侍諸賢並從儒服制猶近古其後但以袞冕炫飾非崇素之意矣小松云碑側有一行知是王長儒書

楊顯叔造像記正書在神通寺

亂云武定二□□月乙卯朔十四日戊辰冠軍將軍司空

府前西閤祭酒齊州驃大府長流叅軍楊顯叔仰爲亡考忌十四日敬造石像四區願令亡者生常值佛魏書地形志齊州治歷城此記今在神通寺正歷城界也官氏志司空皇子之開府祭酒記稱司空府前西閤祭酒蓋與志合而驃大府長流叅軍名號志所未備也此記由陸古漁覓得予最先覩爲跋之如是

王雙虎造像記 正書

記爲黃小松拓寄前著録者未目及之今按其文云大魏武定二年歲次甲子十二月辛亥朔四日甲寅東阿縣王雙虎法義五十九人等敬造觀世音石像一軀云云按魏石刻多稱清信士邑中正諸名謂此又稱法義亦希覯也

別體字竭作竭切作功陛作陛溜作溜甄作飄遵作遵儀作儀靈作靈勅作勅名內有高醜娸王桃棒劉黑驢王醜皆俚俗可笑然由其時習若此竟不可易也

僧惠造像記 正書武定三年七月在河內縣唐村

記稱魏大法師故沙門都法恩願雕眞容未終勝因奄從物化弟子法度欲建營塔亦爲暴疾所鍾潛魄深夜後有上座僧惠寺主王法台邑主朱永隆唐豐七十八等共造天宮一堰其畧如此字多別體以轍爲瀐梵爲熕變爲燮因爲囙苑爲菀號爲嘑告爲吉龕爲堪碍爲㝵棘爲㯳垣爲桓同爲冋永爲融其與古合者如豪從豕或不加心門從兩戶表作表祟作嵩之類悉有依據不墮當時之習碑

鑿龕爲像傍刻菩薩主安東將軍程鍾葵維摩主冠軍將軍安西府長史名缺扳授洛陽令後口武得太守程日龍彌勒主前督府長史趙珍彌勒主懷州祭酒李思安文殊主前後二代縣主簿郭榮顯扳授郎扳授與魏修太公廟碑陰同魏書官氏志有司州主簿司州祭酒從事据碑則縣亦有主簿而懷州更置祭酒皆史所未錄石爲康少山訪得癸丑夏五月余過少山遂命僕榻出之以資予續跋所未及

太公廟碑陰 正書武定八年

碑陰文多殘損凡作四層題名皆尙氏碑陽稱尙氏之[illegible]源出姜氏此固太公之裔附書於此也第一層名位可[illegible]

者尚其明尚長興尚令都尚來歡尚嗣業尚顯象長興與太
守□陽子尚欽故扳授鉅鹿太守尚達第二層故扳授頓
邱太守尚馮虎故扳授長亡太守尚珠故□□郡功曹尚
次平故□尚次信扳授□陽太守尚及□扳授頓邱太守
尚□流扳授□平縣令尚及龍尚金龍扳授恒農太守尚
龍□扳授□郡太守尚陽生扳授潁川太守尚自眞扳授
武德太守尚□□第三層扳授□□□汲郡太守尚文秀
故扳授武德汲郡太守尚靜先故扳授汲郡太守尚神龜
故扳授城高太守尚道故扳授蔡陽太守尚蘭椿扳授河
澗太守尚□前除□□太守扳授□縣令尚寶洪補郡功
曹尚恒扳授武德河內郡太守尚夐成扳授汲縣令尚海

珍拔授武德太守尙昭與尙定成尙嵩岳寧朔將軍員外奉車都尉尙顯文襄武將軍口陽郡王尙口成第四層拔授澳縣令尙充尙定業尙祖延尙顯貴尙平歡尙安似尙靜滿尙文僖此下又列數人字微小稱討口將軍奉朝請尙始尙士讓尙邦寧尙伯保名按諸尙列郡守縣令而題曰拔授葢由推恩加以虛號所謂賜百年以上假郡守假縣令也魏書肅宗紀熙平二年四月丁酉詔京尹所統百年以上賜大郡板九十以上賜小郡板神龜元年春正月壬申詔京畿百年以上給大郡板九十以上給小郡板八十以上給大縣板七十以上給小縣板諸州百姓百歲以上給小郡板九十以上給上縣板八十以上給中縣板孝莊紀建義二年五月詔上

黨百年以下九十以上板三品郡八十以上四品郡七十以上五品郡孝靜紀天平三年十有二月辛未遣使者板假老人官百歲以下各有差崔孝芬傳司徒彭城王勰板爲行參軍吳悉達傳刺史以悉達兄弟行著鄉閭板贈悉達父渤海太守此碑稱板授即紀傳所言賜板給板板假板贈之謂而碑以板爲扳盖當時別體如是其城高蔡陽二郡名不載地形志疑城高爲成皋而蔡陽或淪陷於異地志故無文也員外奉車都尉案官氏志有奉車都尉而無員外正始四年九月詔奉車都尉禁侍美官顯加通貴世移時變遂爲冗職既典名猶昔宜有定員是自正始前奉車都尉添置猥濫盖有員外矣當時詔文雖定爲二十

人及武定之季漸益增設故見於是碑者復有此名是亦志所未詳稽也

法師惠猛墓誌銘

誌銘裝潢本失其年月字體瘦約易漸磨蝕後半已難辨約其文云法師緣姓陰氏燉煌人高祖孝文皇帝重其風流禮容至厚委以元綱使之口務神鑒一踐玉石自分惠識再臨蘭艾斯辨昇帝床入紫幕言微而孤上理絕而晉口然則惠猛遭遇之盛亦其有所以護持教法足移世聽者與魏書釋老志世宗以來至武定末沙門知名者有惠猛惠辨惠深僧暹道欽僧獻道晞僧深惠光惠顯法營道長並見重於當世今此誌惠猛卽當時名僧之一而史言

其知名自世宗以來亦未審其於高祖已崇重若是矣前題故照玄沙門都維那按志稱先立監福曹又改爲昭玄備有官屬以斷僧務照玄卽昭玄誌所云委以元綱仗之口務是惠猛又嘗總僧務也書僧云緣姓不作俗姓亦爲誌釋氏者又舉一例

白駒谷題名 正書在益都城西南北峯山

右題名字徑尺餘文云此白駒谷中岳先生熒陽鄭道昭遊盤之山谷也凡十九字魏書北史道昭俱有傳稱其歷光青二州刺史今此題無年月按道昭以魏永平中爲光州刺史及轉爲青州則又後於永平矣是其題名當在此時也北史道昭子述祖傳云父爲兗州於鄭城南小山起

齋亭刻石爲記述祖時年九歲及爲刺史往尋舊迹得一破石有銘云中岳先生鄭道昭之白雲堂蓋道昭所在題記皆自署號如此然白雲堂刻字當齊天保中巳殘毁而此獨巋然存焉豈有神物相之耶兗州即光州之訛

大覺寺碑

碑久佚巳載府志爲不可尋覓庚戌歲予遊洛城在今東南隅俗名四眼井覩巨碑矗立兩側面俱鐫花枝繚結碑陽刻前明人修儒學記其陰平漫惟大覺寺碑四篆字陰文凸起乃知此碑遭妄人所磨爲歎息者久之伽藍記載碑永熙中温子昇爲文而金石錄又載東魏大覺寺碑陰題韓毅書今碑質雖存實無文字可驗未知其審矣

趙振造像記

記正書無年月在洛陽龍門題云强弩將軍掖庭令趙振仰爲七世父母正持敬造彌勒像一堪凡作五行審其文字似屬魏刻也魏書官氏志載强弩將軍從第四品下又載掖庭監從第五品上而此稱掖庭令疑令即監之異文官名改易志未備耳

石佛背殘字 正書無年月

佛背字在清化興教寺後殿予移出撫其背盖用界畫區分作數層鐫像旁列佛弟子諸名朱洪貴朱曰修李桃口祁輔伯朱謇李萬安朱道貴朱合口朱宅宅口張萬安淸信士女馮口兩側面亦列淸信女朱伯陵朱貴陵佛弟子

祁達摩吳思口清信女朱口醜朱阿會朱伯口又有張延壽侍四字玩其命名當爲魏刻達摩主法少林於時鄉曲之衆亦竊其名魏他碑刻亦未見

北齊

趙郡王高叡碑 正書天保八年在靈壽縣祁林院

碑在祁林院地僻多虎摹拓者絕少壬子夏假黃小松藏本閱數日因著其畧云定州定國寺禪師僧樹施淨財爲禪室於二十餘年叡復興斯寺廣布福田以爲祝頌文贍麗成體書叡歷官使持節都督定幽安平東燕滄瀛諸軍事撫軍將軍儀同三司定州刺史六州大都督趙郡王齊書叡本傳顯祖受禪二年出爲定州刺史加撫軍將軍六

州大都督三年加儀同三司七年詔以本官都督滄瀛幽安平東燕六州諸軍事滄州刺史據此碑叙於時仍爲定州刺史如傳言刺滄州則詔以本官都督六州諸軍事慮有違也文内稱先公佐世嘗歷斯藩叙父琛永熙二年除使持節都督定州刺史六州大都督也

鄉老舉孝義儁敬碑 正書皇建元年十二月

碑載儁敬字修羅鑽土莨安食菜勃海前漢帝臣儁不疑公之遺孫九世祖朗遷官于魯遂住洙源幼傾乾蔭惟母徧居易色承顔董生未必過其行守信志忠投杼豈能着其志又云余等鄉老一百餘人目睹其事寧容嘿焉口刊石立樓以彰孝義葢其時民知興行敦尙義舉爲可風

也曲阜顏運生得自泗水卞橋遂從京邸封寄君爲魯故一書此碑之顯當益富有矣

臨淮王像碑 八分書

臨淮王像碑在青州府城東北文昌閣臥置地下中已斷裂予與楊書巖段赤亭方議募金重爲立石之舉會予罷官以去事不果矣碑首行題大齊武平四年歲次癸巳二月乙未朔二十七日辛酉建與他碑書年月在後者異文內稱使持節都督青州諸軍事驃騎大將軍青州刺史司空公寧都縣開國公高城縣開國公昌國侯臨淮王者婁昭次子定遠也北齊書北史並有傳惟載別封臨淮郡王位司空尋除瀛州刺史失錄爲青州又列爵公侯史亦畧

之定遠力營佛事而反貪賂以成趙郡之禍無怪其禍亦旋至也佛不庇姦頑如是奈何人弗省哉

會善寺造像記 正書武平七年十一月今在登封

誌石多漫滅第一層載造像之人比邱僧智滿邑主宋始興合邑一百人等云云二層皆諸比邱名三層列邑人名內有稱李娥容張女子張四孃姚元妃王阿妃當以男子而冒女婦之號如馮婦徐夫人之屬益其詼詭不經如此

佛座石文 正書

石文磨泐凡六字其云大齊承光元年歲次丁酉正月乙亥朔十五日乙丑佛弟子張思文敬造無量壽佛一軀並觀音大勢至願師僧父母□□眷屬□□稱心常□諸佛

國祚永隆民寧道業一切會靈咸□斯慶承光齊幼主年
號正月乙亥朔幼主卽於是日卽位又乙亥而禪位大丞
相任城王楷矣此石拓本葢由諸城李孝廉山甫家得之
高密任君青田寄予今爲吳南鄉取去

後周

豆盧恩碑 八分書

碑自額亭林收錄已云後半漫滅不可讀今并漫滅者爲
妄人毀治吾友陸直之覓得一本予節次其文云君諱恩
字永恩昌黎徒何人本姓慕容燕文明皇帝皝之後自天
市屋妖連津兵覆尚書府君改姓豆盧旋仕於魏祖什伐
左將軍魏文成皇帝直寢父萇保定二年有詔贈柱國大

將軍涪陵郡公下言恩普太二年關西建義授殄寇將軍奉迎大駕賜封新興縣伯邑五百戶大統三年有沙苑之戰四年有河橋之役授龍驤將軍中散大夫八年授直寢右親信都督尋轉大都督加通直常侍十六年使持節車騎大將軍儀同三司魏前元年授驃騎大將軍開府儀同三司後歷官有都督成州諸軍事成州刺史尋加侍中又有大將軍安政公周元年授都督鄯州刺史及利州刺史字案恩附北史豆盧寧傳惟書弟永恩則但著其字而歷官亦不如碑之詳也又傳稱恩之先賜姓或云北人謂歸義爲豆盧因氏焉宰相世系表同又云避難改焉未知孰是據碑稱天市星妖連津兵覆尙書府君改姓豆盧暴宜以避難

爲得其實父萇傳言魏柔元鎮將碑不書其官傳言武成中以宇勳追贈柱國大將軍少保涪郡公碑載追贈在保定二年又於涪郡作涪陵皆史文誤也又沙苑河橋案周太祖本紀大統三年十月壬辰至沙苑距齊軍六十餘里神武引軍來會云四年七月帝率輕騎追至河上景等北據河橋南屬芒山即其事是也至稱魏前元年者廢帝於時行周禮廢年號故也唐書宰相世系表北地縣王精二子醜勝醜下空一格下書萇萇下承恩以碑證之醜下空格是爲什伐左將軍魏文成皇帝直寢表失紀其名與官闕踈脫甚矣

隋

仲思那造橋碑 正書開皇六年二月

碑題充州高平縣石裒村仲思那卌人造橋之碑餘文皆完好在鄒縣西南五十里顏運生訪得之陰有上元二年趙子路等題名案隨書地里志高平屬下邳郡下邳周改爲泗州則高平宜爲泗州之屬矣開皇間宋文彪造橋碑有泗州高平縣魏君遐名是可例証也然此題稱兗州高平縣充卽兖字之訛是高平又屬兗州矣縣殆由高平割幷四封已包入鄒縣之境故鄒旣隸兗則高平亦可稱屬兗州與

東阿王廟碑 開皇十三年

碑前序子建爵封頻三徙都盡依魏志爲文後又稱十一

世孫曹永洛等齊朝皇建二年蒙□尊孝昭皇帝恢宏古典敬立二王崇奉三恪永洛等於時膺符表貢面奉昭皇親承聖詔蒙勅報允興復靈廟雕鏤真容其記予建廟祀所起如此北齊書孝昭紀皇建元年詔昔武王克殷先封兩代漢魏二晉不廢茲典及元氏統歷不率舊章朕纂奉大業思宏古典但二王三恪舊說不同可議定是非列名條奏其禮儀體式亦仰議之今碑所稱即指其事但以爲皇建二年者下詔在元年八月議定施行當爲二年各從其實書之也曹魏系出自虞故以曹氏備三恪之一當時光復古制史文不悉載賴此以知其槩古刻流傳何可沒哉碑云黃內通理及懷正信如見疑皆避中字如見疑者

如與而通也

澧水石橋纍文碑 八分書

碑殘蝕文字已不可屬句亍今據其略蓋宋文彪等造橋所記其紀年僅有開皇字歲次鶉三字而額稱隋邢州南和縣澧水石橋纍文碑字獨完好元和郡縣志南和隋開皇十六年改屬邢州是此碑之立在十六年後矣明嘉靖間南和尹易宗周爲詩題諸碑陰其子圖又附識於此謂碑雖云邢州而猶稱大隋疑其當時改郡未久明人淺率不知推稽類如是也纍文者卽說文䍃字釋名所云纍刻其事而稱之今碑末四字韻句述造橋之美是其義矣

宋文彪造澧水石橋碑 八分書 開皇

碑首題洺州南和縣後言敬造石橋以濟行者以開皇十一年龍集于淵獻月纏于降婁爰共經始數年乃就是橋之成又在十一年後矣元和郡縣志南和隋開皇三年屬洺州十六年改屬邢州此碑題洺州南和于時未改屬也造橋者縣老人宋文彪等附列者使持節儀同三司辛公名毅字士信隴西狄道人翊軍將軍司馬田威馮翊廣陽人宣威將軍縣令馬君名煜字士暉扶風始平人縣尉兖州鄒縣孔經泗州高平縣魏君遐按隋書地理志馮翊無載廣陽今碑稱馮翊廣陽疑後避煬帝諱併改如通典廣平縣隋避煬帝諱改永年是也克兆郡始平故置扶風郡開皇三年郡廢以[illegible]碑案之當時必以廢郡置始平縣其地舊爲扶風郡故[illegible]

稱爲扶風始平人也徐城梁置高平郡東魏又併梁東平陽平清河歸義四郡爲高平縣開皇初郡廢十八年更名徐城然則造橋時自宜稱高平也儀同三司尊之曰公令尉美之曰君必也正名此爲不苟矣

失名造像記

記正書今在魯山縣南關觀音堂石漫滅無年代可稽李于峤拓一本見贈按其名題有都邑平正邑平正者凡數見平正即中正當是隋刻諱中爲平故耳魯山舊碑罕有收者予故著之

授堂金石文字續跋卷二終

受業夏邑張曰珩校

授堂金石文字續跋卷三

偃師武億虛谷著　男穆淳編　孫耒重校刊

唐昭仁寺碑 正書朱子奢撰貞觀四年十一月

碑完好其文紀太宗遣總管龐玉破薛仁杲于淺水原唐書仁杲本傳王策賊可破遣將軍龐玉擊宗羅睺于淺水原即其事然碑謂破仁杲者仁杲主師故也元和郡縣志昭仁寺在縣西十步淺水原上王師討平仁杲詔于此置寺碑諫議大夫朱子奢之詞也子奢傳直國子學轉諫議大夫與志合唐會要貞觀二年十一月詔破薛舉于豳州立昭仁寺朱子奢爲銘貞觀四年正月建造畢以碑證之當作仁杲

行睦州刺史張琮碑正書書撰人名氏缺貞觀十三年二月在長安

張琮碑予向未有拓本癸丑歲館東昌及門天津吳生仲蘭以所藏善本請予書跋案琮新舊唐書俱不爲立傳其歷官始末以碑攷之蓋隨代釋褐爲奮武尉從征高麗授朝散大夫尋除新鄭縣令俄遷潁川郡丞歸唐除驃騎將軍口加上開府改授左衛中郎將劉武周之亂以隸戎麾授左三總管兇徒旣殄除左衛長史又授上柱國封南安縣開國侯食邑七百戶又檢校參旗軍副又檢校左領左右中郎將儲闈口口衛率貞觀元年授太子左衛率又檢校右武衛將軍左領軍將軍四年授雲麾將軍十年授銀靑光祿大夫行睦州刺史十一年十二月之任在道寢疾

薨於宋州館舍諡曰懿公左三總管之職不見史志舊唐書尉遲敬德傳爲左一馬軍總管程知節傳領左一馬軍總管今此職豈與是相類與唐書兵志高祖初起開大將軍府以建成爲左領大都督領左三軍燉煌公爲右領大都督領右三軍左三總管殆隸于大都督爲其屬貳與碑稱王世充不避世字太宗本紀已巳令曰依禮二名不偏諱近代已來兩字兼避廢闕已多率意而行有違經典其官號人名公私文籍有世民兩字不連續者并不須諱然則初令之行當時遵奉見于碑者信可徵矣

左屯衛將軍姜行本勒石文 正書貞觀十四年六月在巴里坤南山口

碑在遠方摹拓者少近時錢少詹事嘗跋其文云碑多剝

落以余推之僅十餘字墨濕暈不可識案文內所序事跡始末云高昌國者乃是兩漢屯田之壁遺民之所居麴文泰郎其酋豪也又云雖沐仁風情懷首鼠杜遠方之職貢阻重譯之往來唐書西域傳文泰與西突厥通凡西域朝貢道其國咸見壅掠伊吾嘗臣西突厥至是內屬文泰與蕘護共擊之帝下詔讓其反覆今碑所指是也碑言詔使持節光祿大夫吏部尚書上柱國陳國公侯君集交河道行軍大總管副總管左屯衛大將軍上柱國永安郡開國公薛萬均副總管左屯衛將軍上柱國通州縣開國男姜行本等後又言殺沙州刺史上柱國望都縣開國侯劉德敏右監門中郎將上柱國淮安縣開國公衛晉錫右屯衛

中郎將上柱國富陽縣開國伯屈昉左武侯郎將李梅岸前開州刺史時德衡右監門府長王德威等碑旣爲行本勒石之文故列序從征名銜如是錢君指碑無薩孤吳仁名疑西域傳誤案碑前二行於正文不屬題云交河道行軍總管左武衛將軍上柱國口城縣開口公口孤吳仁名自顯存又有交河道行軍總管左武衛將軍上柱國口城縣開國男牛進達領兵十五萬與唐書載武衛將軍牛進達爲行軍總管突厥契苾數萬討之合則當時二人名固在也但諦認此二行字不似碑正文或行本自紀其功而二人班師後另書名於此爾行本傳高昌之役出伊州距柳谷百里其處有漢班超紀功碑行本磨去古刻更刊頌

陳國威靈今碑式與裴岑紀功碑相類信爲漢製無疑行本粗莽可爲嘆息也

萬年宮銘行書高宗御製御書永徽五年五月在麟遊縣

碑字殘缺尋其可識者有云曰軒禁籞駐蹕榆川舊唐書高宗本紀永徽五年春三月戊午幸萬年宮卽其事唐會要永徽二年九月改九成宮爲萬年宮五年三月一云五月親制萬年宮銘并序七百餘字羣臣請刻石建于永光門外從之卽今此銘也制銘在三月立石已當五月會要故兩存之萬年宮紀言永徽二年九月癸巳改九成宮爲萬年宮唐書地理志作三年者誤下于乾封二年又書二月辛丑改萬年宮依舊名以薛仁貴傳按之永徽五年高宗幸萬年宮甲夜

山水猥至衡突元武門後開耀元年復召見謂曰往九成宮遭水無卿已爲魚矣同地而前後異名以見舊史之核因跋此銘附識于此

劉元意造像記 正書在神通寺

記云大唐顯慶二年九月十五日齊州刺史上柱國駙馬都尉渝國公劉元意敬造像供養唐書諸公主列傳南平公主下嫁王敬直以累斥嶺南更嫁劉元意宰相世系表河南劉氏政會子元意字深之汝州刺史駙馬都尉政會本傳封邢國公後追襲渝國子元意襲爵尚南平公主高宗時爲汝州刺史此題稱渝國公襲父爵也表傳皆稱汝州刺史記作齊州其由齊州終於汝州與陸君古愚今歲

遊神通寺得磨崖諸小刻十餘種寄予因擇其可攷者略
見於此寺在泰山東北八十里崐端山屬歷城界

南平長公主造像記 正書在神通寺

記上鐫顯慶二年下爲雙行題云南平長公主爲太宗文
皇帝敬艁像一軀凡十七字公主太宗第三女更嫁劉元
意者其稱長公主於時當高宗宜進號也

趙王福造像記 正書顯慶三年在神通寺

記文云大唐顯慶三年行青州刺史清信佛弟子趙王福
爲太宗文皇帝敬造彌陁像一軀願四夷順命家國安寧
法界衆生普登佛道舊唐書趙王福傳太宗第十三子也貞
觀十三年受封出後隱太子建成十八年授秦州都督賜

實封八百戸二十三年加右衛大將軍累授梁州都督不書當顯慶三年行青州刺史史鉠錄也新唐書同

王行寶造觀世音像記正書在洛陽龍門

記文刻石一小方其云願他鄉口康早轉歸寧一切行八平安孝養益因之任在途發此誠念也後題大唐顯慶五年四月廿口雍州豐泉紀王典衛太口管隊人王行寶奉爲見存父閻仁母楊氏敬造新唐書紀王愼太宗第一子此所稱紀王卽其人百官志親王有典衛八人掌守衛陪從與記合而管隊人不見志意其爲親事府隊正隊副之異名與

濟度寺尼法願墓誌銘正書龍朔三年八月

誌云法師諱法願俗姓蕭氏梁武帝之六葉孫唐故司空宋國公之第三女也唐書蕭瑀傳授光祿大夫封宋國公詔贈司空是法願父即瑀也誌云嚴庭垂訓早沐慈波鼎室承規夙明眞諦傳載瑀好浮屠法閒請捨家爲桑門則法願之捨身披剃瑀實導之矣法願以龍朔三年八月廿六日捨壽于濟度寺之别院乃以其年十月十七日營窆于少陵原之側儉以從事律也捨壽營空及不稱禮而言律他文記方外者所希

僧思察造像記

記石當乾隆四十三年六月河南溢經睢州水溜既過淤土中獲此石今在當州北關某菴內字正書文云大唐麟

德元年七月二十三日比邱僧思察爲所生父母七代父母法界衆敬造阿彌陀像釋迦像各一龕並八菩薩及温室經願同出苦門緣此勝業共發菩提成无上道雕州古石刻絕少得此足爲搜奇之娱

慧簡造像記 正書咸亨四年十一月在洛陽龍門

記鐫刻一小石字徑寸餘文云大唐咸亨四年十一月七日西京海寺法僧慧簡奉爲皇帝皇后太子周王敬造彌勒像一龕二菩薩神王等並德成就伏願皇𡗗聖花無窮殿下諸王福延萬代字體訛乖帝作𡗗化作花代作伐書石者過也太子卽孝敬皇帝周王皇子顯也

阿彌陀像文 正書上元二年十二月在洛陽龍門

文載弟子宣義郎周遠志等奉爲天皇天后太子諸王遠
切師僧七代父母敬造阿彌陁石像一龕上元元年高宗
號天皇皇后亦號天后此記當二年宜俗流以此邀媚也
太子爲章懷太子賢上元二年孝敬皇帝薨其年六月立
爲皇太子是也

天后御製詩及書

碑首列天后御製詩一首並序五言所言從駕幸少林寺
覩先妃營建之所者舊唐書高宗紀永淳二年春正月甲
午朔幸奉天宮天后從駕當在此時其云先妃后母楊氏
爲太原王妃故也次御製書一首即遣三思賫金絹等物
往致寺主僧踵成前營終此功德書旨亦工雅可味後題

司門郎中太孫諮議王知敬書攷紀稱永淳元年二月戊午立皇孫重照爲皇太孫欲開府置僚屬吏部郎中王方慶云云竟不立府寮重潤傳開耀二年中宗爲皇太子生重潤於東宮內殿及月滿大赦天下改元爲永淳是歲立爲皇太孫開府置官屬今以此碑太孫諮議亦官屬之一也則紀言不立府寮與傳言自相背也

口口社義碑 正書神龍元年九月在登封縣潁陽鎮寶林寺

碑石勒一小記詞多漫漶其可見者沙門釋相師之所立及上爲天皇天后云云碑陰載碑主齋主諸名氏左側有稱佛弟子沙門思植洛州武臨縣口口上柱國佛弟子周歸意名存新唐書地理志潁陽本武林載初元年析河

南伊闕嵩陽置舊唐書作武臨與此題合臨林古多同用鄭志答問臨孝存一作林後漢書光武帝紀臨邑侯讓耿純傳作林邑是也元和郡縣志洛州顯慶二年置東都則天改爲神都神龍元年復爲東都此題不遵當時見名猶稱洛州土人泥古之失也碑向無人搜覓乾隆辛亥歲李于岸訪識爲予拓一紙始著録

褒盧正道勑　行書景龍元年十月在滎陽縣署西偏土地祠

勑字大徑五寸餘文云皇帝問洛州滎陽縣令盧正道卿才行早著清白有聞夙夜在公課最居首使車昇奬朕甚嘉之今增卿祿秩以褒善政勉勗終始無替嘉聲碑陰刻盧公清德文前中書舍人内供奉劉穆之譔蓋當神龍三

年五月至八月改元後又降勅褒美桑正道官至鄂州刺史見唐書宰相世系表今洛陽亦有正道神道碑予絫以此勅碑陰所記正道釋褐爲冀州信都主簿轉絳州太平縣丞授陝州司士參軍改汴州浚儀縣令爲洛州新安縣令又改滎陽縣令攷神道碑因除洛州新安宰以犯家諱更缺則新安未嘗之官遂改任滎陽也正道歷官始末可紀惜不爲立傳次於良吏猶幸得此勅爲之著其跡也

王徵君臨終口授銘垂拱二年四月

銘前列季弟正議大夫行秘書少監東宮侍讀兼侍書紹宗甄錄並書舊唐書紹宗傳擢拜太子文學累轉秘書少監仍侍皇太子讀書與此題合新唐書載紹宗歷官惟云

累進秘書少監使侍皇太子不言侍書侍讀義未明也紹宗兄元宗隱嵩山號太和先生卽此臨終授銘者於紹宗爲六兄字承眞本瑯琊臨沂人晉丞相文獻公十代孫陳亡過江先居馮翊中徙江都新唐書俱言自瑯琊徙江都中間陳亡居馮翊失紀又銘內稱昇眞潘先生卽潘師正賜謚體元而此稱昇眞蒙其師王遠知號也

封祀壇碑 正書在登封縣西萬羊岡

碑下截風雨激射殘其年月不可見金石錄作登封元年寶刻叢編作萬歲登封元年金石文字記作天冊萬歲二年案舊唐書禮儀志天冊萬歲元年臘月甲申親行登封之禮禮畢改元萬歲登封據是則立石書石當非刻期可

就顧亭林氏以爲天册萬歲二年者近之然旣改元萬歲登封則亦不宜稱天册萬歲二年矣碑薛曜正書名今無存曜附唐書元超傳云聖歷中附會張易之官正諫大夫者是其人也

□龕像頌文 正書萬歲通天元年四月在洛陽龍門

文少損蝕書勢深類褚氏亦唐刻之佳者其文載郭元[illegible]㳄合家眷屬等缺皇帝兼及七代缺界倉生粵以萬歲通天元年四月八日創首於龍門秀嶺造此尊龕伊川勝源開斯璧塔有繕士焦元操誠心志節巧範眞容至九月之朔方乃畢功序無可採今紀其略如是

石龕阿彌陀像銘 正書長安三年七月

銘載大周撫歷歲在癸卯皇帝以至聖之□宏上眞之道云云後載金紫光祿大夫行殿中監兼檢校奉宸令瑯琊縣開國子王璿長安三年七月□日造王無惑書唐書宰相表長壽元年八月辛巳營繕大匠王璿守夏官尚書同鳳閣鸞臺平章事則天紀與此同而紀言九月癸丑流李遊道袁智宏王璿崔神基李元素於嶺南案神基本傳長壽中爲司賓卿同鳳閣鸞臺平章事爲酷吏所搆流嶺南則同時坐貶如璿者亦猶是矣璿此記當長安三年距被放之日已十二年中間必因起復始歷此官而史文不備可惜也璿以逐臣獲用遂爲女主邀媚於佛氏亦何屈譏

觀世音石像銘 正書長安四年三月在洛陽龍門

銘前記弟子中山郡王隆業奉爲四哥孃六親眷屬敬造
觀世音石像一鋪勤誠雕刻月面光舒淨口莊嚴金容相
滿以斯勝果資奉四哥孃六親眷屬伏願壽比崇山固同
磐石傍周庶品俱口良緣舊唐書列傳惠宣太子業睿宗
第五子也本名隆業後單名業垂拱三年封趙王開府置
官屬長壽二年隨例郄入閤改封中山郡王與此題合其
稱四哥者睿宗也日知錄云唐時人稱父爲哥舊唐書王
琚傳元宗泣日四哥仁孝同氣惟有太平睿宗行四故也
元宗子棣王琰傳惟三哥辨其罪元宗行三故也有父之
親有君之尊而稱之爲四哥三哥亦可謂名之不正也已
案此實不起於元宗今銘當長安四年已先施諸石刻又

淳化閣帖有唐太宗與高宗書想汝深情惟吾是念自非孝情深結孰能以此爲懷云云下書哥哥勅三字此太宗以父對其子而自名已稱哥哥宜其繼世羣相沿習不知易也北史南陽王綽傳兄弟皆呼父爲兄兄蓋在唐以前又有爲此謬稱者矣隆業爲王德妃生傳言母早終從母賢妃親鞠養之是記稱孃者蓋賢妃也記爲從來著錄家所未尋拓李於岸遊伊闕始摹出之其他諸小石記凡百餘種皆以裨予擴異聞搜奇之勤信能過我故用以志喜如此

河東州刺史王仁求碑銘 正書無年月

碑殘損前列同上功文長子雲麾將軍行左鷹揚衛翊府

中郎將使持節河東州諸軍事兼河東州刺史上輕車都尉新昌縣開國子公一王善寶自書善寶見舊唐書張柬之傳垂拱四年蠻郎將王善寶昆州刺史爨乾福又請置州奏言所有課稅自出姚府管內益于其父仁求舊官所區置若此仁求以碑稱安寧郡人其先出於太原因遷居而在焉蓋官之地云招慰奏置姚府已前廿餘州又開夜郎之道綏哀牢之口問罪荒垂口能為中國輕重時復廢棄但口羈縻舊唐書地里志姚州武德四年置在姚府舊城北百餘步安撫大使李英以此州內人多姓姚故置姚州管二十二州元和郡縣志姚州本漢雲南縣之地武德四年安撫大使李英以此中人多姓姚故置姚州為瀘南

之巨屏碑云招慰奏置卽指安撫李英也姚府已西廿餘州志稱二十二州數亦相符惟碑領河東州之名志言黎州統制五十四州有河東州皆徼外生獠無州羈縻碑謂問罪荒垂及云時復廢棄但口羈縻則是仁求于河東州克復其地亦已屬之羈縻故爲此州刺史矣若志所指皆徼外生獠者疑不盡然碑稱貪戾君口負遠方命口我城邑州刺史蒙儉實始其口咸亨之際犬羊大擾梟將失律羣兇莫懲君以奮擊殲厥逋誅之師吐蕃傳咸亨元年四月詔以右威衞大將軍薛仁貴爲邏娑道行軍大總管左衞員外大將軍阿史那道眞右衞將軍郭待封爲副率衆十餘萬以討之軍至大非川爲吐蕃大將論欽陵所敗仁

貴等並坐除名碑言臭將失律謂此也吐蕃與南詔蠻壤接仁求或以舊官于姚府而捘師防邊得制其逃逸固宜有此然不得附傳于史文史有漏也碑額稱大周河東州刺史碑身又題唐朝故使持節河東州諸軍事河東州刺史上護軍益仁求之歿在咸亨五年八月故稱唐官以終及立碑已當武后改號故復題爲大周今以碑所書則天僞制字最多知其立石于武后時也拓本爲青浦王少司寇所贈適地邊徼石刻罕能搜剔予故珍惜書之

鎭軍大將軍吳文碑 釋大雅集晉王右軍書 開元九年在西安府學

碑斷裂失其上半文多不屬其中推次成句者有云以秩授公文林郎適舉從班也又制轉公右監門大將軍神龍

三年又制舉公鎮軍大將軍行右監門衛又奏乞骸骨身歸常樂盩以官寺引年非怙寵於終也其云平均七政恭踐五朝則上逮高宗皆已服事宮掖矣後又云公夫人之顧命願不合於雙棺顧命之義上下亦得通稱蓋起于業公之顧命又後漢書趙咨傳子胤不忍父體與土并合欲更改殯祗建營以顧命蔡中郎集朱公叔墓前石碑其孤野受顧命陳太邱碑臨歿顧命司空臨晉侯楊公碑寢疾顧命是也文諸子名位俱存于碑者二人曰庭局丞騎都尉處昂行內常侍上柱國處行

京苑總監茹守福墓誌 正書開元十一年八月

誌無書撰人名氏何夢華藏本傳爲宋拓屬予爲攷之案

蘇君諱守福京兆人武太后時選補右領軍衛長上考滿授坊州仁里府別將仍於定陵押當畢授隴州大候府果毅屬開元祚興選舉尤慎特進王毛仲召爲監牧都使判官於是隴右巡檢頻爲稱職遷懷州吳澤府果毅考滿擢授京苑總監守福所歷官証之新書地里志隴州府四一曰大堆此作大候史文誤也監牧都使判官新舊史皆不載惟職官志稱凡諸羣牧立南北東西四使以分統之然則既有使分統必設置都使總領之是其屬固宜置判官矣或云都使即監牧使異名攷舊書王毛仲傳開元七年進位特進至十七年下詔有内外閑廄監牧都使王毛仲殆元宗前以殊寵榮之非置官爲定員史故不載也開元

十一年四月廿九日奉使隴右道巡監牧六月二日還至京八日卒于長安休祥里第享年三百三甲子四旬有二日以日辰之數記其生年誌銘變例也

太子舍人王無競墓誌銘

誌石近出土存後半數行文云公生於齊長於魏不忘吾舊常操土風嗣子曰新奉成先志以開元十二年歲次甲子十月丁亥朔廿三日己酉徙殯於魏國葬於東萊之口口夫人范陽盧氏祔焉畢湖目檢文苑英華孫逖所撰王無競墓誌後半與此石現存數行同因定爲無競誌銘跋無競見舊唐書文苑傳初應下筆成章舉及第解褐授趙州欒城縣尉歷秘書省正字轉右武衛倉曹洛陽縣尉遷

監察御史轉殿中又轉爲太子舍人出爲蘇州司馬再貶嶺外卒郎約孫逖此文爲之而傳言秘書省誌言麟臺省皆可以通名誌言右衛不如傳言右武衛之審矣孫逖亦見文苑傳

元宗御製詩石刻 行書在汜水

五言詩一章刻紀功頌碑陰前有小序云行次成皐途經先聖擒建德之所緬思功業感而賦詩後題開元十三年十月十三日東封之歲前常州江陰縣尉史叙書舊唐書開元十三年十月辛酉東封泰山發自東都是也史叙金石錄作艾叙傳寫誤耳中過汜水題詩史蓋以其事微不具錄

後漢大司農鄭公碑重刻在高密

碑前題銀青光祿大夫使持節邢州諸軍事邢州刺史上柱國琅琊郡開國男史承節撰承節以萬歲通天元年奉勅於河南道訪察至高密因父老之請爲文文成未建而卒正議大夫使持節密州諸軍事刺史上柱國鄭杳以開元十三年八月籌度碑石命參軍劉胐於冬閏十二月建立後復遭隕沒今所收乃金承安五年三月重刻文字完好不見唐時書人名氏据金石錄云雙思貞行書碑蓋略之也按承節撰碑依後漢書鄭康成列傳其引據多與今本不同傳云師事京兆第五元先碑無先字張恭祖[illegible]欽祖徵爲大司農及與袁紹之會碑並次于與子益[illegible]

前故太山太守碑作太山守所注周易尚書毛詩儀禮禮記論語孝經碑多周官無論語答臨孝存碑作孝莊不爲父母昆弟所容碑無不字獲觀乎在位通人處逸大儒咸從捧手有所受焉碑作大儒得意有所受焉乃歸供養碑作乃歸鄉遇閹尹擅勢坐黨禁錮十有四年而蒙赦令碑無此文舉賢良方正碑作方正賢良公車再召碑以召作徵其勗求君子之道碑無其字末所憤憤者碑以末作凡某亡親墳壟未成碑作吾親冢承節後云兼疏本傳之文明其所據蓋舊本也予以文字小有異同及金避顯宗諱允恭易恭祖作欽祖者存而不論若移次傳文則康成建安元年自徐州還高密下宜接時大將軍袁紹總兵冀州

遣使邀元云云及公車徵爲大司農給安車一乘所過長史送迎元乃以病自乞還家下宜接元後嘗疾篤自慮以書戒子益恩比事屬詞乃得其實是碑遠勝今本一也所注儀禮周官禮記傳不言周官錢少詹事廿二史攷異云三禮皆康成注流傳至今乃本傳有儀禮禮記而無周官此轉寫之脫漏今以碑證之實有周官信知唐本初無訛是碑遠勝今本二也不爲父母羣弟所容案傳前言元少爲鄉嗇夫得休歸常詣學官不樂爲吏父數怒之此出自史文宜書其實使康成以此見於書詞其語似於親有愠心矣及檢碑無不字始悟康成自述吾家舊貧爲父母羣弟所容猶言幸爲親包覆成就乃得去厮役之吏游學

秦之都蓋不欲舉親之過如此自後校書者因前不樂爲吏父數怒之遂疑此書爲父母昆弟所容語意不相符輙妄加不字踵謬至今不悟是碑遠勝今本三也臨孝存作孝莊攷臨孝存名碩北海人碩義訓爲大古莊壯爲一字壯亦大也名字相配則莊爲近之又存與莊字形涉似亦或致誤而後人因循莫正是碑遠勝今本四也傳稱亡親出於康成自述亦非孝子不忍死其親之義碑止作吾親遠勝今本五也承節所爲文非獨於蔚宗書據其善本當時謝承薛瑩劉義慶華嶠謝沈袁山松諸人撰定者俱存亦必有以對勘參稽得之故於此必其非妄爲竄易也鄭杳見宰相世系表北祖房官至婺州刺史劉朏亦見表彭

城房官至汴州刺史予既依碑疏其事更爲重次傳文於左

董卓遷都長安公卿舉元爲趙相道斷不至會黃巾寇青部乃避地徐州徐州牧陶謙接以師友之禮建安元年自徐州還高密道遇黃巾賊數萬人見元皆拜相約不敢入縣境時大將軍袁紹總兵冀州遣使要元大會賓客元最後至乃延升上坐身長八尺飲酒一斛秀眉明目容儀温偉紹客多豪俊並有才說見元儒者未以通人許之競設異端百家互起元依方辯對咸出問表皆得所未聞莫不嗟服時汝南應劭亦歸於紹因自贊曰故太山太守應中遠北面稱弟子何如元笑曰仲尼之門考以四科回賜之

徒不稱官闕劭有慙色紹乃舉元茂才表爲左中郎將皆不就公車徵爲大司農給安車一乘所過長吏送迎元乃以病自乞還家元後嘗疾篤自慮以書戒子益恩云云五年春夢孔子告之曰起起今年歲在辰來年歲在巳既寤以讖合之知命當終有頃寢疾時袁紹與曹操相拒於官度令其子譚遣使逼元隨軍不得已載病到元城縣疾篤不進其年六月卒

紀太山銘 八分書元宗御製御書在太山

紀太山銘字大四寸舊唐書禮儀志元宗製紀太山銘御書勒於山頂石壁之上者是也今以其文與志參較朕宅位十有四載石本作宅帝位若涉大川石本涉字下多於

字宰相廐尹石本相作衡禮莫盛於告石本禮字上多謂字告字下多大字震讋九寓石本作震疊以至岱宗石本至下多于字寶萬物之始石本作寶爲天地之孫羣靈之府其方處萬物之始爲蒼山而祈福石本而作之呼萬歲石本呼作千慶合歡同石本合作荅迺陳誠以德石本無迺字懿爾幼孫石本爾作余刻金石石本石作記冀後人之聽詞而見心石本無冀字又作後之人衛我神主石本衛作衍中宗紹運舊邦惟新石本於此下多睿宗繼明天下歸仁二句或禪亭亭石本亭亭作奕奕儒書不足石本不足作齷齪案文之異者容所據見或有不同若銘列祖而獨遺睿宗則下文恭已無爲正以睿皇禪位爲詞若接

屬中宗義便不相屬又儒書齷齪羞指議封禪儒生所錄故以齷齪鄙之作史者嫌其過詆儒書遂删易以不足當之斯不達其旨矣銘後題開元十四年銘叙又作十四載年載通稱互文非如天寶元年改年爲載始有專名也

嵩岳少林寺碑 行書開元十六年七月今在登封

碑前列銀青光祿大夫守吏部尚書上柱國正平縣開國子裴漼撰文并書其文叙少林寺興建始末歷代御書題榜最詳中言寺西北五十里有栢谷墅居晉成塢在齊爲郡王充僭號署曰轅州太宗文皇帝軍次廣武僧志操惠瑒曇宗等率衆以拒僞師抗表以明大順執充姪仁則以歸本朝太宗嘉其義烈頻降璽書宣慰今碑上層刻有秦

王告少林寺主教卽此碑所云頻降璽書宣慰也充姪仁則附舊唐書王世充本傳蓋世充僭號先封同姓以惲子仁則爲唐王及仁則爲僧衆所執不見于史賴此以補缺文又碑言晉成塢在齊爲郡史志皆不見此疑當時設置更易難以悉錄耳潅新舊唐書並有傳惟封正平縣子史從畧不書

靈運禪師功德塔碑銘

碑前列宣德郎試大理評事崔琪撰聖善寺沙門勤口序上人諱靈運蕭姓蘭陵人梁武帝後皇考藹虢州恒農縣尉又云因遊嵩山至少林寺有始終之意焉會舅氏椽於高口字（似乎）而上人遂緇於此郡竟移隷此寺以副乎夙心

又習禪決於麗珪大師粵開元十有七祀夏五月二十二日告逝門人堅順獨建靈塔奉遺教也宰相世系表崔陲子下有琪字庭秀與此時較遠疑更爲一人非此撰碑銘者也

敬節法師塔銘

塔銘予所收得已裝潢成帙無撰書人名氏文云維大德俗姓盧諱敬節范陽人也祖倘書遠葉栖志邱園父樂司徒季英閑居遁世愍於稚子遏以羣流放令出家投虔和上受業年甫什歲日誦千言至二十九入道具臘寺舉都維那二十載清拔僧務造長廊四十間以開元十七年七月十五日歿於私房春秋七十有五窆於神和原按敬節

七十五示寂在開元十七年巳巳距其生實當高宗永徽六年乙卯奄忽汨沒倘賴塔銘畧具其名系然則語言文字亦何負於彼教哉

北嶽神廟碑陰 八分書在曲陽縣

碑陰第一層紀段使君德政是爲傅陵崔鑲詞並書及篆其石斷裂文徵有不屬而字尚完具首序段公諱瘖字崇簡五代祖榮字子茂後魏十遷都督一拜尚書二統將軍六爲刺史儀同三司食邑八百戶追贈左僕射大尉公武威王謚曰景配享高祖四代祖韶字孝先魏驃騎大將軍尚書右僕射以功封平原郡王口司徒大將軍尚書令增邑二千戶領太子太師除大司馬錄尚書事謚曰忠武曾

王乂濟字德堪歷仕齊周隋並口開府儀同三司大將軍相繼五州刺史齊封上郡王謚曰貞王乂乾字寶元唐刑部郎中遷給事中刑部侍郎尚書左右丞洛州刺史建都授洛州長史烈考嗣皇韓王府功曹潤州司士滄州東光縣令按榮韶濟史並有傳齊書稱榮授鎮北將軍定州刺史轉授瀛州尋行相州後爲濟州轉行泰州凡五爲刺史北史則云由定瀛二州尋歷相濟泰是碑所紀六爲刺史較二史多書一州二史俱言謚曰昭景碑惟著謚曰景此又爲少異韶歷官北史傳與碑合其封平原郡王而齊書本傳亦稱爲平原郡王濟字德堪齊書稱韶第七子德堪而漏其名北史又稱亮字德堪名亦與碑異至爲五州刺史與封王

及諡二史皆未之錄碑所據當本其家牒書宜詳審於史也倍居官以碑証之大聖天后封中告成公以閑清高才貌兼秀調魏州叅軍轉蜀州司法岐州司兵華陰奉天二縣令轉少府口監原州刺史京兆少尹定州刺史上柱國兼北平軍使而頌詞所紀徵爲溢美矣碑殘剝失其年代按碑陽載張守珪加輔威大將軍左羽林大將軍在開元二十三年今碑我唐下缺尚有二年歲次乙亥閏十一月壬午朔二十三日癸卯建字則碑之立卽開元二十三年也金石文字記列入無年月葢失攷也

碑陰下截記文

下截載諸屬吏名其詞亦用駢體屬頌不具錄名之可見

者別駕符子珪轉金州刺史長史高元奭司馬李夐錄事參軍崔曦范光烈司功參軍李真司倉參軍呼延傑尹光暉司戶參軍崔曦陽楚容東元福司兵參軍張景運司法參軍梁恁張嗣臣攝官義豐縣尉宋季販司士參軍李鎮韋望參軍盧邕麗涉王銳李爭博士宋般禮錄事史歸宗梁明禮市令張知什恒陽縣令裴延祐丞李兒主簿郝英質尉王嶠尉夏侯庭玉嶽令牛懷貴按此皆定州刺史所屬吏也定州爲上州証之唐書職官志別駕長史司馬錄事參軍事各一人相符而碑不載錄事三人唐書百官志錄事二人司功司倉司戶司兵司法司士六曹參軍士各一人百官志司戶參軍事二人司法參軍事二人又多司田參軍事一人而碑於倉曹有二人戶曹

有三人兵曹有二人經學博士醫學博士各一人百官志醫學博士一人而碑惟載博士一人亦不言其何屬蓋官制更張改併因時權事而不齊一雖兩史所收亦不備矣碑不列司田參軍定非屯田之州不置營田使故司田無所置也諸曹參軍不作參軍事省文也李貞見所題恒嶽晨望有懷詩稱爲定州司馬與此碑合而詩云景福如光顧私門當復侯然則貞先世固有封爵既失而祈祐於神其可推見又如此

北嶽神廟碑 八分書

碑首列陳州長史鄭子春篆博陵崔鐶書安喜縣尉李遜篆後列輔國大將軍左羽林衛大將軍幽府長史兼御史

大夫經略軍支度營田節度副大使兼河北道採訪使南陽郡開國公張守珪唐書守珪本傳徙幽州長史河北節度副大使俄加採訪處置等使二十三年入見天子加輔國大將軍右羽林大將軍以碑証之當作左羽林又開國南陽已列公爵史皆失書傳稱幽州碑作幽府幽州爲大都督府二名亦可通也經略軍在幽州城內支度營田攷舊唐書職官志凡天下邊軍有支度使以計軍資糧仗之用每歲所費皆申度支會計以長行旨爲準劉全諒傳授容奴柳城郡太守攝御史大夫平盧節度支度營田李希烈傳加御史大夫充淮西支度營田觀察使李自良傳河東節度支度營田觀察使嚴綬傳充河東節度支度營田

觀察處置等使今守珪所領亦猶是也世多混以支度同于度支故附著之碑又載滎陽人田登封於此所福神君降形而謂之曰吾方助順取彼殘孽殄殲元惡懋諸蘩街云云傳稱守珪次紫蒙川大閱軍實賞將士傳屈剌突于首于東都即指其事而神君降形之言史不具錄以其涉妄也

三藏無畏不空法師塔記 正書在洛陽開元二十五年八月

記云大唐開元二十三年三藏無畏卒春秋七十有九詔鴻臚丞李峴監護葬事塔于龍門之西山廣化寺藏其全身舊唐書李峴傳稱峴樂善下士有吏幹以門蔭入仕按此記詔鴻臚丞葢其門蔭之資也記後有論引資治通鑑

眞觀中有僧自西域來善呪術云云蓋記石已毀爲宋人重刻非獨載司馬公書并仁宗諱已避之矣近人仍目爲唐刻誤也貞觀作眞觀避仁宗諱使然

濟度寺尼惠源神空誌開元二十五年十一月楊休烈撰姪定書

誌載惠源宋國公蕭瑀之孫女父鉞給事中利州刺史鉞見宰相世系表作鉞字形涉似誤耳又載曾門梁孝明皇帝案段行琛碑曾門德濬蓋以曾祖爲曾門唐人多有此稱矣誌題惠願和上証之通俗編引廣異記大歷時某寺尼令婢往市買餅見朱自勸問云汝和尚好否又云聞汝和尚未挾纊今附絹二疋與和尚作寒具婢承命持絹授尼則唐時尼亦稱和尚又見于此誌且在大歷前翟晴江

未採入也

元宗御注道德經石刻正書開元二十六年十月

碑首層列元宗二十年勅有隨所意得遂爲箋註云云分老子道經卷上德經卷下亦與古本相彷後陸放翁題跋云晁以道謂王輔嗣老子曰道德經不析乎道德而上下之猶近於古今此本已久離析然則宋已失輔嗣定本今邢氏論語疏引老子德經云天網恢恢疎而不失此其可徵之一也然又攷漢書註如顏氏於魏豹傳引老子道經曰國家昏亂有忠臣田橫傳引老子德經曰貴以賤爲本高以下爲基是以侯王自謂孤寡不孤楚元王傳引老子德經云知足不辱嚴助傳老子所謂師之所處荆棘生之

者也師古曰老子道經之言也楊雄傳貴知我者希師古曰老子德經云知我者希則我貴矣酷吏傳老氏稱上德不德是以有德下德不失德是以無德法令滋章盜賊多有師古曰老子道經之言也下士聞道大笑之師古曰老子道經之言也西域傳註老子德經曰天下有道却走馬以爲糞蓋其所引以道德分篇者若此而與釋文題道經音義者並合又賈公彥周禮師氏疏亦以爲老子道經云道可道非常道其下案德經云上德不德是以有德章懷太子注後漢書其於翟酺傳也則又謂老子道經曰魚不可以脫於泉是數子於初唐時並同所證蔓眞容碑稽之道經以慈爲寶其必襲自晉宋舊本如此碑所分題固有據也立石者爲

守易州刺史田仁琬附列守易州別駕周憲兼高陽軍副使鄭景宣試司馬杜欽賢名存仁琬見德政碑云琬字正勤與此作雙名者微異

尼靈覺龕銘 行書開元二十六年十月在洛陽龍門

石殘剝過半銘題有大唐都景福寺字文字稱和上諱靈覺俗姓下缺又載懇誠至到天后嘉之及辭榮出塵字益以世族逃諸空教者役云澡浴換衣焚香端口時春秋五十二遂於龍門西巖造龕事弟崇正哀友于之口重悲同氣之情深則是銘龕者爲其弟也

尚書祠部員外郎裴稹墓誌銘

誌銘前列族叔禮部員外郎朏撰書朏見宰相世系表洗

屬裴房內有貼禮部郎中卽其人也誌序禎之高祖定會祖仁基祖行儉父光庭歷官與新舊書合惟舊書及表以定高爲二名張說裴行儉神道碑亦云大父定高此誌作一名曰定張九齡譔光庭神道碑與誌符未審孰得其實而仁基在隨兼河南道討捕大使亦未之及禎字道安開元初舉孝廉高第弱冠勑授左千牛備身轉太子通事舍人調補太常寺主簿除京兆府司錄拜起居郎遷尚書祠部郎以開元廿八年十二月十九日終於長安光德里私第禎新唐書有傳云累遷起居郎俄受祠部員外郎卒權德輿撰裴倩神道碑稱禎祠部員外郎以誌証之前爲舍人主簿司錄傳皆略而不紀其字道安亦失錄而祠部員外郎表作祠勳員外郎誌載太師公直

道不同存亡交變明主優恩禮時列害其公忠定謚之辰將沮其美君晝夜泣血號訴聞天特降綸言以旌其實詔改謚曰忠獻舊唐書光庭傳附此事光庭與蕭嵩爭權不協及爲吏部奏用循資格並促選限云云太常博士孫琬將議光庭謚以其用循資格非獎勸之道建議謚爲克時人以爲希嵩意旨上聞而特下詔賜謚曰忠獻据誌文實由禎之泣訴上聞而改非出之時人私議也新唐書旣爲禎立傳而不載此文禎之孝感蔑以聞矣誌載嗣子倩等倩見表及傳字容卿度支郎中

受業魯山李渡校

授堂金石文字續跋卷三終

授堂金石文字續跋卷四

偃師武億虛谷著　男穆淳編　孫秉重校刊

唐趙思廉墓誌銘 正書天寶四載十月

墓誌裝潢本不列書撰人名文云公諱思廉字思廉天水人高祖修演魏司徒府長史淸水郡守贈驃騎大將軍開府儀同三司秦州刺史曾祖士峯周秦王府司錄亳州總管府司馬陸安郡太守儀同三司祖搆隋口侍御史民部郎中毛州刺史父素隋孝廉丹陽郡書佐皇舒州司馬按周書秦王贄字乾信初封秦國公建德三年進爵爲王故開府置官屬有司錄之佐也思廉弱冠明經登甲科解褐鄭之滎陽主簿換益之雙流稍遷河南府登封尉拜監察

御史推事忤旨左授荆府法曹大足元年八月十二日寢
疾終於南陽之旅舍春秋六十有六夫人博陵崔氏以天
寶四載十月十三日合葬萬安山陽二子悅歷監察御史
江陵安邑二縣令叱之濟陽尉思廉家世事跡略可附見
如是其荆府法曹者高祖子荆王元景也思廉少由明經
登甲第攷新唐書選舉志明經亦爲四等蓋承前文試秀
才有上上上中上下中上之目不數所謂甲乙也杜氏通
典按令文科第秀才與明經同爲四等進士與明法同爲
二等然秀才之科久廢而明經雖有甲乙丙丁四科進士
有甲乙二科自武德以來明經惟有丙丁第進士惟乙科
而已予証之誌文思廉旣卒於大足元年春秋六十有六

其生實當貞觀十年丙申弱冠明經中第亦在永徽末顯慶初矣何云武德以來明經無甲科也杜氏亦厭之未審矣

梁懷貞造像記 正書天寶十一載二月 在汝州陵頭街淨因寺

記石存置淨因寺後殿李于岸摹得之文略云臨汝郡梁縣萬歲鄉陴陽里人淸信弟子梁懷貞妻王氏及兒女等先發誠願敬造阿彌陁佛于茲陴陽里者當在陴山之陽也唐鄉邑之名流傳于今尠矣

楊珣碑 八分書元宗御製御書

碑下截剝蝕前云公諱珣字仲珣華陰人曾祖汪隨國子祭酒吏部尚書烈考志謙靑城令又云開元五載遘疾終

於元武之縣廨天寶十二載三月追贈公武部尚書追封鄭國公舊唐書楊國忠蒲州永樂人父珣以國忠貴贈兵部尚書案職官志天寶十一載正月改吏部爲文部兵部爲武部則十二載追贈應從武部史以爲兵部未詳核也碑稱仲珣華陰人蓋舉其族望故與傳稱永樂有别開元未改年爲載此稱五載或追紀書之

東方先生畫贊碑陰記正書顏真卿撰并書天寶十三載十二月在陵縣

碑陰記云殿中侍御史平公冽監察御史閻公寬李公史魚右金吾胄曹宋公謇咸以河北採訪使東平王判官巡按狎至真卿候于境上而先生祠廟不遠道周亟與數公泉家兄淄川司馬曜卿長史前洛陽令蕭晉用前醴泉尉

李伯魚徵君左驍衛兵曹張燧麟遊尉韋宅相朝城主簿韋夏有司經正字畢燿族弟渾前叅軍鄭㮙同遊茲廟舊唐書安祿山傳引平冽李史魚在幕下以此記推之又有閻寬宋賽二人與平李並爲判官則祿山包藏禍心壁後置人蓋其駿哉曜卿見杲卿傳開元中與兄春卿弟曜卿並以書判拔萃超等者畢燿見酷吏敬羽傳與宅若虛裴昇畢曜同時爲御史又叛臣喬琳傳郭子儀表琳朔方府掌書記與聯舍畢曜相掉訐宰相世系表曜侍御史今碑作燿不從日按唐書畢構傳子炕世系表抗與曜爲一格疑皆從火碑所書爲正杜集存没口號畢曜仍傳舊小詩曜一作燿亦燿之轉

雲麾將軍劉感墓誌銘行書天寶十二載

誌石近出土完好前列河東進士李震撰宰相世系表列震泉州刺史桑表又有震起居郎未知孰是集賢院上柱國席彬書舊唐書職官志有集賢殿書院郎誌所稱集賢院也院設官合有職任不聞以勳官備員蓋亦志文所闕與劉感誌稱其當元宗撥亂之開元提劍以從遂使羣兇授首云云開元元年秋七月甲子太平公主及岑羲蕭至忠竇懷貞謀反伏誅感當時從討立功始基於此遂授翊麾副尉大桃戍主遷右衛寧州彭池府左果毅攺昭武校尉行左衛陝州曹陽府折衝轉左領軍衛同州襄城府折衝拜寧遠將軍左武衛翊府右郎將遷明威將軍右龍武翊府中郎將尊

雲麾將軍右龍武軍將軍上柱國封彭城郡開國侯食邑七百戶命圖形麟閣卒塟咸寧縣黃臺鄉之原氏誌所書感歷轉階職由從七品下進正六品上又進正五品下又進從四品下最後轉從三品上無一越級者攷感初從元宗撥亂事定僅授翊麾副尉蓋非有殊勳可紀如碑所云殆亦子孫文飾之辭欲耀於人與黃臺鄉見元載傳稱萬年縣界此作咸寧地里志萬年天寶七載改爲咸寧乾元復舊此當天寶十二載故依改名元載當大歷十二年故仍舊稱也史例之嚴如是惟大桃戍新舊書地里志皆遺此名其屬何州不可攷矣

內常侍孫志廉墓誌銘 正書天寶十四載六月在咸陽縣

銘文字完好前題朝議郎行陝郡平陸縣尉申堂搆撰文
林郎行文部常選上柱國南陽韓獻之書錢少詹事攷宰
相世系表有吏部常選又有兵部常選者意其爲選人之
稱予案唐書選舉志由學館者曰生徒由州縣者曰鄉貢
皆升於有司而進退之云
云此歲舉之常選也蓋韓獻之
先有勳階又就歲舉而隸於文部故曰常選也與又叙云
公諱志廉字惠達富陽人也適褐授儒林郎拜內謁者監
俄遷朝議大夫守內常侍以天寶十二載十一月終於咸
陽縣來庭里之私第卽以明年夏六月合葬長樂原案長
安志天寶七載改萬年縣爲咸寧縣縣惟胄貴里神鹿里
見於志此誌所載來庭里蓋闕錄也長樂原据是縣長樂

坡在縣東北僅一十里此稱爲原蓋一地耳釋褐作適雅量作重書石者誤也

憫忠寺寶塔頌至德二載十一月

頌文自左起云御史大夫史思明奉爲大唐光天大聖文武孝感皇帝敬无垢淨光寶塔頌其文則范陽府功曹叅軍兼節度掌書記張不矜撰書舊唐書地里志范陽郡爲大都督府功曹列於府屬是宜結銜變文言府矣不矜見史思明傳令耿仁智張不矜修表請誅光弼以謝河北者修表即書記之任也與碑可相證後又列承奉郎守經畧軍胄曹叅軍蘇靈芝書新唐書地里志范陽郡城內有經略軍今此題與志合而靈芝當開元二十七年猶稱前行

易州錄事鉄像碑頌至此爲經略軍之屬蓋亦凶孽引置幕下矣

邸據題名　正書

右邸據題名完好無缺文云陳鄭澤潞等州節度行軍司馬邸據再隨使主赴上都朝謁往來皆虔拜神祠時寶應二年六月八日記案寶應肅宗改號是年帝崩代宗以四月卽位明年七月改元廣德故于六月猶稱寶應二年也方鎭表寶應元年澤潞節度增領鄭州又增領陳邢洺趙四州是年以趙州隸成德軍此題載陳鄭据增領者言之與表相符惟使主不言何人攷舊唐書郭子儀傳上元三年二月河中軍亂遂用子儀爲朔方河中北庭潞儀澤沁

等州節度行營兼與平定國副元帥充本管觀察處置使出鎮絳州表載上元二年澤潞增領沁州子儀于三年二月爲潞澤等州節度然則使主殆爲子儀也傳載子儀辭赴鎮入見肅宗遂至絳擒其殺國貞賊首王元振數十人斬之及代宗立入朝充肅宗山陵使據稱隨使主赴上都朝謁往來當以此與據見唐書藝文志有邱據相國凉公錄一卷李抱玉事據諫議大夫盡以其所終之官書之

劉士深等西嶽題名

右題名正書文云前藍田縣尉劉士深前奉天縣尉劉士清京兆府倉曹參軍李迺前告成縣丞李遜商州豐陽縣令李逵下邽縣尉李遠時廣德元年三月紀按此題列名

皆以地望爲先後藍田奉天兩縣尉居首重京邑也告成縣丞書在豐陽令上者告成屬河南府亦爲東都故耳北嶽神廟碑有安喜縣尉李巡與此稱告成縣丞者或即其人以否未可知也新唐書藝文志李遠詩集一卷字求古大中建州刺史若以廣德紀元方爲尉則至大中時八十餘年矣疑別爲一人

郭敬之廟碑陰

碑陰正書無書人名氏載敬之子孫曾孫凡三世石墨鐫華跋此碑獨詳子儀歷官於本傳爲備予更以新唐書宰相世系表校之表載子琇失其官勳今碑第一層首列男昭武校尉守絳州萬泉府折衝都尉上柱國即子琇也表

載子雲左領軍將軍碑列游擊將軍左武衛將軍上柱國表載子瑛延州司法參軍碑列朝議郎行延州都督府法曹參軍表載子珪無官勳碑列朝議郎行衢州盈川縣尉表載幼賢副都護碑列銀青光祿大夫衛尉卿單于副都護振武軍使朔方左廂兵馬使上柱國贈太子少保表載幼儒成都少尹碑列正議大夫光祿少卿兼漢州別駕賜紫金袋上柱國表載幼明少府監太原公碑列銀青光祿大夫太府卿上柱國太原郡開國公表載幼沖太子詹事碑列銀青光祿大夫試鴻臚卿上柱國又表於子雲下載子明幼沖下載幼謙而碑無之第二層列諸孫首爲曜銀青光祿大夫試太常卿上柱國太原縣開國公表載太子

少保太原孝公次朝議郎守通州別駕騎都尉賜緋魚袋曜表載曜無官勳次特進兼鴻臚卿贈開府荆州大都督上柱國旰表載鴻臚卿同正次雲麾將軍守左武衛大將軍同正上柱國昕表載檢校左僕射磧西節度次特進試鴻臚卿兼御史大夫左散騎常侍上柱國太原縣開國公晞表載工部尚書次正議大夫試光祿卿贈開府太常卿清源縣開國男昢表載試鴻臚卿次銀青光祿大夫行少府少監樂平縣開國男晤表載兵部郎中次宣德郎試太子中舍人賞緋魚袋昉表載試太子中舍次銀青光祿大夫試殿中監駙馬都尉廣陽縣開國男曖尚昇平公主表載左散騎常侍駙馬都尉次奉義郎試太常寺協律郎曙

陽縣開國男晛表亦載試恊律郎晉陽男次宣德郎試左衛率府兵曹參軍曉表亦載試左衛率府兵曹參軍次銀靑光祿大夫試秘書監太原縣開國男曙表載右金吾將軍祁國公次宣德郎行京北府參軍太原縣開國男昫表載鴻臚少卿次朝散大夫試秘書著作郎壽陽縣開國男映表載右庶子壽陽尹次朝請郎試太常寺恊律郎晅表不列官勳第三層碑列曾孫儘三人通直郎行將作丞銳朝請郎守太府少卿銑朝請郎守國子監主簿名巳殘剜表載銳嘉王府長史銑試太常主簿凡此互爲詳略實足以佐証史表而壽陽尹唐於縣官不稱尹表誤記也子琇子一人瞕子英子一人晛至如昉曉爲幼賢子昫晅爲幼

明子昕爲子雲子餘皆汾陽王子也

田尊師碑　行書無年月在富平縣美原鎮

碑過漫漶予細識其文云尊師七歲依楊尊師學道後于中宗大聖大昭孝皇帝時登壇舊唐書中宗紀天寶十三載二月改謚太和天聖昭孝皇帝與碑稱昭孝合新唐書作宏孝蓋非也又敘尊師醫療爲人除沉痾及諷導愚滯時有道門使檢校殿中監沖虛申先生奏尊師爲四方妙選道門置使史文所未及可据以補遺碑又追紀上元歲大浸尊師爲食以待窮者凡所蒙活數逾千計於是搢紳處士孝廉秀才等廿八人僉謀刻石云云後又有口書汾陽王子儀兵部尚書李口中書侍郎元公載黃門侍郎王

公縉京兆尹于頎諸名顯存元載傳代宗卽位遷中書侍郎王縉傳廣德二年拜黄門侍郎同平章事于頎傳代杜濟爲京兆尹縉與頎皆由事元載而碑于此三人又牽連並書殆其此附之迹不可掩者與此碑既不見年月以縉嘗廣德二年拜黄門侍郎與碑合是碑所立之時亦可推見矣

怡亭銘

銘前有亭云怡亭裴鷗卜而亭之李陽冰名而篆之裴虬美而銘之皆篆書其下銘詞八分書題永泰元乙巳歲夏五月十一日隴西李莒書集古録云鷗不知何人按唐書宰相世系表鷗與虬並一格鷗容州長史虬諫議大夫虬

又見昌黎集河南少尹裴君墓誌銘載其父虬爲諫議大夫引正大疑有寵代宗朝樊氏注亦引歐公跋文并据昌黎此誌以虬爲諫議大夫不云爲道州刺史唐史亦不見其事歐陽豈得之怡亭銘耶愚謂杜工部湘江宴餞裴二端公赴道州朱氏注浯溪觀唐賢題名河東裴虬字深源大歷四年爲著作郎兼侍御史道州刺史是永叔當据此銘若怡亭銘無虬爲道州事樊氏盖以意度之又云虬爲道州刺史唐史亦不見案舊唐書代宗紀大歷五年四月庚子臧玠據潭州爲亂澧州刺史楊子琳道州刺史裴虬衡州刺史楊濟各出軍討玠則固已見諸史而樊氏更失檢也据紀文三年十二月道州刺史崔渙卒虬于時當代崔渙任紀文脫書于前 銘石在[illegible]

縣江中小洲上水潦浸蘄往往沉没拓工不易爲力吾友章逢之獨以二紙見遺逢之綜貫史學與余篤交誼其所投贈若此可感也

鍾離縣令朱巨川告勑牒 行書

告勑牒摹刻在快雪堂帖爲徐浩書前小字一行睦州録事叅軍朱巨川下低二格字較前大過半云右可試大理評事兼豪州鍾離縣令下仍高二格書左衛兵曹叅軍庄若納等云 云後題大歷三年八月四日奉勑如右牒到奉行後又題年月如前不填爲某曰又行書名不著氏曰遵慶曰延昌曰綰曰渙凡四人後高兩格書告試大理評事兼豪州鍾離縣令朱巨川奉勑如右符到奉行後書名者

二人曰仙曰亞兼書名氏者二人袁琳後題年月某日下
唐勅牒之制如是按朱巨川新舊書皆不爲立傳新書李華傳附朱巨川名亦華所獎成至顯仕者校文苑英華載李紓所作吳郡朱府君神道碑云巨川字德源嘉興人年二十明經擢第御史大夫李季卿實舉賢能授左衛率府兵曹叅軍戸部尚書劉晏精求文史改睦州錄事叅軍豪州獨孤及懸託文契舉授鍾離縣令兼大理評事今此告職銜悉與碑合豪州不從水唐書地理志豪州鍾離郡濠字初作豪元和三年改从濠石本可據與志同舊唐書直作濠非是又後書遵慶裴遵慶也於時爲吏部尚書延昌王延昌縮楊縮也於時二人並爲吏部侍郎最末書渙攷此時有蔣渙崔渙以舊

唐書代宗紀文証之此當爲蔣渙渙以大歷三年春正月甲戌自工部侍郞爲尙書左丞左丞之職制勑須由都省施行故得以預名也又後題亞杜亞也亞本傳永泰末劍南叛亂鴻漸以宰相出領山劍副元帥以亞及楊炎並爲判官使還授吏部郞中諫議大夫今此列名正其爲吏部郞中時矣郞中掌文官階品給其告身巨川之告爲所專職故也

大證禪師碑銘正書大歷四年在登封

碑前列金紫光祿大夫門下侍郞平章事太淸太微宮使崇元宏文舘大學士上柱國齊國公王縉譔銀青光祿大夫行尙書吏部侍郞集賢殿學士副知院事上柱國會稽

縣開國公徐浩書舊唐書縉本傳廣德二年拜黃門侍郎同平章事太微宮使宏文崇賢館大學士加上柱國所未載者階與爵及使職內太清爾若同章事當依碑作平章事也縉撰此碑已殘剥按文苑英華載此文予舉其略云大德號曇眞姓邊陳留開封人也潛迹嵩少間專於讀誦年二十遂適太原受聲聞戒詣長安大照大照旣歿又尋廣德大師天寶口載乃蒙正度初隸東都衛國寺旋爲敬愛寺寶應二年正月十四日趺坐如生大歷二年賜號大證禪師最後又云縉嘗官登封因學於大照又與廣德素爲知友按縉在登封雖不著爲何官然此必初筮仕時矣更爲新唐書所未及又云大德弟子正順卽十哲之一與

於武成王廟列十哲而緇祟奉佛氏亦號爲此名其後卒
以誤國而殃其身佛不福佞人擧之宜爲世鑒

元次山墓碣銘

銘藏道士申泰芝誣湖南都防禦使龐承鼎謀反并判官
吳子宜等皆被決殺推官嚴郢坐流俾君按覆君建明承
鼎獲免者百餘家新唐書結本傳不載此事惟附於嚴郢
傳方士申泰芝（舊唐書作奉誤）以術得幸肅宗遨遊湖衡間以妖
幻詭衆姦贓鉅萬潭州刺史龐承鼎按治帝不信召還泰
芝下承鼎江陵獄郢具言泰芝左道云云帝怒叱郢去卒
殺承鼎流郢建州與誌銘符舊唐書呂諲傳龐承鼎因奉
芝入奏至長沙縶之遣使奏聞輔國黨奉芝奏召奉芝赴闕

既得召見具言承鼎曲加誣陷詔鞫承鼎誣罔之罪據是則秦芝不過指承鼎爲誣陷何至帝怒不已必致之死地以銘考之秦芝乃誣承鼎謀反傳殆未具其實後承鼎竟得雪秦芝竟以贓敗流死亦由結建明承鼎而新舊史皆於結本傳不書其踈甚矣銘載淮西節度使王仲昇爲賊所擒裴茙與來瑱交惡事亦見來瑱傳

蘇敦華嶽題名

右題名正書文云汝州司馬蘇敦弟華陰縣令發弟咸陽縣主簿繳前華原縣丞徹弟太常寺主簿儆弟吏部常選噭弟少府監主簿敎弟儼時年十一大歷中發任華陰縣令時禮部尚書河東裴公出牧鄭陽敦與發徹同送至此

拜謁金天便過東驛不避炎暑亭午而回故列名於前刻
石題記五年夏六月六日嶽廟題刻文字完具此爲最矣
新唐書宰相世系表蘇氏河南尹震有七子敦發敎徹璬
政儀以題名按之蓋少敎一人又敎行次表列於第三題
名則爲第七敞及璬而表書作璬作政皆宜以題名爲正
自敦至敎並有名位表亦失載蓋承叔仍其家譜譜之跌
脫甚矣河東裴公者裴士淹也舊唐書德宗紀大歷五年
五月庚辰貶禮儀使禮部尚書裴士淹爲處州刺史戶部
侍郎判度支第五琦爲饒州刺史皆魚朝恩黨也又第五
琦傳魚朝恩伏誅琦坐與款狎出爲處州刺史歷饒湖二
州新唐書列傳亦云第五琦坐與魚朝恩善貶括州刺史

徙饒湖二州括州即處州本名地里志處州縉雲郡上本括州永嘉郡天寶元年更郡名大歷十四年更州名是舊史指士淹皆誤以爲處今題名稱禮部尚書出牧鄱陽實爲饒州而紀文之謬當由與第五琦饒州互訛非有石記何從是正哉士淹以黨坐貶敦昆季冐暑送逐客亦世情所難書之以勵薄俗

冀邱縣令庾公德政頌篆書李陽冰文並篆大歷五年九月在寧陽縣

碑殘剝僅有其半貞元三年林棣宋佑之來宰是縣訪得完本於邑人彭雍家重勒諸石今按其文序庾公名賁字文明其先口川人成周之時世爲掌庾因以命族公其冑焉公之考曰欽嗣爲光州別駕王父曰元汪爲尋陽令曾王父曰師則爲蜀王文學文云大歷中邑老彭滔等三十

五人請於元戎云云然則當日彭滔之立頌石竟未上於朝也劉夢得高陵令劉君遺愛頌載寶應詔書凡以政績將立碑者具所紀之文上尚書考功有司考其詞宜有紀者乃奏令碑稱請於元戎及縣人以陽冰與公周旋備詳德行口之作頌豈此時節度此方者宜可以專擅固不必待朝命耶書之亦以考世變焉文內有攱字與弔相連說文攱撫也從攴亾聲讀與撫同此下一字存其上半弔是爲柔字撫柔蓋稱其惠于斯民也

盧綸題名

右題名殘斷不相屬自右向左題前華州參軍陸漸前王屋縣令陸丞前同官主簿陸滑將仕郎守閿鄉縣尉盧綸

前國子進士趙鄴歷覽前賢題名庚子下缺又白左而右題大歷六年二月六日綸赴下缺舊唐書盧簡辭傳云父綸大歷初宰相王縉奏爲集賢學士祕書省校書郎會縉得罪坐累久之乃調陝府戸曹河南密縣令不見作尉閿鄉事惟新唐書有之云大歷初數舉進士不入第元載取綸文以進補閿鄉尉與此合

同光禪師塔銘正書大歷六年六月在登封少林寺

銘前列登封縣令郭湜撰當寺大德靈迅書文云禪師法諱同光晉人不著俗姓某從彼教法作釋氏此誌僧正例也同光歸心禪祖大照屢蒙授記及大照遷神乃演大法義開大法門二十餘年後以大歷五年六月二十七日化

於少林寺禪院最末列延州金明府别將歷集臣鐫造塔博士宋玉名黄省曾吳風錄謂張士誠走卒厮養皆授官爵至今呼椎油作麵傭夫皆爲博士剃工爲待詔又陸容菽園雜記醫人稱郎中鑷工稱待詔磨工稱博士師巫稱太保茶酒稱院使二書所記皆謂在明初蓋亦未悉其沿於何時予以此銘稱造塔博士則當唐世呼工作人有是名矣後唐鈞大德塔銘博士侯建鐫字造塔博士郝温宋通利軍鍾題識後有匠人毋郭氏小博士口元小博士王在俱在明代之前可以附證

崔微嶽廟題名

右題名正書自左起文云前開州刺史崔微男蔇前緱氏

縣令康治前鄉貢進士侯季友大歷七年三月廿日西上宰相世系表清河大房有徵河南少尹子溉太常少卿此題甗從廾不從水又元和十年題名華陰縣令崔甗亦即其人皆與表異文苑英華穆員陸渾尉崔泳墓誌云河南少尹徵之子又云君長兄河南府尹司錄叅君（叅君當作軍）溉不勝其哀崔少尹盧氏墓誌云唐河南少尹清河崔徵從先大夫於北邙山平樂原又云孤溉泳是徵與溉歷官叅之此題所可見者如此而文苑英華以河南少尹爲崔徵則徵字傳訛也溉亦從水並誤

黃石公祠碑陰記八分書大歷八年七月（在東阿縣北關祠內）

記文列殿中侍御史高陽齊嵩紀前試義王府倉曹叅軍

裴平書此用小篆題銜名平見宰相世系表未著其官稱表或有所遺嵩見金石錄雙廟記卽爲所撰也記載穀城下黃公祠實在濟之東阿元宗季年濟陽廢而東平兼領之元和郡縣志東阿天寶十三載廢濟州縣屬鄆州鄆州東平郡也記載趙郡李卓卽今臺長棲筠唐書列傳棲筠世爲趙人代宗引拜爲御史大夫記當大歷八年故以臺長目之而棲筠前名卓史文失紀矣記載頃歲馬公炫自郎官出牧少與臺長交契莫逆嘗勸爾于廟不覩所記乃搜李文以勒貞石未及畢而謝病言歸馬燧傳兄炫字弱翁少以儒學聞隱蘇門山不應辟召至德中李光弼鎮太原始署掌書記常參軍謀光弼器焉刑部郎中贊書奏授比部刑部

郎中田神功帥宣武署節度判官授連潤二州刺史据是記炫自郎官出牧蓋以刑部郎中爲鄆州刺史而傳僅稱連潤二州非也炫隱蘇門山與棲筠始居共城山下地既相比意二人交契當在此時故記爲言之與後有勾曹椽韋騰戎曹椽俞漢中名勾曹戎曹亦不見百官志

黃石公祠記 八分書

記首行列題及稱布衣趙郡李卓撰皆小篆文與碑陰書者爲一手也卓即棲筠傳稱世爲趙人此記亦云趙郡又棲筠族子華每稱有王佐才士多慕向始居汲共城山下華固請舉進士俄擢高第此記云布衣蓋其初服如是與傳可相証記略叙天寶歲夏旱太守河東裴公禱祠致雨

因言祠事始末云秦滅六國遂并區宇張良衷韓之亡怒秦之暴義感天地降神于圯神授良之書良爲帝之師滅秦報韓成功遂志祠黄石于濟北穀城之山下東坡留侯論謂世不察以爲鬼物者當沿于此矣太守之名百官志天寶元年改刺史曰太守是也族子華即李華見新唐書案論衡自然篇張良遊泗水之上遇黄石公授太公書蓋天佑漢誅秦故命令神石爲鬼書授人更謫于此

元澄華嶽廟題名

右題名行書自左起文云尚書虞部員外郎兼殿中侍御史元澄與大理評事盧恒華陰縣丞裴言則以曆大歷八年十二月三日題紀案恒見宰相世系表爲殿中侍御史

盧朝徹謁嶽廟文

文正書微損十餘字今舉其略云唐大歷九年甲寅季春口口生明華陰令盧朝徹下車散齋浹日精意揆擇元辰吉蠲告於金天王朝徹不佞獲領茲縣清是家風所遵芳乃天誘其衷與衆難合於時不容才拙恬淡委運鶴遊儒力於政口降百祿稍私其身口生肆口福謙譬盛則仰嶽靈不識不知何敬神爲唐時守令蒞任謁廟之詞如是元張養浩著三事忠告言故事牧民官既上必告境內所當祀之神宜以不賄自誓痰堅其遷善之心即此義也

李謀等西嶽題名

右題名正書拙滯文云前鳳翔府司錄參軍李謀前長安縣主簿李融大歷九年十月十三日題舊唐書德宗紀貞

元九年五月甲辰以鄭州刺史李融爲滑州刺史義成軍節度使蓋即此題稱前長安縣主簿者也攷紀文前書五月庚申則甲辰當爲六月紀於此脫文矣融又見李適之傳子季卿孫融立性嚴整善吏事貞元十年歷官至渭州節度使卒渭當作滑傳刻誤也宗室世系表列適之相元宗下惟書雲而季卿及融俱失載融又見裴光庭傳加宏文館大學士引壽安丞李融令直宏文館是融初從仕亦以文學見引非獨善吏事矣予故綜其前後論之以見名不虛附也

內侍監高力士殘碑 行書大歷十二年二月在高陵

碑下截斷沒錄其句可屬者如載力士蒞官遷冠軍鎮軍

輔國驃騎大將軍舊唐書本傳不紀鎭軍輔國唐書但云累驃騎大將軍皆于文爲略力士幼與母相失唐書云嶺南節度使得之瀧州（汲古閣本作隴州誤）舊唐書云嶺南節度使于潘州求其本母麥氏送長安兩地微異考力士旣爲潘州人則母先失而後歸士嶺南節度訪而得之亦或然也舊唐書寶應元年三月會赦歸至朗州遇流人言京國事始知上皇厭代力士北望號慟嘔血而卒蓋哀隕卽在朗州矣碑云薨于朗州龍興寺較史更爲詳實

無憂王寺眞身寶塔碑銘（行書大歷十三年四月在鳳翔縣）

碑爲微事郞殿中侍御史內供奉賜緋魚袋張彧撰癸[illegible]楊播書宰相世系表楊氏初裔孫播世居扶風子炎栢德

宗者即其人也但表言世居扶風而此稱宏農畢於宣以
自異也其序扶風地舊有聖塚驗其銘曰育王所生因以
名焉大魏二年岐州牧少冢宰拓拔□修葺臺殿隨開皇
中改爲成實道場仁壽二年右内史李敏讓修之重廣其
銘唐自太宗問罪薛舉師次漳川欽承靈蹤及貞觀五年
牧伯張德亮又加崇飾中宗旌爲聖朝無憂王寺題舍利
塔爲大聖寶塔肅宗以□□五月十□日□□中使宋合
禮府尹崔光遠啓發迎赴内道場舊唐書肅宗紀乾元三
年二月癸丑以太子少保崔光遠爲鳳翔尹秦隴節度使
是也王縉傳啓代宗令僧百餘人于宮中陳設佛像經念
誦謂之内道場不知内道場巳起于肅宗時矣後列檢校

刑部員外郎兼侍御史張公增少尹檢校司勳員外郎兼侍御史邱公鴻漸侍御史內供奉梁公口侍御史內供奉姜公邑高監察御史裹行嚴公霆祕書省校書郎掌書記韓公計本口兵馬使開府儀同三司口中監李奉忠監軍使左監門衛大將軍焦奉超諸人名

上官沼題名

右題名正書文云侍御史上官沼大歷十三年七月廿九日赴東臺謁嶽過宰相世系表有上官詔當即其人表誤沼爲詔宜依題名爲正案東臺之名因話錄云武后朝御史臺有左右肅政之號當時謂之左臺右臺則憲府未嘗有東西臺之稱惟俗間呼在京爲西臺東都爲東臺故舊

唐書獨孤郁傳憲府故事三院御史由大夫中丞自辟請命于朝時崔晃鄭居中不由憲長而除勅命雖行朗拒而不納晃竟改太常博士居中分司東臺盧杞傳父奕天寶末爲東臺御史中丞昌黎集故虞部張君墓誌銘拜監察御史經二年拜眞御史明年分司東臺轉殿中呂和叔集故太子少保贈尚書左僕射韋府君神道碑銘遷監察御史内供奉東都留守郎拜東臺侍御史司空表聖集盧知猷神道碑遷侍御史專領東臺之務以此題名証之則當時見于史傳文集皆稱東臺決非從俗爲之因話錄撿審不精妄爲此議也

授堂金石文字續跋卷四終

受業大興張光煦校

授堂金石文字續跋卷五

偃師武億虛谷著　男穆淳編　孫耒重校刊

唐鴛鴦碑題名 在泰山

岱嶽觀諸題記內一文云節度判官中大夫檢校尚書□部郎中兼侍御史敬譽節度押牙中大夫試殿中監馮珣山人呂滔文林郎守兗州府兵曹參軍田浩文林郎任城縣高鍠朝散大夫行任城縣令權知乾封縣令楊庌節度驅使官朝散郎試光祿寺主簿明幹唐建中元年二月廿日同 缺 因訪瑤池故志之敬譽見唐書宰相世系表譽大理司直與此題名相符又楊庌亦見表觀王房而未著其歷官葢表文有脫

大辨正廣智三藏和尚碑 正書建中二年十一月

碑中斷裂首題銀青光祿大夫御史大夫上柱國馮□縣開國公嚴郢撰銀青光祿大夫彭王傅上柱國會稽□開國公徐浩書新唐書郢本傳盧杞引郢爲御史大夫其階與勳爵皆未及浩本傳德宗初召授彭王傅神道碑云皇上登寶位徵拜彭王傅而階銀青亦未之及會稽下缺字於時進封郡公當爲郡字也碑載大辨恩遇之隆自元宗特見高印訖肅宗代宗三朝皆爲灌頂國師初以特進大鴻臚襃美及示疾不起又就臥內加開府儀同三司肅國公滅度後代宗爲廢朝五日贈司空按不空見舊唐書王縉傳云胡僧不空官至卿監封國公與碑相符

吳嶽祠堂記 正書興元元年十月

記文前列將仕郎守太子正字馮翊令朝陽書碑末題掌書記朝散大夫殿中□御史內供奉于公異奉命爲記案書碑在製文者之前朝陽爲朝官尊于幕寮也公異傳見舊唐書云吳人登進士第文章精拔爲時所稱建中末爲李晟掌書記今此碑題銜正值其時惟充殿中侍御史內供奉官是以幕吏兼憲職史不具錄矣記稱鳳翔隴右涇原四鎮北庭兼管內副元帥兼中書令西平郡王李公晟有事于吳嶽之祠下又云詔使中使孟希价持傘賜神錦袍金帶夫人花冠後又徵諸故事當開元廿八年詔使正議大夫內□侍竇元禮賜食致祭至天寶八年哥舒翰援

石堡破番纛封神爲成德公至德乾元之閒累有襃□□爲天嶽王禮儀志天寶十載正月遣大理少卿李禎祭吳嶽山成德公後肅宗至德二年春在鳳翔改汧陽郡吳山爲西嶽增秩以祈靈助據碑則由八載哥舒翰平纛始進封成德公而至德閒增秩不書爵號今碑所云封爲天嶽王足以補錄也竇元禮見逸人竇居士神道碑居士之季子元禮官梨園教坊使行內侍省內侍又載元禮爲正議大夫並與此記合天寶八年當稱載追紀者失實

救苦觀世音菩薩石像銘 正書貞元七年二月在洛陽龍門

石像銘戶部侍郎盧徵撰前三行損蝕蓋自序初以劉晏得罪坐貶珍州司戶故云夜宿龍門香山寺□龕天眼□

口相對口首口嘿如暫降臨因發誠願歸施之日於此造等身像一軀此乃夜郎之役也夜郎卽珍州與史志合序又云貞元更黜又過於此僕夫在後獨行在側有白衣路入隨口先後因唱言曰去日花開來時菓熟其去也春三月貶信州長史其歸也秋八月遷右司郎中詳求所言昭報復以闔門幼弱萬里涉岸畏途炎裔鮮克保全勝衣合氣我獨無口卽知慈雄覆護匪無顯効云云舊唐書列傳盧徵范陽人元琇薦徵爲京兆司錄度支員外琇得罪坐貶爲信州長史遷州刺史入爲右司郎中驟遷給事中戶部侍郎並與徵自序合新唐書徵附劉晏傳後所載琇得罪貶秀州長史誤也徵後書長兄從時任河南府司祿參

軍及姪前鄧州南陽縣師朗前汝州葉縣尉師牧師稷師益諸人名

法玩禪師塔銘 正書貞元七年十月在登封少林寺

名載法玩俗姓張氏其先魏人年十八學道于大照大師廿受具戒報年七十六僧夏五十七以貞元六年秋八月十三日寂滅于東都敬愛寺越十九日門弟子等奉全身建塔于少林寺之西偏縗杖執紼赴喪會者以萬數按大照卽普寂賜號他文誌釋氏之殁多云俗壽若干僧臘若干此作報年作僧夏送葬之衆史于大照稱士庶傾城哭送閭里爲之空及大智葬伊闕之北送葬者數萬人狂逐風靡斯最濫矣銘前列太中大夫守京兆尹上護軍賜紫

金魚袋李充撰舊唐書德宗紀貞元八年壬午以左庶子李允爲京兆尹是允卽充之訛文而紀前文有二月丁亥則此壬午爲三月紀脫紀矣後文十一年夏四月壬戌貶京兆尹李元信州長史元又允轉訛皆依碑作充爲正充撰銘當貞元七年十月已列銜京兆尹紀書在八年爲京兆尹舉其實官言之也最末乃列扶風馬士瞻書無官階不敢與撰者並銘又云紀無相之士宜略其族譜述無爲之教宜捨其示現益文後見例凡爲僧誌者所當取式于此

裴潾嶽廟題名

右題名正書在盧朝徹謁嶽文之後文云貞元九年七月

廿五日參軍事裴潾題後列進士裴諫裴諲懷州河內縣丞盧渚前華陰縣丞盧佩前萬年縣裴堪等名舊唐書列傳裴潾河東人少篤學善隸書以門蔭入仕元和初累遷右拾遺轉左補闕新唐書同據題名貞元九年方爲參軍事此即以門蔭入仕時也沈亞之河中府參軍廳記國朝設官無高卑皆以職授任不職而居任者獨參軍爲觀其意蓋欲以淸人賢冑之子弟將命試任使以雅地任之耳文苑英華關中金石記攷潾以蔭起家此稱參軍事而不著地當即是華州諸司但未辨何司予以職官志上州司功司倉司戶司兵司法司士六曹參軍事各一人外又有參軍事四人華州爲上輔於設官當四人然則潾稱參軍事即四人

中之一非六曹諸司也題名字體端勁必潾之自書得此
益見善隸書非虛美矣
鄭全濟華嶽題名
右題名正書自左起文云將□□守尉鄭全濟字巨州華
陰縣尉李端士華陰縣尉鄭暐貞元十三年三月廿四日
題記鄭暐見宰相世系表
河東鹽池靈慶公神祠頌碑 正書貞元十三年四月
碑記爲將仕郎太常博士崔敖撰將仕郎前試大理評事
韋縱書新唐書宰相世系表崔氏清河小房有敖與敦敷
汝敏列一格韋氏鼓城公房有縱左金吾衛兵曹參軍今
碑所署卽其人記載元宗御國五十年姦臣蘄邸嗣聖受

命以兵靜之調發之費仰于有司雖田征益加而軍實不足遂收鹽鐵之算置摧酤之官西籠解梁左綫安邑終歲所入二百千萬供塞垣盡敵之賞舊唐書食貨志云自天寶末兵興以來河北鹽法羈縻而已暨元和中皇甫鎛奏置稅鹽院同江淮兩池榷利人苦犯禁據此碑言代宗時因兵興已置榷酤則鹽法非止為羈縻已記後載貞元九年天子親祀明堂云云戶部尚書裴公延齡以河中為會府遂表職方郎中兼御史馮公典推其事又命前永樂縣丞張巨源前鄭縣丞蕭會率屬而臨之洎十一年秋九月裴公薨今戶部侍郎蘇公弁繼之又以前詹事府司直陸位知解縣池前大理評事韋縱知安邑池唐時兩池置官

略備于此矣延齡首籠利權以毒天下而其爲之佐者又數人本傳惟言貞元八年遷戶部侍郎判度支凡設謀鉤距肆爲剝蝕皆已悉書而酤鹽在河中獨不及之又八年爲戶部侍郎至九年已歷尚書史於其轉官更失紀皆疏也新唐書本傳同碑稱貞元十一年秋九月裴公逝今戶部侍郎蘇公弁繼之延齡傳作十二年蓋史誤弁本傳裴延齡卒德宗聞其才特開延英面賜金紫授度支郎中副知度支事遷戶部侍郎依前判度支與碑所記符記前云中宗復政崇朝而復鹹大歷陰霖巨漲而不淡蔣鎮傳鹽池爲潦水所入其味多苦韓滉慮鹽戶減稅詐奏雨不壞池池生瑞鹽當時固以欺飾爲之而踵事者又勒之頌詞以長其

僞然則敖之文雖贍腴固非實録也

徐浩神道碑 貞元十五年十一月

碑後題銜稱表姪前河南府參軍張平叔題諱新唐書食貨志戸部侍郎張平叔議榷鹽法弊請官糶鹽可以富國李渤傳載度支使張平叔斂天下逋租昌黎集論鹽法事宜狀議張平叔所奏蓋其歷官參之此碑皆可畧見然終爲一計臣而已題諱之古前跋已言之近校潛研堂金石跋尾謂周益公跋初寮王左丞贈曾祖詩末題通直郎田椽塡諱据爲宋人已有之不知唐固有之而錢君未見此碑全本也又麻衣子神字銘有云南陽貢士李珩塡諱碑由字述魯辦謨二男字述僑遠書文時父已没矣因於諱

諱倩入塡之君子之於名終其愼如此浩碑爲次子峴所書固猶是也

軒轅黃帝鑄鼎原碑陰 正書貞元十七年在閿鄉

鑄鼎原碑陰分三層第一層載碑銘釋文□州刺史太原王顏撰華州刺史陳郡袁滋書舊唐書良吏傳袁滋字德深陳郡汝南人與碑題稱郡望合其出爲華州刺史傳書在貞元十九年後今此碑當十七年已爲華州刺史矣案德宗紀貞元十六年三月壬子以尚書右丞袁滋爲華州刺史潼關防禦鎭國軍使紀與傳不合以此碑證之當依紀十六年爲是此碑十七年題銜華州刺史爲得其實傳作十九年誤也

第二層爲王顏進玉石册表草其略云臣所部湖城縣界有鑄鼎原欲於原最高處刻石表之遥地對穿得玉石一片爲土工所折今作四段有縣瑯孔子二微臣恐是黄帝上昇微臣遺墜之物臣撿算歷帝紀黄帝去今六千四百三十年伏以天下有道地不藏珍微臣不勝驚喜慶忭之至謹差朝請郎行司兵參軍暢賞隨表奉進案舊唐書經籍志有年歷帝紀二十六卷姚恭撰此表稱歷帝紀疑即其書五行志載寶歷二年五月神策軍修苑内古漢宫得白玉牀以獻此記王顏所進玉既請付史館志竟不見録當以其附會非實故也

第三層題名録事參軍裴口司功參軍張口湖城縣令房

朝靜宏農縣令李日豐湖城縣丞王遇湖城縣尉王吳圻湖城縣尉史謹鎮遏將守左武衛中郎將常憲專知官同十將試殿中監杜晏同勾當官右廂副將守左金吾衛左執戟閻晏河東裴宣簡書王雅刻字以舊唐書職官志攷之縣有鎮遏將不見于史鎮遏多屬使職而此云將疑官職後有增設也同十將之號史志亦無文右廂副將不載其屬何衛案左右武衛威衛及領軍衛各分左右廂隊而官設隊正副隊正則威衛領軍衛有之然則右廂副將其卽副隊正與金吾衛內執戟未分指爲左右得此乃知執戟五人以左右各分之共爲十人也易州刺史田琬德政碑有十將兵馬使之號

楚金禪師碑 正書貞元二十一年七月

碑載禪師廣平程氏法諱楚金殁以乾元二年七月七日子時具書其諸多靈跡並及恩遇之隆勅驃騎大將軍朱光暉監護舊唐書呂諲傳肅宗即位於靈武諲馳行在內官朱光輝李遵驟薦有才代宗紀收捕越王係及內官朱光輝馬英俊等禁錮之碑所稱朱光暉者是其人但暉宜從日依碑文爲正碑爲紫閣山草堂寺沙門飛錫撰正議大夫行中書舍人翰林學士上柱國東海男賜紫金魚袋吳通微書通微本傳自壽安縣令入爲金部員外郎召充翰林學士尋改職方郎中知制誥改禮部郎中尋改中書舍人据碑文題銜爲翰林學士時已行中書舍人不應改

禮部後始轉此官也又階勲與爵傳亦失載並宜以碑補之

勑追謚號記

追謚楚金禪師別爲記文附刻碑末文云貞元十三年四月十三日左街功德使開府邠國公竇文瑒奏千福寺先師楚金是臣和尚於天寶初爲國建多寶塔置法華經云云奉勑賜謚曰大圓禪師文瑒見舊唐書載文瑒與霍仙鳴並掌禁軍竇霍之權振於天下而文瑒自爲左神策軍護軍中尉又累加驃騎大將軍拔之碑所記歷官爵勲皆未及也新書本傳同

渤海郡王高秀巖墓碑 馮令問撰元和二年十一月

碑載高秀巖開元中授華州萬福府別將又授壯武將軍
同州襄城府折衝都尉旋改左虎賁將軍時丁家難歸於
絳郡河東節度使王忠嗣請起復充河東節度都虞候廿
八年爲臨洮軍大使加輔國大將軍隴州刺史又充河西
隴右兩道副持節河源軍城使領所統將士隴右節度使
幽州節度慕其嘉聲表奏薊州刺史續除河東節度留後
乾元二年遷戶部尚書兼御史大夫河東節度使渤海郡
王上柱國實封七百戶以舊唐書授之肅宗本紀至德二
載十二月己丑賊將僞范陽節度使史思明以其兵衆八
萬之籍與僞河東節度使高秀巖並表送降杜工部集塞蘆子詩思明割懷衛秀巖西未已蓋以哥舒翰舊將降賊者史思明傳令衙官賈子昂奉表以

所管兵衆八萬人及以僞河東節度使高秀巖來降肅宗大悅封歸義王范陽長史御史大夫河北節度使朝義已下並爲列卿秀巖雲中太守以其男如岳等七人爲大官使新唐書同是其事也然史言秀巖但爲雲中太守攷秀巖爲幽州節度表奏是當祿山時已除河東節度留後及納順而酬以太守恐未足滿其望如碑言節鎮郡王乃相當爾又審史何以遺之不書也秀巖有子八人予孟曰頲次震次霖次霖次霄次霧次霈史作男如岳等七人而如岳名與碑亦不符或上碑時又更易也

楊岐山廣禪師碑銘正書在萍鄉縣

碑爲中山劉禹錫撰及正書序略云禪師諱乘廣其生容

州姓張氏十三慕道至衡陽依天柱想公至洛陽依荷澤會公後又識上首甄叔率其徒道進道宏如亮如海等具役建塔于禪室之右廣公始生之辰歲在丁巳當元宗之中元生三十而受具更臘五十二而終終之夕歲值戊寅當德宗之後元三月既望之又十日後九年其門人還順始請建銘而即山記之是爲元和二年矣碑記年書中元後元他碑亦希見鳳臺胥燕亭官萍鄉拓得之贈予前著錄者未及也

壁畫功德記　篆書元和四年二月

碑首題奉爲先考贈工部尚書先妣贈魏國太夫人壁畫功德記並袁滋自記自書如此滋記云滋以天寶中生于

邛州安口縣五歲離蜀川路出斜谷至貞元十年奉朝命充持節冊南詔使及過金牛縣泝嘉陵江而行洎永貞元年滋又充貳川安撫大使因登梓州慧義寺伏思往年雲南回日過新建竊欲資于繪事少申恩于罔極遽罹多故有志未遑其年冬貶吉州刺史明年九月西川既平滋亦蒙皇慈昭洗再授旌鉞至止之日周步殿宇遂命王人圖畫藥師琉璃光如來功德一鋪舊唐書德宗紀貞元十年六月癸丑以祠部郎中袁滋兼御史中丞爲冊南詔使與記合滋本傳書奉使在十九年九字傳刻誤衍耳傳言劉闢擁兵擅命滋持節安撫行及中路檢校吏部尚書平章劍南西川節度使新唐書本傳詔滋爲劍南西川山南西道

安撫大使平道以檢校吏部尚書平章事爲劒南東西川節度使以記證之滋自初命有充貳川安撫大使之文是也及後爲節度舊書惟稱滋爲劒南西川者得其實新書作東西川爲誤地理志廣德元年黄門侍郎嚴武爲成都尹復併東西川爲一節度自崔寧鎮蜀後分爲西川自後不改滋又安得東西川而兼領之況記言西川既平再授旌鉞至止之日周歩殿宇滋生于邛州安仁縣邛州爲西川節度所治滋故以到官後得至其地此尤情事可想者也記言永貞元年冬貶吉州刺史明年再授旌鉞蓋復授西川節度非卽爲義成也新書本傳書貶吉州在平西川節度之後陵越失其次矣又既貶刺史安得稱遽徙節度

明滋前有西川之命後方云徙義成耳史文過事節縮反于事跡有晦也宰相世系表滋父咸寧令記稱先考贈工部尚書表畧之不書以非實歷官也後又正書題銜銀青光祿大夫檢校刑部尚書使持節滑州諸軍事兼滑州刺史御史大夫充義成軍節度鄭滑等州觀察處置管內營田等使上柱國淮陽郡開國公食邑二千戶新舊二書于其階官勳爵未備載拓本裝褾成册何夢華藏置閣近已失其石刻故著之尤加詳焉滋工篆籀書雅有古法予所見惟鑄鼎原及此而已

薛存口題名

右題名正書自左起文云司勳員外郎薛存口華陰縣令

柳澗華陰縣主簿裴秩華陰縣尉杜文舉前鄭縣丞韋殷前華陰縣□王沂□客李□元和四年九月十九日按薛存下缺字當作誠舊唐書薛存誠傳裴垍作相用爲起居郎轉司勲員外與題名合柳澗附見韓愈傳云華州刺史閻濟美以公事停華陰令柳澗縣務俾攝掾曹居數月濟美罷郡出居公館澗遂諷百姓遮道索前年軍頓役直後刺史趙昌按得澗罪以聞貶房州司馬愈因使過華知其事以爲刺史相黨上疏理澗留中不下詔監察御史按驗得澗贓狀再貶澗封溪尉又皇甫湜韓文公神道碑云華州刺史奏華陰令柳澗贓詔貶澗官澗任華陰坐貶始末如是然則澗之挾怨煽衆固縣吏所爲而刺史相黨必致

之罪亦世清哉

河南府司錄盧公夫人崔氏誌銘（正書元和甲午十月）

誌前列殿中侍御史內供奉實從直撰後列公變書名而不氏未知其于崔盧何屬也從直見宰相世系表書官兼殿中侍御史與誌合崔氏曾大父通許州司馬王父知悆祕書丞贈國子祭酒父倫代宗朝以前御史中丞使吐蕃拜尚書左丞歿謚徵公案倫附新唐書子衍傳實應二年以右庶子使吐蕃虜背約留二歲執倫至涇州逼爲書約城中降倫不從更四遷斐城閱六歲終不屈乃許還遷尚書左丞以疾改太子賓客卒倫加官爲常袞草制見文苑英華云頃以昆夷之俗繼好勤誠不忘綏懷喻我文告（乃命）

太中大夫守太子右庶子兼御史中丞上護軍賜紫金魚袋崔倫宣明威惠撫柔西海終能復命亦旣序成云云可銀青光祿大夫行尚書左丞與誌所言拜尚書左丞合誌言伯曰譚左司郎中仲曰榮右補闕叔曰殷衡州刺史元昆衍德宗朝以御史大夫觀察宣歙池三州歿謚懿公衍本傳云遷宣歙池觀察使與誌合而以御史大夫出任于外史失載衍見舊唐書孝友傳略其謚不著未若新書之詳又誌稱叔曰殷卽傳稱倫弟殷趨白衍所稟舉送夫人所者也誌夫人書其伯叔及兄金石例冗濫牽附無過斯者非可為式也

內侍李輔光墓誌銘正書元和十年四月

誌首列朝議郎行尚書刑部員外郎崔元略譔宣德郎邵前

晉州司法叅軍巨雅書文云輔光建中歲以良胄入侍充白身內養超授奚官局令勳以元從之號又遷掖庭局令興元初遷內侍伯又承命爲印納使邕管地偏人狡輔光奏請于海口置五鎮守促又太原口帥李自良薨于鎮監軍使王定遠爲亂兵所害輔光馳命安撫便充監軍使後特恩遷授內給事元和初復遷內侍省供奉官又拜內侍省內侍知省事又充鴻臚禮賓使又轉內弓箭庫使又除河中監軍兼絳州銅冶使又有聖恩表異圖形省閣之文舊唐書宦者傳元和長慶以來高品白身之數四千六百一十八人誌稱輔光充白身內養白身自爲宦豎清資逮元和後號始猥濫而內養之名不見于志惟楊收傳有內

養郭全穆此其可証一也食貨志大歷四年第五琦上言請于絳州汾陽銅原兩監增置五鑪鑄錢許之職官志諸鑄錢監絳州三十鑪誌稱輔光兼絳州銅冶使當以鑄錢重其事特設此官蓋權宜爲之不見于史爾史于職官内皆書勲號功臣有圖形戢武閣淩煙閣而内史省諸官獨缺錄今誌稱勲以元從圖形省閣宦者殊寵于斯極矣又王定遠見李說傳王定遠欲謀殺說後知事敗走登乾陽樓召其部下將卒多不之應比夜定遠墜城下樣梯傷而不死有詔削奪長流崖州據誌則爲見害于亂兵誌宜得其實輔 有妻輔氏子四人希晏希遷官内侍省希昇繼官惟仲 官開府儀同三司檢校太子詹事兼殿中侍御

充河東節度保寧軍使行次既不從希官又不爲內侍益必希輔光之勢冒爲閹兒以規進取者崔元略傳元和十二年遷刑部郎中据此誌在十年署銜員外郎殆以是叙遷也元略以士人爲閹官諛墓諂言與兄從事中都俱飽內侍之德將命錄實且無媿詞攷元略嘗以諸父事內常侍崔潭峻則其諂附出于結習固不知其言之醜也

南海神廣利王廟碑 正書元和十五年十月

碑前列使持節袁州諸軍事守袁州刺史韓愈撰使持節循州諸軍事守循州刺史陳諫書并篆額舊唐書孔戣傳戣授廣州刺史先是準詔禱南海神多令從事代祠戣每受詔自犯風波而往韓愈在潮州作詩以美之今此碑後

繫以詩者當謂此也然傳謂在潮州不知其已移守袁州矣唐書禮樂志五岳四鎮歲一祭各以五郊迎氣日祭之至四瀆則略而不著祭日今碑稱以立夏氣至命廣州刺史行事祠下知與嶽鎮同也又稱册有皇帝名乃上所自署其文曰嗣天子某謹遣官某致祭志文亦不詳其事此文集本與石本異者惟海嶽之祝碑以祝作祀祀者之歲碑以祀作祝又碑題集本作南海神廟碑石本闕入廣利王三字

王璠華嶽題名

右題名正書自左起文云起居舍人賜緋魚袋王璠元和拾伍年拾壹月貳拾陸日使鎮 州宣慰舊唐書璠本傳元

和中入朝爲監察御史再遷起居舍人副鄭覃宣慰于鎮州新唐書璠以起居舍人副鄭覃宣慰鎮州此題稱元和十五年與傳合而璠出使重鎮宜賜章服以寵其行傳失紀此事蓋從略也

裴潁華嶽廟題名

右題名正書自左起文云長慶元□□□十三日朝散大夫行華陰縣令上柱國裴潁奉勾當再修中門屋至廿五日功畢案宰相世系表東眷房裴潁衛尉卿駙馬都尉諸公主列傳齊國公主下嫁張垍又嫁裴潁年代差遠當別爲一人南來吳房亦有潁官左湳道率府兵曹參軍或即是題名者與

郕國公功德銘

正書長慶二年十二月

碑稱梁守謙于大興唐寺花嚴院翻寫經律戒論及立經堂爲國祈福因遞其撫蔡之功此晉公有過焉盖閹人楊承和爲之文故多溢詞也承和題銜右神策軍護軍中尉副使兼右街功德副使雲麾將軍右監門衛將軍員外置同正員上柱國宏農郡開國侯食邑一千五百戶錢少詹事引唐書宦官傳劉克明弑敬宗樞密使王守澄楊承和中尉梁守謙魏從簡與宰相裴度共迎江王發左右神策及六軍飛龍兵討之承和事見于史者惟此案舊唐書李宗閔傳宗閔因駙馬都尉沈巇結託女學士宋若憲及知樞密楊承和二人數稱之于上前後鄭注發沈巇宋若憲事內官楊承和韋元素沈巇及若憲姻黨坐貶者十餘

王守澄傳帝疾元和逆罪久不討故以宋申錫爲宰相謀因事除之不克更因其黨鄭注李訓乘其隙於是流楊承和於驩州韋元素象州遣中人劉忠諒追殺元素于武昌承和次公安賜死是承和結黨坐貶見于史又其一也守謙碑載歷官元和初授銀璫佐密命五年加金紫掌樞機十二年後又題右街功德使驃騎大將軍行右武衛上將軍知内省事上柱國邠國公食邑三千戸充右神策軍護軍中尉明都太僕以守謙在唐史宦者無傳惟憲宗元和十五年書帝崩于太極殿中尉梁守謙王守澄等共立太子殺吐突承璀及澧王惲又引韓文公平淮西碑載守謙撫蔡一事案舊唐書穆宗紀左右軍中尉馬進潭梁守謙

魏宏簡等請立門戟從之文宗紀寶歷二年敬宗遇害賊蘇佐明等矯制立絳王勾當軍國事樞密使王守澄中尉梁守謙率禁軍討賊誅絳王迎上于江邸又迫傳憲宗曰此惟李絳梁守謙知之時絳承旨翰林守謙掌密命更與碑所載元和初佐密命合都氏皆失引長安志丹鳳門街東來庭坊上衛上將軍致仕梁守謙宅

執笏豆西嶽題名

右題名正書自左起文云執笏豆爲國討叛思契丹懇祭敬拜牢饌畢陳所期感通照鑒不昧列旌旗於綠野羅口口於明廷共展禮容因以題記太和二年八月十八日男守左驍衛倉曹叅軍上柱國賜緋魚袋方叅侍從朝覲接

此題執下字殘其半以名氏度之似蕃將臣於唐者然鏵
所徵實以攷其迹惟叛思契丹在新唐書列傳言太和開
成間朝獻凡四然天子惡其外附回鶻不復官爵渠長舊唐
書傳亦云元和長慶寶歷
太和開成時遣使來朝貢則當太和二年必有叛附故遣
將聲討加以醜名曰叛思亦猶武后更號孫萬榮爲萬斬
李盡忠曰盡滅默啜爲斬啜也是討叛思契丹一事可以
補新舊書之闕蓋非細也

韋公式華嶽題名

右題名正書自左起文云京兆府功曹前秘書郎韋公式
外甥鄭縣尉攝華陰縣主簿裴虔下低一格另書公式壻
年佐理斯邑自後向逾紀六變官曹今者慮以官成身有

所繫奔馬到此追尋舊遊見前題處豈勝□□太和四年上元日題案以後向逾紀推之此題在太和四年前題當元和十二三年間矣官成以周禮鄭氏註謂官府之成事品式公式率爾留記蹇蹇不忘于此信非俗吏也

李虞仲華嶽題名

右題名自左向右正書文云正議大夫使持節缺諸軍事守華州御史中丞充潼關缺國軍等使上柱國缺開國男食邑三缺金魚袋李虞仲太和四年七月十缺詔以立秋修祀缺南都團練判官缺事柳乘同來舊唐書列傳李虞仲太和四年出爲華州刺史兼御史大夫依題名乃爲中丞而非大夫至於勳上柱國爵開國男皆未之及立秋修

祀華嶽以刺史攝祭亦禮儀志文所不具南都揆之新唐書地里志上元元年號南都爲府二年罷都是年又號南都尋罷都則江陵久不名都矣題名猶稱此者襲舊名也呂諲傳上言請於江陵置南都勅改荆州爲江陵府永平軍團練三千人以遏吳蜀之衝南都置團練判官蓋由於此也（據舊唐書傳文）

三藏大遍覺法師塔銘（行書開成四年五月）

銘首題朝議郎檢校尚書屯田郎中使持節洛州諸軍事守洛州刺史兼侍御史上柱國賜緋魚袋劉軻撰後題安國寺內供奉講論沙門建初書軻初以僧而後返正附王播傳與播子遐休善者也其序元奘事特詳寻參之舊唐

書刻傳元奘洛州偃師人塔銘作河南緱氏人傳稱大業末出家銘載年十三出家屬隨季失御乃從高祖于晉陽傳稱顯慶二年卒年五十二銘作麟德元年二月五日卒年六十九案銘所紀元奘之卒其生實當開皇八年丙辰年十三出家當大業四年戊辰從高祖于晉陽是爲十三年丁丑于時元奘年廿二傳以從高祖爲出家之歲又以卒年爲五十二其生固當大業元年矣二說參差如是宜依石刻爲正元奘既生于開皇八年攷隨書地里志偃師舊廢開皇十六年置是元奘之生時未有偃師故云緱氏人也傳又稱貞觀初隨商人往遊西域攷銘載師自決西行經李大亮不容出關師乃宵遁追其歸自西域乃因高

昌商胡入朝附奏而傳附會以其初隨商入不亦謬歟莊岳委談以聖教序雖有三藏瀕文等語匪元奘號其以稱奘蓋以唐僧不空號無畏三藏譌今案塔銘既題三藏大遍覺法師敘又稱慈恩三藏之事葢元奘取號三藏久矣非因不空致譌也

李景讓等西嶽題名

右題名正書文云缺史兼御史中丞李景讓御史裏行盧口李前右口軍錄事參軍李映進士李灌李景祐盧黨鄭繁鄭穀開成四年六月十九日新唐書列傳景讓寶歷初遷右拾遺以題名所題兼御史中丞此當由寶歷至開成十餘年官序如此而史失載也景讓性獎士類拔孤仄今

附名如進士李灌凡五人從之遊覽亦其宏雅所致足爲
世勸也

授堂金石文字續跋卷五終

受業聊城馮[illegible]校

授堂金石文字續跋卷六

偃師武億虛谷著　男穆淳編　孫耒重校刊

唐陳商嶽廟題名

右題名正書自左起少有殘剝文云缺門郎中史館修撰陳商會昌元年七月二十五日祗召赴闕與盧溪處士鄧君蟠同題缺商題後六年自禮部侍郎出鎮陝又與鄧支使同來十月缺舊唐書宣宗紀會昌六年迎神主下百寮議皆言准故事無兩都俱置之禮惟禮部侍郎陳商議云周之文武有鎬洛二廟今兩都異廟可也然不宜置主於廟主宜依禮瘞於廟之北墉下今此題稱禮部侍郎出鎮陝者即其人昌黎集答陳商書時猶未第後元和九年進

士第此於題名時致通顯矣鄧支使不書名當爲鄧君蟠
也百官志監察御史十五人凡十道巡按以判官二人爲
佐務繁則有支使

崔郇嶽廟題名

右題名自左起正書文云正議大夫守京兆尹賜紫金魚
袋崔郇華州華陰縣令崔宏會昌二年六月十六日郇自
汝海將赴闕廷時與宏同謁廟而過按郇見宰相世系表
亦見權載之集崔陲神道碑曰郇今爲廷尉實當會昌元
年是此題云守京兆尹蓋由廷尉擢是職也汝海即汝州
游宦紀聞稱坡公元豐七年自黃量移汝海蓋唐時已有
此名矣

崔慎由華嶽題名

右題名正書自左起文云殿中侍御史集賢殿直學士崔慎由右補闕李當鄉貢進士崔安潛會昌五年二月八日同赴案慎由見新舊書傳當會昌五年並失錄其爲殿中侍御史集賢殿直學士安潛舊書本傳稱大中三年登進士第此在會昌五年固宜以鄉貢自題也

李貽孫題名

右題名大書自左起文云左諫議大夫充宏文館學士判館事賜紫金魚袋李貽孫大中三年十二月八日奉制祈雪小男進士同吉學究靜復從行貽孫史不爲立傳予攷歐陽行周文集序爲貽孫所撰序云太和中爲福建團練

副使大中六年又爲觀察使其前結銜特詳所記實爲福建等州都團練觀察處置等使正議大夫使持節都督福州諸軍事福州刺史兼御史中丞上柱國賜紫金魚袋以此題證之當大中三年嘗官于朝至六年任於外矣全唐詩話元賓終于四門助教李貽孫序其文元賓李觀也與行周同年進士早沒而貽孫于其遺集爲之表章如此廣川書跋鄭都官陰眞人祠刻詩三章唐貞元中刺史李貽孫書蓋大中之前又爲刺史於忠州矣貞元中至大中越五六十年貽孫少致通顯至此已八十餘疑貞元字尚有誤爲附識于此貽孫好文喜奇於斯可想其爲人而題名當亦貽孫所自書故可寶也

于德晦華嶽題名

題名正書自左起文云監察御史于德晦(缺)州鎮國軍判官試大理評(缺)大中六年二月二十日同謁新唐書宰相世系表德晦官同州刺史其見於史者惟此而已長安志務本坊有左散騎常侍于德晦宅

杜順和尚行記　行書大中六年在西安府

碑列鄉貢進士杜殷撰朝義郎試右武衛長史上柱國董景仁書其記杜順云京兆人堯之苗裔生于國之南門外村後又序師代兄從軍及爲兄補甲受笞負薪爨火諸苦行蓋忘身以濟于衆者又稱擲于急流中而復見見字旁注胡甸反惟孔紓墓誌銘出將字旁注去聲他金石刻所希聞

盧鄯幼女墓誌 正書在滎澤大中七年七月

誌前敘云范陽盧鄯幼女姚婆年八歲後乃嘆其敏而不壽以大中六年十月三日夭于襄州官舍以明年七月十三日塟于鄭州滎澤縣廣武原祔叔祖贈給事中府君之□後又題前檢校禮部員外郎盧鄯記案此誌鄯蓋官于襄州遭其女夭歿爲返魄故原與昌黎女拏壙銘相符近人遊宦輕棄骨肉卒云效嬴博之義而薄俗相仍遺棄殤兒爲狗彘呑噬亦已忍哉姚婆子鄉呼繼妻之不曉理者多有是稱鄯固取以名女由于鍾愛之深故以賤字也

定慧禪師傳法碑

碑前列金紫光祿大夫守中書侍郎兼戶部尚書同中書

門下平章事充集賢殿大學士裴休撰並書金紫光祿大
夫守工部尚書上柱國河東郡開國公食邑二千戶柳公
權篆額舊唐書裴休本傳累轉中書侍郎兼禮部尚書而
不載充集賢殿大學士據之此碑兼禮部當爲兼戶部至
於傳載十年罷相是年冬進階金紫光祿大夫攷碑之建
立當大中九年已書此階然則史文繫於十年冬者誤也
休嗜浮屠講求其說演法附著數萬言習歌唄以爲樂新唐
書本傳文今碑稱定慧所著經旨書偈議論皆謂本一心而貫
諸法顯眞體而融事理其推演禪趣亦云至矣定慧號宗
密姓何氏果州南充縣人其傳法自秀爲北宗以逮菏澤
傳磁州如如傳荆南張張傳宗密是其派也号不從虎避

諱故也史稱休書楷遒媚有體法覩此碑信然

窣堵坡塔銘正書咸通三年八月

塔銘爲高壖遊並書其序毛國洌國崇昆季遵阿翁遺意建茲勝因其地北視橫山南鄰畢陌所紀實者如此餘冗贅不足備錄然窣堵坡即唐言塔耳而題重沓書之盖以彼教法所名慮世不易曉故兼唐言以示其意歟

左拾遺孔紓墓誌正書咸通十五年三月在榮澤

誌爲鎮海軍節度掌書記將仕郎殿中侍御史內供奉賜緋魚袋鄭仁表撰并書仁表附舊唐書鄭肅傳云仁表擢第後從杜審權趙隲爲華州河中掌書記入爲起居郎以此誌推之尚帶殿中侍御史內供奉及誌後敘孔紓囑友

人鄭休範爲誌休範即仁表字也史並缺書誌載紓歷官
自及第後徵爲渭南尉直宏文館旋以萬年尉復帖文職
又奏署觀察判官假監察御史俄轉節度判官又拜左拾
遺內供奉會祖岑父皇任祕書省著作佐郎贈司空祖羖
皇任禮部尚書致仕贈司徒父温裕皇任檢校右僕射兼
太常卿充翰林侍講學士冊贈司空按孔緯傳載岑父羖
温裕不及贈司空司徒若以緯進加司空進位司徒當由
此追贈祖父如其官也温裕誌前載節制天平軍徵拜司
戎貳卿傳亦失記仁表自敘與孔君同歲爲東府鄉薦策
第不中等罷去明年宴于口堂宴之日博陵崔公蕘出紫
薇直觀風甘棠下蕘本傳拜中書舍人後出爲陝州觀察

使卽記云觀風甘棠下也又敘新進士得意歸去多不伏拘束假限往往闕試不悉集貢曹久未畢公事故地遠迫一千里例不給口假唐摭言載唐一代進士之制未錄及此也又載故事赤尉從相府得朱紱殿中此縣尉得侍御史之由史志並缺錄誌內出將句旁注去聲始知有病旁注句字甚矣旁注句字皆金石例所無

尊勝陁羅尼幢記 僧崇厚正書中和四年十一月在亳州叢林護國寺

尊勝陁羅尼經幢記首題云宣武軍亳州南護國禪院立唐宣武軍節度使治汴州管汴宋亳潁四州故此記以軍額統州名也其文序自乾符二年草賊王仙芝尚君長黃巢等結聚羣兇煞戮萬姓莫知其數冥入京國後却返淮

陽北下寨將百萬餘衆討伐州縣燒劫鄉閭攻圍當郡賴
我當使司空當州尚書□□共召集勇將兜□□殺□
其衆大敗是散諸處例皆斬首獻上天廷□萬姓再獲□
口骨肉團圓重啟生涯悉皆樂業軍人百姓等遂各捨資
帛造佛頂尊勝陀羅尼幢一所上答聖恩用資榮福時中
和四年歲次甲辰十一月六日建案仙芝與君長倡亂濮
陽黃巢從而附起既陷京師敗退返淮陽北下寨與秦宗
權復寇陳州已當中和三年即記所謂也舊唐書僖宗紀
三年六月黃巢與宗權合從縱兵四掠遠近皆罹其酷意
當時蓋遣羣孽復擾亳州故記有攻圍當郡之文而巢本
傳惟言與仙芝爲形援及仙芝敗東攻亳州不下其事當

乾符五年、非此記所指記云賴我當使司空當州尚書紀稱以檢校尚書右僕射華州刺史潼關防禦等使朱溫檢校司空兼汴州刺史充宣武軍節度觀察等使然則當使即宣武軍節度于時溫已檢校司空矣當州即州刺史尚書云者亦以其檢校官稱之唐書紀光啓三年六月亳州將謝殷逐其刺史宋衮以時按之距中和四年未遠疑當州者爲衮也記又云其衆大敗星散諸處例皆斬首獻上天廷皆由當使當州募勇將促之於死攷紀載中和四年四月沙陀兵攻太康西華賊砦尚讓黄鄴遁去黄巢亦退保郾城及巢渡河又得徐州將李師悦陳景思追之及朱瑄敗之而後授首全忠不與謀後檢五代史梁本紀全忠

及克用追敗之于鄗城云云則此記歸功當使非無謂也

記後列施主諸人名在記文之下有團練副使銀青光祿大夫檢校右散騎常侍右監門衛將軍兼御史大夫上柱國李茂彰節度押衙充馬步都虞候銀青光祿大夫檢校國子祭酒兼御史大夫上柱國謝殷節度散兵馬使團練押衙充順天高貴兩都都兵馬使銀青光祿大夫檢校國子祭酒兼御史大夫上柱國郭王似瑑字珽字節度散兵馬使口遊奕都知兵馬使銀青光祿大夫檢校太子賓客兼御史大夫上柱國孟從益節度衙前散兵馬使充押衙管將銀青光祿大夫檢校國子祭酒兼御史大夫上柱國陳全約節口口兵馬使團練押衙管將充都教練使銀青光祿

大夫檢校太子賓客兼御史大夫上柱國張崇節度兵馬使充團練押衙管將銀青光祿大夫檢校賓客兼御史大夫上柱國季仁邵節度散兵馬使團練押衙充防遏都銀青光祿大夫檢校太子賓客兼御史中丞孫從遠節度散兵馬使充團練押衙口將銀青光祿大夫檢校太子賓客兼侍御史上柱國名缺同節度副使充押衙管口營將銀青光祿大夫檢校太子賓客兼殿中侍御史上柱國名缺後間行書押衙管將兼殿中侍御史陳實兵馬使魏同餘多不具錄案郄掃編云至德後自方鎮及賓佐幕職下逮卒伍之長莫不領中丞大夫御史之名名器之濫莫甚於此卽此題名所記矣謝殷見新書僖宗紀孟從益見舊書僖宗

紀光啟三年五月詔以汴將孟從益權知鄭州事從益爲汴將而列名于此于是推諸有銜位者皆宣武所屬四州之將也又官制不見于史志者節度散兵馬使節度衙前散兵馬使團練押衙團練押衙管將充都教練使之屬皆以唐季傾攘因事權置其名不可悉錄耳充順天高貴兩都兵志載僖宗幸蜀田令孜募神策新軍爲五十四都此必其二名矣然此記列銜十人階皆銀青而勳爲上柱國者有九呂和叔代鄭相國謝賜戟狀所云吏考三十始秩銀青戰勳十二乃號柱國蓋其始立制爲重慎而漸積至于猥碎國是豈不日紊也與

重藏舍利塔記 正書沙門南敘撰僧知常書景福元年十二月在京師法源寺

碑序隋仁壽二年正月勅天下大州一百處置舍利塔時幽州節制費抗創造五層大木塔飾以金碧屆舍利于其下舊唐書列傳抗毋卒歲餘起爲岐州刺史轉幽州總管政並以寬惠聞記稱幽州節制者即傳所云總管也後又稱太和八年天火焚塔至宣宗丙寅歲勅修廢藍得石函于故基下時清河公曉示八天傳觀供施遷藏于憫忠寺多寶塔下後中和二年又值火災隴西令公大王巨崇像設造觀音閣遂遷舍利于閣內觀音像前其略如是記內于前後節使皆空格跳行書之不敢斥其名氏而于丙寅及故基字不爲國諱僧徒庸頑昧于大義可嘅也

蜀王師蓋文達碑 正書貞觀十七年

碑首題上柱國燕國公于志寧字處謐作此文惜文多漫漶舉其所載歷官始末有云正議大夫蜀王師蓋公諱文達字藝成冀州信都人曾祖慶魏彭成王記室參軍樂陵郡守祖延齊安平王計曹從事父永隨幽州薊縣令又云公以經明行修孤標獨秀大業三年授同安博士九年特敕除守國子助教武德元年授國子助教又云今上紹光藩服云云後又以公學冠當時除國子博士十年詔授員外散缺諫議大夫國子博士如故十一年從駕洛陽宮補宏文館學士十二年詔授國子司業十三年詔授兼蜀王師十六年丁母憂十八年詔授正議大夫兼崇賢館學士春秋六十有七薨雍州開化坊里第即以其年十二月歸

楚於舊堂舊唐書本傳文達字及三代名銜在隨時文達所居官並略不書唐書同又十一年補宏文館學士傳載于十年十二年詔授國子司業傳載于十三年叙次失其實當依碑爲正前云仁風表於弦哥哥古歌字後稱世子國子主簿宏式曰世字不缺書

贈邛州刺史狄公神道碑正書在洛陽平樂北

碑舊見於金石補遺僅著其目予頃乃拓一紙攷其事跡尙可撮舉相屬碑首言周封孝伯因受氏于狄城與宰相世系表稱孝伯封于狄城因以爲氏合碑言樂平公出將入相豹變于秦庭與表稱後秦樂平侯合碑言曾祖叔湛魏平西將軍臨邑子與表稱湛東魏帳內正都督臨邑子合

但碑載叔湛較表多一栿字碑言父孝緒唐行軍總管太將軍金紫光祿大夫尚書左丞使持節汴州諸軍事缺與表稱尚書左丞臨潁男合碑言公即臨潁公之第五子也又歷官可見者鄭州司兵參軍兼鄭王府兵曹參軍缺授口口梁州都督府錄事參軍缺俄改越州剡缺授鄭州鄭縣令缺除夔州都督府長史缺贈使持節邛州諸軍事邛州刺史下言嫡子故口書令尚書右僕射贈司空梁國文惠公据是則碑爲梁公之父知遜也然表載孝緒三子知遜即居三而碑以爲第五子表載知遜越州刺史而碑以爲贈邛州刺史前雖爲越州剡縣窀非任爲刺史疑表文誤往時洛陽令王君宇嘗爲溧陽狄氏訪其先墓得梁公

碑于草間遂豎置白馬寺東偏因封樹焉不知狄氏先塋固在平樂北山上俗名雙碑凹者以此也他日獲遇狄氏當詳告之

張孝孫華嶽題名

右題名正書自左起文云銀青光祿大夫殿中監缺將軍左金吾衛大將軍缺節度副使元從鎮國大缺潼關節度都虞候張孝孫恭謁靈祠案元從之號唐世凡三見新唐書兵志初高祖以義兵起太原已定天下悉罷遣歸其願留宿衛者三百人高祖以渭北白渠旁民棄腴田分給之號元從禁軍李晟傳時元從禁軍肅宗紀有蜀郡靈武元從功臣德宗紀興元元年四月壬寅詔奉天隨從將士並賜號元從

功臣兵志自德宗幸梁還以神策兵有勞皆號興元元從奉天定難功臣今題名所記已失其年月或爲肅宗所賜及德宗所號皆未可知也

蔣羅漢題名

右題名正書無年代文云内供奉開國公上柱國賜紫金魚袋蔣羅漢舊唐書周智光傳判官監察御史邵賁都虞候蔣羅漢伏並誅疑此題爲其人然則羅漢殆叛黨也羅漢之誅在大歷二年正月密詔討智光時是此題又當大歷前矣

竇璧題名

右題名正書在青州無年月益都段赤亭拓以見遺其文

自左起缺州觀察處置押新羅渤海兩蕃等使金紫缺兼青州刺史御史大夫上柱國韓國缺部員外郎兼侍御史內供奉賜緋魚袋鞏缺裏行韋會缺上社國齊孝宏缺儀郎薛華士缺方回鞏見舊唐書列傳平盧薛平辟爲副使入朝拜侍御史憲宗紀元和十四年三月己丑以義成軍節度使薛平爲青州刺史充平盧軍節度淄青齊登萊等州觀察等使韓昌黎竇牟墓誌載鞏亦進士以御史佐淄青府注孫曰元和十四年三月以薛平爲平盧淄青節度使表鞏自副與舊唐書傳合然則鞏以佐幕至青在元和十四年矣攷押新羅渤海兩蕃等使名代宗紀大歷十年二月以平盧淄青節度觀察海運押新羅渤海兩蕃等使德宗紀興元元年淄青節度使承前帶陸海運押新

羅渤海兩蕃等使宜令李納兼之据此題亦有押兩蕃之名當亦以淄青節度兼之則於時爲節度使者薛平也前列銜缺名意卽其人與

司空圖不全詩句

右詩存者惟有岳前大旆討淮西從此中原息戰鼙二句

按此爲司空圖視晉公討淮西題名紀之一絕也晉公題名亡佚不可見今詩石又斷下二句矣說見王定保唐摭言又全唐詩話亦載此詩云大順中戶部侍郎司空圖紀者然則題詩年代猶可攷也首句大旆作大隊討淮西作赴淮西皆與石本異文

南詔蠻頌德碑 正書

碑拓本由青浦王少司寇官雲南布政使日搨得之攜以
贈余余按是碑殘滅過甚其句有可屬者云春命長男鳳
伽異舊唐書傳鳳伽異閣羅鳳子也閣羅鳳北臣吐蕃吐
蕃令閣羅鳳爲贊普鍾號曰東帝給以金印蠻謂弟爲鍾
時天寶十一載今碑稱聖神天帝贊普當以吐蕃所號而
更加之徽稱蠻酋誕妄至此傳失載其事案新唐書南詔
傳載酋龍死僞謚景莊皇帝子法嗣法死僞謚聖明文武
皇帝不知其先已稱神聖天帝矣後銘詞兼瓊秉節負榮
搆亂開路口口政戔東爨賴我先王懷母伏叛先王謂皮
邏閣也文獻通攷南詔居永昌姚州之間鐵橋之南東距
爨東卽此東爨也本傳稱劍南節度使章仇兼瓊遣使至

雲南與歸義言語不相得歸義常銜之銘言負榮搆亂蓋指其事銘稱仲通口節不詢長口徵兵海口顧口江口謀口不臧帥師夜走仲通即鮮于仲通也舊唐書傳仲通率兵出戎嶲州閣羅鳳遣使謝罪仲通不許囚其使進軍逼太和城爲南詔所敗是也銘又稱[illegible]李宓愆戎猶尋覆轍水戰陸攻援口踵致勢屈謀弱本傳天寶十二年劍南節度使楊國忠執國政仍奏徵天下兵俾留後侍御史李宓將兵十餘萬輦餉者在外涉海瘴死者相屬于路天下始騷然苦之宓復敗于太和城北死者十八九會安祿山反閣羅鳳乘釁攻陷嶲州及會同軍西復降尋傳蠻即銘稱邛盧一掃軍郡雙滅觀兵尋傳舉國來賓者也其事與碑符合足爲

徵信不誣碑年月脫損据有閣羅鳳攻陷巂州在安祿山反時是碑之立亦當于天寶十五載後矣錢少詹事跋大禮國鐘題字謂滇中無古今石刻此猶唐時所鑴得之亦足以豪然鐘識題建極十二年不過當懿宗咸通十二年此碑猶在前也碑與磨厓題名皆一人書惜殘缺不得其名氏而書法之秀整唐刻工書者無以過也

南詔磨厓題名 正書無年月

磨厓題名殘剝不完其字文可見者缺袍金帶段忠國缺清平官大軍將大金告身賞錦袍金帶兼缺官大缺清平官缺虫皮衣楊傍佺清平官小頗彌告身賞錦袍金帶王缺頗彌告身賞二色綾袍金帶缺守缺清平官六軍缺段

昌缺缺李缺大將軍開南城大將軍缺大大虫皮衣趙屑
邱缺大將軍士曹長大頗彌缺賞紫袍金帶缺缺皮衣楊
細缺大將軍賞二色綾袍金帶玉琮羅鐸大軍將缺頗彌
告身賞缺袍金帶兼大大虫皮衣張驃缺于大軍將前戶
曹長拓東缺大軍將缺告身賞二色綾袍缺綾袍金帶王
波鐸大軍將前法曹長大頗彌告身賞二色綾袍金帶楊
缺賞二色綾缺大軍將小金告身賞二色綾袍金帶楊羅
望大軍將小金告身賞錦袍金帶缺大軍將賞二色綾袍
金帶尹瑳遷大軍將小金告身賞紫袍金帶楊龍棟缺二
色缺棟附缺告身賞二色綾袍金帶尹附酋大軍將賞紫
袍金帶趙瑳羅望大軍將兵曹缺賞紫袍金帶趙逸羅缺

缺二色綾袍金帶兼大大虫皮衣孟緯望軍將士曹長小銀告身賞紫袍金帶楊鄧佺缺法曹長小頗彌告身賞二色綾袍缺楊利盛大軍將小銀告身賞二色綾袍金帶楊各酋大軍將賞二色綾袍缺細利缺客曹缺小銀告身賞缺賞二色綾袍金帶缺羅疋大軍將兵曹長小頗彌告身賞紫袍金帶段君利大軍將缺小銀告身賞缺金帶缺大軍將小銀告身賞二色綾袍金帶缺大軍將小銅告身缺綾袍金帶周缺二色綾袍金帶唐酋統大軍將賞紫袍金帶喻酋苴大軍將賞二色綾袍缺缺倉曹長小銀告身賞二色綾袍金帶兼大大虫皮衣張盛顛大軍將賞紫袍金帶楊缺定缺大總管小銀告身賞二色綾袍金帶大大虫

皮衣缺軍將前缺綾袍金帶洪羅棟大總管小銅告身賞
二色綾袍金帶缺軍將缺色綾袍金帶段旋忙湊軍將戶
曹長小銅告身賞紫袍金帶缺大總管缺忙湊軍將羣牧
大使小銀告身賞紫袍金帶楊瑳白奇缺派知表詰小銀
告身缺楊缺銅缺和大總管兼押衙小鍮石告身賞二色
綾袍金帶石賢大軍將小銀告身缺段缺邏缺帶李奴鄧
客曹長賞紫袍金帶王缺大軍將小頗彌告身賞缺帶缺
諾地缺頗彌告身賞紫袍金帶阿忍大軍將賞紫袍金帶
缺本大軍將小頗彌缺大軍將缺二色綾袍金帶黑牂羅
大軍將賞紫袍金帶缺大司編賞紫袍金帶孫白伽軍將
缺鍮石賞紫袍缺軍將賞紫袍金帶兼大虫皮衣劉望缺

喻軍將賞紫袍金帶缺衣缺軍將前兵曹判官小銅告身
賞紫袍金帶杜顛伽缺袍金帶兼缺大軍將賞缺缺趙充
缺軍將兵曹副缺小銀告身賞紫袍金帶缺軍將缺賞缺缺
盛軍將士曹副賞紫袍金帶楊鄧四羅缺袍金帶缺瑳龍
缺缺軍將大鍮石告身賞紫袍金帶段缺袍金帶缺金帶
張羅缺軍將缺伽瑳軍將賞紫袍金帶楊濤波羅缺身賞
缺軍將傔人佐楊羅斂軍將賞紫袍缺缺袍金帶尹求覓
缺金缺楊缺賞紫缺將賞紫袍金帶張缺軍將賞缺金帶
缺軍將賞紫袍金帶缺紫袍金帶缺小銅告身缺斂詔親
大軍將大金告身賞二色綾袍金帶李外成苴缺軍將兼
白崖城大軍將大金告身賞二色綾袍李缺詔親大軍將

小銀告身賞二色綾袍金帶李些豊潯缺詔親大軍將賞二色綾袍金帶放苴缺詔親缺小金告身賞錦袍金帶獨磨按南詔諸官結銜多與唐制符攷舊唐書南詔蠻傳載其官制甚略惟云蠻謂相為清平官凡置六人新唐書官曰坦綽曰布燮曰久贊謂之清平官所以決國事輕重猶唐宰相也此記題清平官凡四見最列在前益郎舊史所云置六人也又稱大軍將者至二十餘人本傳所載有此官其餘以大軍將兼開南城大軍將拓東大軍將白厓城大軍將者凡三人又單稱軍將及忙凑軍將大總管羣收大使兼知表語兼押衙大司編傔人佐新舊史文獻通考四裔攷皆未之及傳言有六曹長此題稱士曹長戶曹長

法曹長兵曹長客曹長倉曹長與數相符而每曹之屬有副有判官見于此題者尚有兵曹判官一人兵曹副士曹副各一人則亦不能具錄矣傳載自曹長以降繫金佉苴尚絳紫有功加錦文獻通考載舍龍生細奴邏唐高宗遣使者入朝賜錦袍開元末皮邏閣亦賜錦袍金鈿帶七事正與此同又有功加金波羅金波羅虎皮也此題稱賞錦袍金帶賞二色綾袍金帶賞二色綾袍金帶玉琮賞大大蟲皮衣賞紫被金帶兼大大蟲皮衣與史符合史稱邏盛至京師賜錦袍金帶歸國亦因其俗所尚而寵之惟虎皮稱大蟲與史言金波羅者微異題名以告身入銜亦南詔習制其告身等差有大金告身小金告身大頗彌告身小

頗彌告身小銀告身小銅告身小鍮石告身大鍮石告身亦宜取以資異聞也題刻稱州名拓東傳載六節度曰弄棟永昌銀生劍川拓東麗水此其一也廣德初鳳迦異築拓東城此時猶未有城故闕南白厓皆名城而此唯名拓東蓋書其實如此又白厓城傳稱白厓瞼夷語瞼若州又載異牟尋破施蠻順蠻并虜其王置白厓城卽是地也此題名有尹附酋傳載德宗遣袁滋册封異牟尋及滋還復遣淸平官尹輔酋等七人謝天子卽其人而石刻以輔作附尹求寬傳云遣淸平官尹仇寬廿七人入獻地圖請復號南詔帝賜賚有加拜仇寬左散騎常侍封高溪郡王者是也而以求作仇譯音無定字題名時二人官位未顯至

此遂遷用爲淸平官矣碑載洪羅棟傳以洪作湊或別爲一人忙湊傳作蒙湊史記秦本紀擊芒卯華陽索隱引譙周云孟卯也芒與孟通亦與蒙通音近則相轉也文獻通考或謂蒙湊自稱驃信夷語君也最後題詔親者三人蠻謂王爲詔當是王之親屬因以結銜別于疏遠若此

馬公神道碑 正書在洛陽 平樂北山

碑四面書字篆額陰文凸起題云唐馬公神道碑正文已殘剝惟前稱京兆杜光羲撰顯存又碑言公諱承光高祖諱行感又言公少時學擊劍歷官內有衛尉少卿字葢以武功致顯仕惜未審其實也前著錄者不之及

魏公先廟碑銘 正書

碑斷缺据金石錄載爲崔絢撰柳公權正書大中六年十一月余檢其句意相屬者証之舊唐書魏謩傳宣宗大中二年謩兼戸部侍郎判本司事今碑題有判戸部事字與史相符碑稱特進侍中贈太尉鄭國文貞公魏氏在貞觀立家廟案魏徵傳但云贈司空其特進侍中贈太尉皆不及碑載府君諱昪謩本傳云父馮獻陵臺令傳以昪爲馮宰相世系表亦同其舛碑載謩始以大理評事兼監察換殿中侍傳惟稱謩內徵爲給事中則於前以大理評事兼監察諸官失之過略矣傳遷御史中丞尋以本官司平章事與碑言兼領邦憲又間歲進陟公台合至碑所云會昌中權倖惡忌擠之外郡即傳謂謩坐楊李之黨出爲汾州

刺史也篆文題曰博陵縣開國子食邑五百戸賜紫金魚袋崔名已殘剝攷文內稱使門吏左補闕鄭愚口謂璵以銘功述德云云者蓋卽崔璵也璵傳稱大中七年權知戸部侍郎進封博陵子食邑三百戸此題已有博陵縣開國子字則碑當亦作於是時或更後于是而金石錄旣以爲崔絢又謂當大中六年當皆傳刻訛易也

淮南節度使李珏神道碑 正書在偃師兩程書院

碑久佚無考今始搜出已厄于前明妄人鑿斷鐫治二碑額推尋可辨者篆額唐故淮南節使贈司空口郡李公神道碑十六字郡上缺字以珏傳補之是爲趙字也文內有出爲下邽令拜殿中字及文宗山陵使字新唐書珏本傳

以數諫不得留出爲下邽令武昌牛僧孺辟署掌書記還爲殿中侍御史遷門下侍郎爲文宗山陵使皆與碑合傳益依之爲文跂于舊書較詳王澤長續修縣志淮陽節度使李珏墓在治西北有墓碑卽指此然不知碑已毀于前明而附會書之也碑無年月可見舊唐書傳珏大中七年卒碑之立蓋益後矣

重修法門寺塔廟記 正書天祐十九年二月在岐山縣

記首題朝請大夫守尚書禮部郎上柱國賜紫金魚袋薛昌序撰後題承旨王仁恭書其稱秦王謂李茂貞也舊唐書昭宗紀景福二年十一月制以鳳翔節度使李茂貞守中書令進封秦王是也茂貞本姓宋僖宗賜姓李氏記所

稱天漢稟異帝裔承榮蓋指其事法門寺見韓愈傳云鳳翔法門寺有護國眞身塔此所重修塔意即其遺跡與記稱天祐十九年歲次壬午前又以天復紀年至二十年參差無統唐之正朔亡矣歷代紀元彙攷于梁開平元年書岐王天祐四年証之此碑仍稱自天復元年及十二十三十四十九廿年皆以天復紀號是當梁之簒唐未嘗以天祐紀推其誤葢沿于通鑑謂唐之亡惟河東鳳翔淮南稱天祐也

授堂金石文字續跋卷六終　受業汝陽李應會校

授堂金石文字續跋卷七

偃師武億虛谷著　男穆淳編　孫耒重校刊

後梁匡國軍節度使馮行襲德政碑 正書無年月在許州

碑殘剝前列翰林學士奉旨及工部侍郎字案舊五代史馮行襲傳太祖郊禋行襲請入覲貢獻巨萬恩禮殊厚尋詔翰林學士杜曉撰德政碑以賜之此題翰林學士者即杜曉也歐史梁紀開平三年春正月辛卯有事於南郊後書九月翰林學士充承旨工部侍郎杜曉同中書門下平章事据是則碑之賜立有工部侍郎字必當正月後及曉九月前未轉戶部時矣傳紀並言承旨碑作奉旨以避梁祖嫌名故也又題朝議大夫前光祿□卿上柱國缺李宏

懿書體勢規步率更深入其奧然當時不聞以書名何哉行襲傳薛史云武當人歐史云均州人証之碑所書家遷武當世緒紛綸是薛史据其遷時占籍言之而唐書信宗紀光啓元年四月武當賊馮行襲陷均州逐其刺史呂燁並與碑稱武當合矣然則歐史爲非實也碑載有□喜者聚千人及軍吏迎謁公在側擊之卽傳言伏兵伺孫喜事又載烏鵲啄食麥秀兩岐字卽傳言境内嘗大蝗尋有羣烏啄食不爲害民或艱食必有穭穀出於隴畝是也然二事之異皆由天幸撰碑者承錄以爲德政所被遂至史亦從而書之蓋不悟其以諛詞相誣也

贈太尉葛從周神道碑

破紀從周戰功有云落落領二千騎鐵馬步二千殺戮殆
盡生擒落落奪馬三千歐史本傳書晉王怒自將擊從周
從周雖大敗而梁兵擒其子落落送于魏斬之尋向踐此
深以見歐史之誤今案舊唐書羅宏信傳太原怒舉兵攻
魏營于觀音門外汴將葛從周援之屯于洹水李克用子
落落時爲鐵林軍使爲從周所擒唐書宏信傳從周爲閻
寶毎克用兵至輒出精卒薄戰必捷克用踰洹西北挑戰
從周大破之禽其子落落乃引去舊五代史從周傳乾寧
三年五月并帥以大軍侵魏遣其子落落帥二千騎屯洹
水從周以馬步二千人擊之殺戮殆盡擒落落于陣并帥
號泣而去紹威傳大祖遣葛從周援之戰于洹水擒克用

男落落以獻太祖令送于宏信斬之晉軍乃還推斯數証舉足以見永叔曲說非信史矣碑云歸葬于偃師縣亳邑鄉林口里之别墅今墓碑屹立如故而齊乘以東昌路之聊城縣五代葛從周有墓土人名曰葛塊攷之未審貽此誤也從周隸籍鄄城鄄與聊城相近當是其祖墓所在于氏過信土人野夫之語豈非惑與

河東監軍張承業墓碑同光元年勅立至元乙酉重刻在交城縣洪栢村

碑先經焚後爲元張鼎新重勒立石已失書撰人氏名今以碑按五代史承業本傳事跡畧同其勸晉王聽周德威退保高邑及與安金全破梁兵二事則各見德威金全傳不具錄也承業歷官碑稱光啟中主郃陽軍事賜紫入爲

內供奉昭宗幸太原以爲河東監軍幸華州就加左監門衛將軍莊宗爲晉王承制授開府儀同三司左衛上將軍燕國公固辭不受但稱唐官終身今傳言初爲河東監軍卒贈武衛上將軍略之甚矣舊五代史實取承業碑文書官紀事皆與之同而自離石渡河淩晨躡冰而濟旋踵冰解歐陽以其事詭異削之不書是也碑題稱貞憲公傳作諡曰正憲舊史與歐陽史避仁宗諱易之

釣大德塔銘 正書同光四年二月在登封

銘前列京左衛敬愛寺講維摩經沙門賜紫虛受撰後列法孫欽緣書其文載行釣俗姓閻氏鄭州陽武人年十有四依會善寺西塔院法素禪師爲和尚年滿受具于本寺

瑠璃壇自後廣明庚子歲住少林寺於同光三年七月廿日示滅春秋七十八僧臘五十九菡行鈞實生于宣宗大中二年戊辰其間所閱世變多矣京左街敬愛寺者五代會要後唐同光三年詳定云云近以中興大業以魏州為京與唐府權名東都為京故此題云京也

後唐

重修古定晉禪院千佛邑碑 正書天成四年九月在武安縣

碑沙門宗仁撰下截已斷缺中言定晉禪院以同光元年七月起功至天成元年九月落成又引集異記云魏時有大業僧凭戶岩邊有大稠樹本堅枝密其僧將法衣往樹欲掛其間忽爾開而集之儼然掩合神力彌縫乃婚媾長

于二子後之人因號椆禪師之寺焉又言收得道具數件乃是椆禪師口僧所用之物有單梯一條坐禪棚一所椅子一隻蓋一頂案陔餘業攷引丁晉公談錄竇儀雕起花椅子二以備右丞及太夫人同坐王銍默記李後主入宋後徐鉉見李取椅子相待以爲始自宋初不知後唐時已有此坐具矣正名原始博稽當得其所自寻故于此不敢苟也

後晉

尊勝經幢 正書

幢八面鐫字後題天福二年八月廿八日邑主住持僧等諸名內惟二人題云焦長官焦校書五代時人多有此號

今獨施于二集必其邑里之豪也又作四言數語類贊類偈他經幢亦未見

羅周敬墓誌銘 正書天福三年十月在洛陽東二十里鋪

誌石出土當庚戌歲七月洛水北溢沖激崖岸墓陷於水惟石爲土人移置僅存予案誌文稱周敬曾祖讓皇檢校司空累贈太師封南陽王薛史失其名歐史亦不著其官階祖宏信皇天雄軍節度使檢校太師兼中書令長沙王累贈守太師累封趙王諡曰莊肅薛史載宏信累官至檢校太尉封臨清王歐史僅書爲節度使新唐書宏信傳稱臨清郡王又追封北平王誌言紹威有子四人長廷規天雄軍節度副大使檢校太傅駙馬都尉贈侍中次周翰義成軍節度檢校太傅

駙馬都尉次周㐌前保大軍行軍司馬檢校兵部郎中兼御史大夫柱國賜紫金魚袋書官並與史爲詳然周翰史載爲宣義軍節度使誌稱爲義成職方考滑在梁稱宣義唐改爲義成周翰官於梁而誌以唐代遷易之鎮名書之於事爲失實次即周敬字尚素初授檢校尚書禮部員外郎仍賜紫金魚袋權知滑州軍州事檢校禮部尚書尋授宣義軍節度檢校尚書右僕射薛史所云命爲兩使留後尋正授旄鉞正指其事而檢校尚書右僕射則無此文又移鎮許田加檢校尚書左僕射又授檢校司空守殿中監駙馬都尉薛史授秘書監與殿中監文亦小異入唐當莊宗時封開國侯加食邑三百戶明宗除右金吾大將軍充

街使遂轉左充使如故授匡國軍節度使加檢校司徒仍賜耀忠匡定保節功臣加檢校太保除左監門衛上將軍轉左領門衛上將軍轉左武衛上將軍入晉除右金吾上將軍薛史載莊宗即位歷左右金吾大將軍据誌文則莊宗但封侯加邑明宗始除右金吾又轉左耳周敬在梁移鎮許田史言忠武此亦唐改軍號而史以加於梁臣蓋錯紀也史載長興中入爲左監門衛上將軍四遷諸衛上將軍當以始除及入晉凡四遷而功臣賜號史不及之周敬兄弟四人竟脫周亂不錄皆宜依誌文爲据周敬尙晉安公主兩史皆作普安與誌所書符誌前列朝請大夫行起居郎充史館修撰柱國殷鵬撰并書薛史鵬字大舉大名

人爲右拾遺歷左補闕考功員外郎充史館修撰與此題合其階勳失書也又誌言周敬之墓在洛陽清封鄉積潤村今誌石所出直石嘴之西數十步蓋於墓地猶可攷而五代墟聚之名亦以附傳於後金石豈惟補史闕文哉

復溪州銅柱記 正書天福五年七月

碑前鐫天策府學士江南諸道都統掌書記通議大夫檢校尚書左僕射兼御史大夫上柱國賜紫金魚袋李宏皐撰宏皐卽馬希範依其父殷所置學士十八人之一也宏皐史皆作皐避宣祖諱刪之舊五代史希範傳晉天福中授江南諸道都統又加天策上將軍谿州洞蠻彭士愁寇辰澧二州希範討平之士愁以五州乞盟乃銘于銅柱希

範自言漢伏波將軍援之後故鑄銅柱以繼之歐史溪州刺史彭士然率錦獎諸蠻攻澧州希範遣劉勍劉全明等以步卒五千擊之士然大敗勍等攻溪州士然走獎州遣其子師暠率諸蠻酋降于勍溪州西接牂牁兩林南通桂林象郡希範乃立銅柱爲表命學士李皋銘之今記文稱我烈祖昭靈王漢建武十八年平徵側于龍編樹銅柱于象浦是其事也記文吳任臣十國春秋全見宏臯傳案記文五溪初寧傳作初輯式昭恩信傳作或昭恩德載敘厥事傳作敬載厥事蓋聞牂牁接境盤瓠遺風因六子以分居人五溪而聚族傳作牂牁接境五溪遺風洎師號精天傳作師號滑服漢則宋均置吏稍靜溪山唐則楊思興師遂開辰錦傳作宋均甫肇靖溪山楊興師遂開展境溪州彭士愁傳作彭士然故能歷三四代長千萬夫傳歷作立

千作百亦不虐于小民記亦作必剽掠耕桑傳劉作擾肇創丕基傳肇作大方振聲明傳明作名各請効命傳作各効命土付以偏師傳付作士結寨憑高傳寨作阻固甘衿甲豈暇投戈傳脫豈暇投戈惟作因甘矜恤彭師杲作髙崇侯感德以歸周傳作崇虎就加檢校太保傳無就字㡳平彊理傳作居平荷君親之厚施傳作厚德垂于子孫傳作予敢忘賢哲之蹤傳敢作可我王鑄柱庇黔黎傳我王作誕今五溪之衆不足憑傳憑作平溪人畏威仍感惠傳作思納質納質歸明求立誓傳作秉汚歸口案任臣依記文爲傳蓋未收銅柱元文所据名山記及廖道南楚紀或近方志所載是以脫謬至此也記後勒誓詞與彭氏官屬

銜名任臣亦未收予具錄如左

誓文

天福五年正月十九日溪州刺史彭士愁與五姓歸明衆具件狀歃血求誓楚王畧其詞鐫銅柱之一隅右據狀溪州靜邊郡自古已來代無違背天福四年九月蒙王庭發軍收討不順之人當都願將本管諸團百姓軍人及父祖本分田塲土產歸明王化當州大都三亭兩縣苦無稅課歸順之後請祗依舊額供輸不許管界團保軍人百姓不許亂入諸州四界劫掠該盜逃走戶人凡是王庭差綱收買溪貨并都幕採伐土產不許輒有庇占其五姓生首州縣職掌有罪本都申上科懲如別無罪名請不降官軍攻

討若有違誓約甘請准前差發大軍誅伐一心歸順王化
永事明庭上對三十三天明神下將宣祇爲證者王曰爾
能恭順我無差徭本州賦租自爲供贍本都兵士亦不抽
差永無金革之虞克保耕桑之業皇天后土山川鬼神吾
之推誠可以元鑒

題名

静邊都指揮使金紫光禄大夫檢校太保使持節溪州諸
軍事□溪州刺史兼御史大夫上柱國隴西縣開國男食
邑三百戶彭士□武安軍節度左押衙金紫光禄大夫檢
校司徒前溪州諸軍事守溪州刺史兼御史大夫上柱國
彭師佐武安軍節度左押衙前砂井鎮遏使三井都管使

銀青光錄大夫檢校尚書左僕射兼御史大夫上柱國龔
朗芝武安軍節度左押衙銀青光錄大夫檢校尚書左僕
射兼御史大夫上柱國田宏贊武安軍節度衙前兵馬使
前溪州左廂都押衙銀青光祿大夫檢校太子賓客兼御
史大夫上柱國向宗彥武安軍同節度副使攝溪州司馬
銀青光祿大夫檢校左散騎常侍兼御史大夫上柱國覃
彥仙武安軍節度副將充溪州知後官銀青光祿大夫檢
校國子祭酒兼御史大夫上柱國朱彥□武安軍節度左
押衙□江□揮使知使防遏營金紫光祿大天檢校司
徒前溪州諸軍事守溪州刺史兼御史大夫上柱國彭允
瑫武安軍節度左押衙金紫光祿大夫檢校司徒前溪州

諸軍事守溪州刺史兼御史大夫上柱國田倅暉武安軍
節度左押衙充溪州副使銀青光祿大夫檢校尚書左僕
射守溪州三亭縣令兼御史大夫上柱國彭師俗武安軍
節度左押衙左義勝第三都都將銀青光祿大夫檢校刑
部尚書前守富州別駕兼御史大夫上柱國彭師杲武安
軍節度同十將前溪州左廂都虞候銀青光祿大夫檢校
太子賓客兼監察御史上柱國龔貴武安軍同節度副使
前攝大鄉縣令銀青光祿大夫檢校左散騎常侍兼御
史大夫上柱國覃彥富武安軍節度左押衙充靜宬都指
揮使金紫光祿大夫檢校司徒前溪州諸軍事守溪州刺
史兼御史大夫上柱國田宏祐武安軍節度左押衙充砂

并鎭遏使銀青光祿大夫檢校尚書左僕射兼御史大夫
上柱國彭師樞武安軍節度左押衙充金潤里指揮使銀
青光祿大夫檢校尚書左僕射兼御史大夫上柱國覃彥
勝武安軍節度討擊副使左歸義第三都都將銀青光祿
大夫檢校左散騎常侍兼御史大夫上柱國彭師□前溪
州大鄉縣令將仕郎試大理評事兼監察御史賜緋魚袋
彭允臻武安軍節度攝押衙充靜宼都副兵馬使銀青光
祿大夫檢校右散騎常侍兼御史大夫上柱國田思道又
有于記文內攢空題名前二人官最顯皆彭氏名已毁其
可見者有知狭州軍州事彭君庸知忠彭州軍州事彭文
綰知南州軍州事彭光明知州彭文儵團練彭如遷前三

亭縣令彭如喜三亭縣令彭文雅都監彭文威溪州都監
彭如興溶州都監彭士明統軍使彭如武都揮指使彭文
仙知萬州軍州事田彥存高州巡檢使彭如聰巡檢彭如
品中洞彭如憙統軍彭仕進排軍指揮使陳文絹巡檢朱
繼顯教鍊使屈思靜邊都指揮使彭文勝溪州軍事推官
辛白湘州羅文贍史車羅元能巡檢羅萬貴錄事參軍廖
保詡白南都指揮使羅文彥金唐縣田成藝教鍊使彭進
溪州知州彭君善鈐轄覃萬福五都彭如亮推誠奉節宏
義功臣天策府都尉武安軍節度副使判內外諸司使永
州團練使光祿大夫檢校大傅使持節永州諸軍事永州
刺史兼御史大夫上柱國扶風縣開國侯食邑一千戶馬

希廣奉敎監臨鑄造五溪巡檢使知向化州彭如會知保靜州軍州事彭光陵知來化州軍州事彭允會知感化州軍州事覃文綰團鍊衙行仙古州覃萬貴五溪都招安巡檢使田思備左衙龔貫朋知永州軍州事彭君昌溪洞巡檢使知武寧州軍州事彭□知富州軍州事覃文勇知謂州軍州事覃允贊知州朱□通知州符彦貴轄鈐彭如權鈐轄覃文見知州田彦勝通判田彦强知州田思趙施西知州彭允强案馬希廣彭師杲二人並見歐史希廣字德丕希範同母弟師杲即士愁子史以愁爲然杲爲髙非也當依碑爲正十國春秋廢王世家書希廣當文昭王時不著其官師杲傳官亦畧證之此碑題銜皆足補遺又州名

猿州忠彭州南州高州湘州向化州保静州來化州感化州古州謂州縣名如金唐官制其職事者大理評事錄事參軍知軍州事別駕鈐轄團鍊都監巡檢司馬左義勝第三都都將左歸義第三都都將静塞都指揮使副兵馬使静邊都指揮使節度副將知後官知使防遏營節度衙前兵馬使節度左押衙溪州左廂都押衙左廂都虞候金澗里指揮使砂井鎮遏使三井都管使巡檢使排軍指揮使教練使討擊副使都招安巡檢使統軍使同十將知軍州諸名地里表百官表概未之收也

後周

衛州刺史郭進屏盜碑 正書杜韡撰孫崇望書

在汲縣顯德二年五月

碑無刻缺予撮其事迹蓋由衛州士庶刻狀以聞述去盜之由稱守臣之美上可其奏命之刊勒乃勅朝請大夫行右補闕柱國臣杜韓序而銘之鄭進見東都事略進仕周改登州刺史郡多寇盜進悉爲翦除吏民願紀其事命近臣撰文賜之改刺衛州河朔盜匿汲郡山間者稍衆閒出攘奪久不能滅進往攻剿絕之民以安居於是郡民又請立碑紀其事改洺州團練使有善政郡民又請立碑詔左拾遺鄭起爲文以賜宋史本傳同此碑所云士庶刻狀以聞正與相符又碑云初刺乎坊磁又遷於淄登衛今東都事略及宋史惟言由登刺衛而前此之爲坊磁淄三州皆不載此碑首題大周推誠翊戴功臣金紫光祿大夫檢校司徒

使持節衛州諸軍事衛州刺史兼御史大夫上柱國太原
縣開國男食邑三百戶亦史所未詳碑待詔登仕郎守司農
寺丞孫崇望書字爲行體金石文字記以爲正亦誣
任公屏盜碑 行書顯德三年閏九月在鉅野
碑前列朝議郎行左拾遺充集賢殿修撰李昉奉勅撰翰
林待詔朝議大夫行司農丞張光振奉勅書末列軍司判
官朝議郎試大理司直兼殿中侍御史張穆篆額金石例
篆額皆與撰書人並此獨居後以前二人奉勅爲之碑載
粵嗣位元年冬十月詔以前趙州刺史任公檢校太保牧
于濟公名漢權蜀國人以武略仕累朝其加號爲推誠奉
義翊戴功臣階爲特進官爲使持節濟州諸軍事行濟州

刺史兼御史大夫勳爲上柱國爵爲西河郡開國公食邑二千三百戸至其功略所著皆未有詳徵惟以屏盜列之豐碑則其時所尚若此可悲也已

中書侍郎景範碑 行書顯德三年十二月在鄒平縣南五里

碑首列翰林學士朝議郎尚書水部員外郎知制誥扈載撰翰林待詔朝議郎守司農寺丞孫崇望奉勅書文多剝缺案舊五代史景範傳云官爲立碑卽此是也碑載故中書侍郎平章事景公諱範又載上柱國晉陽縣開國伯及贈侍中字後載今皇帝嗣位登用舊臣及以列卿歸第懸車故鄉嗟風樹之怨虧字又載冬十一月薨于淄川郡之私第
下缺
周太祖紀廣順三年春三月以左司郎中充樞密

直學士景範爲左諫議大夫充職世宗紀顯德元年七月
癸巳以樞密院學士工部侍郎景範爲中書侍郎平章事
碑謂登用舊臣蓋範當太祖時已爲諫議矣碑言晉陽縣
開國伯册府元龜載世宗卽位七月制詔範爲晉陽縣開
國男當依碑作伯又碑言以列卿歸第案本傳云範理繁
治劇非其所長雖悉心盡瘁終無稱職之譽世宗知之因
其有疾乃罷司計尋以父喪罷相東歸並與碑相符

授堂金石文字續跋卷七終

受業富川何氏校

授堂金石文字續跋卷八

偃師武億虛谷著　男穆淳編　孫秉重校刊

宋佛項尊勝陁羅尼經幢記 正書乾德元年三月

經幢在亳州城內大寺佛殿之西其東亦有一幢與此對植無年月可見記首題開元寺新修佛項尊勝陁羅尼經幢州志載寺舊名崇因宋改咸平據此記宋初猶名開元則志失於推考矣文爲鄉貢進士黃麟撰其序粤有信士王懷早悟眞空志歸元寂罄捜篋笥共圖功德遠市他山口刻斯典又言皇帝口星御極懷斗當陽銅刁罷振連營鉄馬休征遠塞云云 時乾德元年歲次癸亥三月十八日甲午建會首王瓌書宋史太祖紀建隆四年十一月甲子

有事南郊大赦改元乾德此幢建于三月巳稱乾德蓋立石時追書之也下匡字既缺畫而元不爲始祖諱于時立國之初制猶未嚴也顧亭林以宋避太宗御名義士皆改爲信士今此題稱信士王瓌必非豫爲之避義士信士兩名並可通謂之

西陽明洞記正書乾德五年七月在濬縣

記稱大坯山側有龍窩瑞窩之北有石壁每至日昃山半夕陽照明勃勃遍口口皎如洞戶遂易名曰西陽明洞又稱巖壁之由自隋唐已來每有事於水旱嘗下詔牽臣羣官將命祠禱圖丑備書如記所志隨唐益舊有名題矣又趙賓記入庄宅副使霍箴奉宣監護至此宋史職官志皇

城以下諸司使內有庄宅使唐時領此使職率用宦人爲之今此題翟錢其亦內侍品官與自署大宋乾德元年甲子歲建隆四年十一月改元是乾德元年爲癸亥又題乾德五年歲次丁卯甲子既爲改元之歲五年決非丁卯臨文者誤紀歲名而前後不知對勘皆閹流不學之過也

修唐太宗廟碑銘行書開寶六年十月

碑銘前列朝散大夫行殿中侍御大夫判度支公事柱國李瑩奉勑撰翰林待詔中散大夫行太僕寺丞孫崇望奉勑書李瑩見宋史太祖本紀開寶七年五月殿中侍御史李瑩坐受南唐饋遺責受左贊善大夫亦見李瀆傳云瑩字正白善詞賦廣順進士蒲帥張鐸辟爲記室因家河中

乾德初右補闕蘇德祥薦爲殿中侍御史度支判官使江南坐受李從謙賂遺責授右贊善大夫與碑題銜合崇望見禮志太祖命詞臣分撰嶽瀆祠及歷代帝王碑遣翰林待詔孫崇望等分詣諸廟書於石是太宗廟碑卽歷代帝王碑中之一也碑又載啓舊塋所以極衣冠之飾本紀開寶三年詔西京帝王諸陵寢嘗被發掘者有司備法服常服各一襲具棺槨重塟約紀文與碑相符權塋前錄帝王陵寢部曾經開發者重制禮衣常服棺槨重塟焉而碑載旋聞列籓咸詑不續揚此能事屬于盛朝証之紀文開寶四年夏四月辛卯南唐遣其弟從謙來朝貢發廂軍千人修前代陵寢之在秦者故碑以列藩揚此能事信得其實

重修鑄龍興寺大悲閣像碑行書端拱二年正月在真定府城

碑前結銜朝奉郎尚書兵部員外郎知制誥柱國賜緋魚袋田錫奉勅撰翰林待詔將士郎口少府監主簿御書院祗候吳郢奉勅書郢見張洎傳翰林待詔尹熙古吳郢皆江東人田錫宋史有傳云轉起居舍人還判登聞鼓院上書請封禪以本官知制誥尋加兵部員外郎與碑題合錫好讀書屬文然文不多見于世予故約此碑之詞云周顯德中世宗納近臣之議詔天下毀銅像鼓鑄以資帑財惟鎮之邦大像亦滅中有字曰遇顯即毀乾德中乃命重鑄凡四十二臂七十三尺又搆以摩雲之閣越太平興國七年僧名瓊法祗受宣召專主是閣案五代史周世宗本紀

顯德二年夏五月甲戌大毀佛寺禁民親無侍養而爲僧尼及私自度者又史贊云世宗即位之明年廢天下佛寺三千三百三十六是時中國乏錢乃詔悉毀天下銅佛像以鑄錢即此文所記也而王定國隨手雜錄柴世宗銷天下銅像以爲錢眞定像高大不可施工有司請免旣而北伐命以炮擊之中佛乳竟不能毀未幾世宗癰發乳間而殂此殆好事者欲誑耀佛氏之靈妄爲是說今以碑證之明云大像亦滅至乾德中乃重鑄蓋定國亦踵其謬不知詳驗也

重修北嶽安天王廟碑銘 行書淳化二年八月在曲陽

碑銘稱法天崇道皇帝宋史眞宗紀端拱二年十二月辛

西上法天崇道文武皇帝詔去文武二字餘許之此碑所題與史合前列承奉郎守左司諫知制誥柱國賜紫金魚袋王禹偁奉勅撰本傳拜禹偁左司諫知制誥而階承奉郎勲爲柱國亦書也翰林待詔將仕郎守少府監主簿御書院祗候賜緋魚袋黃仲英奉勅書翰林書直將仕郎守高州樂原縣主簿御書院祗候葛湍奉勅題額湍見呂文仲傳寓直御書院與侍書王著更宿時書學葛湍亦直禁中太宗暇日每從容問文仲以書史著以筆法湍以字學又見進說文解字序稱翰林書學臣葛湍又見李燾說文解字五音韻譜本朝雍熙三年鍇兄鉉初承詔與句中正葛湍王惟恭等詳校說文是也後列銜正書字獨小有云

忠果雄勇宣力功臣定武軍節度定州管內觀察處置北
平軍等使金紫光祿大夫檢校太保使持節定州諸軍事
定州刺史兼御史大夫柱國兼駐泊馬步軍都部署清河
郡開國公食邑四千二百戶食實封六百戶張訓職官志
賜號有忠亮忠勇無忠果雄勇攷却掃編中書樞密賜推
忠協謀同德佐理餘官則推誠保德奉義翊戴掌兵則忠
果雄勇宣力外臣則純誠順化張訓即因掌兵賜號而志
未之及非此則蔑由識遺典矣

青山廟新修三門記行書至道元年

修三門記鄉貢進士呂應撰學究薛撰書云皇帝以當郡
盤基輔於王室泱天波之大派分禁樹之高枝葢指德恭

判濟州是以云定安公之主郡也銘詞又云潁水先生卽
記稱維郡頭陳朗諸人潁川陳氏郡望也後列銜文林郎
守鉅野縣主簿趙嵩將仕郎守大理評事知鉅野縣事朱
澤殿直兵馬監押兼在城巡檢齊汴承奉郎守秘書著作
佐郎通判濟州軍州事借緋穆說皇姪金紫光祿大夫檢
校太保左驍衛大將軍判濟州軍州事兼御史大夫上柱
國定安公食邑一千八百戶趙德恭宋史太宗紀雍熙二
年春正月丙辰以德恭爲左武衛大將軍判濟州封定安
侯右補闕劉蒙叟通判濟州秦王廷美傳載德恭受封在
雍熙元年十二月又以爲封安定郡侯與紀顯不同未知
孰得其實至端拱元年進封安定郡公淳化四年改左驍

衛大將軍與此結銜特其勳階食邑史固從略不書也若安定之書爲定安碑與紀合似宜依石刻爲正德恭初判濟州劉蒙叟爲通判至此巳受替故至道攺元惟穆說蒞任矣又鑄當州施主前元從押衙陳安唐有元從禁軍元從功臣等號以此証之太祖陳橋初起亦賜元從之號司馬光傳光曰國初草創天步尚艱故御極之初必以左右舊人爲腹心耳目謂之隨龍碑所題元從者正謂是也又哲宗紀紹聖元年閏四月丁亥詔神宗隨龍人趙世長等遷秩賜賚有差並可舉証

刻說文偏旁字原 篆書咸平二年六月

說文目錄偏旁爲南岳師雲客宣義大師賜師夢英書從

附刻熒自序其文過自矜詡以爲惟汾陽郭忠恕其人余繼
李監之美宋史列傳忠恕河南洛陽人此云汾陽當舉其
祖望也又附忠恕答書云見寄偏旁五百三十九字按說
文字原唯有五百四十部子字合收在子部今目錄妄有
更改之又集解中誤去部在注中今點檢偏旁少晶惢至
龜弦五字故知林氏虛誕誤於後進是則宋初之本訛脫
見摘於郭氏如此攷林氏謂林罕也江少虞皇朝事實類
苑與宋景文筆記並載錯爲說文繫傳恕先作汗簡佩觿
時獨有林氏作小說然狹於徐郭者當即其人後又題推
忠宣力翊戴功臣建武軍節度觀察留後知永興軍府事
兼都提轄永興軍華耀乾商兵甲捉賊公事光祿大夫檢

校太傅上柱國彭城郡開國公食邑四千五百戶食實封七百戶劉知信推誠宣力翊戴功臣鎮寧軍節度澶州管內觀察處置河堤等使金紫光祿大夫檢校太傅使持節澶州諸軍事行澶州刺史兼御史大夫知涇州軍州事兼管界都巡檢使上柱國平陽郡開國公食邑四千二百戶食實封一千戶柴禹錫史本傳禹錫至道初制受鎮寧軍節度知涇州與此合知信咸平初拜建武軍節度觀察留後知永平軍府永平即永興字轉訛也

高紳等題名

右題名正書文云右司諫直史館知華州高紳尚書戶部員外郎直史館會致堯陝西轉運副使太常博士辛易識

平四年閏十二月十五日記宋史列傳張齊賢爲涇原邠寧環慶等州經略使辟致堯爲判官都掃編國朝咸平中張文定公齊賢奏請戶部員外郎直史館曾致堯爲判官仍遷戶部員外郎其直史館猶帶於此也又東都事略載致堯爲尚書戶部員外郎直史館與題名合元豐類稿先大夫集後序云始公尤見奇于太宗自光祿寺丞越州監酒稅召見以爲直史館遂爲兩浙轉運使未久而眞宗即位益以材見知初試以知制誥及西兵起又以爲自陝以西經略判官然則致堯當咸平時已知制誥而題名結銜猶用其直史館當以其初試未眞爲之也易見河渠志開寶八年知瓊州李易上言州南五里有度靈塘開修渠堰溉水田三百餘頃居民賴之即其人

修文宣王廟記 八分書咸平□年八月在臨潼縣

碑記將仕郎守京兆府臨潼縣主簿王漢撰鄉貢進士蕭資書并題額文多漫漶中有云咸平紀號之元年詔以太子中令趙公蒞是邑明年春拜孔子廟返則召邑中進士明經之好事者又募邑中人之有識者鳩材撤舊而新之其略如此後列銜名多磨滅錄其顯存者曰仕郎守殿中丞通判軍府事騎都尉借緋劉克勤正奉大夫尚書兵部侍郎知軍府事上柱國賜紫金魚袋天水縣開國伯食邑九百戶趙昌言宋史本傳昌言眞宗即位遷兵部侍郎知陝州表求還京不許未幾移知永興軍此題知軍府事即永興軍府以當王生本路故結銜不更書永興也昌言爵

爲開國伯史失書

錢惟演北岳題名

右題名八分書自左起文云景德二年夏京師霖潦詔太僕少卿直秘閣錢惟演止雨于安天王祠時七月六日侍禁劉承澤同行宋史列傳惟演召試學士院以笏起草立就眞宗稱善改太僕少卿獻咸平聖政録命直秘閣與題名合惟景德二年夏京師霖潦致勞遣使致禱而淫雨之災眞宗本紀及五行志並佚脱不書豈以在都下史筆有所諱言之與惟演奉使傳亦未載皆失紀也

賀遵式北嶽題名

右題名正書文云維大宋景德二年歲次乙巳十一月乙

巳朔三十日甲戌內殿崇班鎮定邢趙等州沿山東山西都巡檢使銀青光祿大夫檢校左散騎常侍兼御史大夫騎都尉清水縣開國子食邑五百戶賀遵式部領軍馬巡檢至此遂齋心詣廟口獻香紙以表虔誠也宋史職官志巡檢司或數州數縣管界此題鎮定邢趙數州之制也又掌訓治甲兵巡邏州邑此題部領軍馬巡檢至此與史符合常侍作尙侍尙有常音因以音字爲正字上石者不能無謬誤矣遵式爲內殿崇班初授檢校當爲國子祭酒兼御史大夫今作左散騎常侍葢遇恩例累加也

李允正北岳題名

右題名正書文云客省使威州刺史鎮定等州兵馬都鈐

轄知定州軍州事兼管內制置營田勸農等使李允正景
德三年丙午十月巳亥八日丁丑奉詔致祭宣德郎太常
博士通判軍州兼制置營田事輕車都尉借緋王利內殿
崇班閤門祗候兵馬都監魏化基預三獻之禮陪位三班
借職隨行指使張儀侯口將仕郎守曲陽縣令董日靖按
允正宋史有傳云字脩巳與錢若水同詣洪德懷安沿邊
諸砦經度邊事加領誠州刺史改客省使知定州兼鎮定
都鈐轄與題名結銜合

龐奎題名

右題名行書文云景德三年冬口天王降靈寶三籙壇口
式于四嶽勅屬郡口吏營築于廟殿之前自十月孟旬承

郡匠旋至十一月五日畢因刊闕石以紀藏事之口將仕郎試芸口吏守主簿麗奎題靈寶三籙于史無所攷然崇信之篤命官爲營築亦其崇飾天書之意兆諸此矣試芸下當作閣字以秘書省有秘閣得置吏也陳述古題名內載芸揆郎謂秘書省校書郎與此正同

永興軍修元聖文宣王廟大門記 行書大中祥符二年六月在西安府學

碑前列朝奉郎尚書比部員外郎知制誥知軍府兼口內勸農使上輕車都尉賜紫金魚袋孫僅撰朝奉郎尚書屯田員外郎通判軍府兼管內勸農渠河事上騎都尉賜緋魚袋冉宗閔書僅宋史有傳景德初北邊請盟遣使交聘僅首爲國母生辰使遷右正言知制誥賜金紫是年冬丞

興孫全照求代眞宗思擇循良任之御書邊肅洎僅二人示宰相或言僅嘗倅京府諳民政乃命知永興軍府結銜並與史同但碑稱丁未歲冬奉命出守丁未爲景德四年而傳卽書是年冬于景德初之後攷眞宗紀遣太子中允孫僅使契丹實景德二年二月及後又遷官必非在此一年出守永興以碑作四年證之疑史文稱是年是卽四字之訛僅兼管內勸農使宗閔兼管內勸農事入銜宋朝事實景德二年從丁謂所請少卿監刺史閤門使以上知州者並兼管內勸農使餘及同判並兼勸農事是也碑之立在大中祥符二年六月禮志云是年五月乙卯詔追封十哲爲公七十二弟子爲侯先儒爲伯云云既以國諱改謚

至聖文宣王此碑猶稱元聖改謚之詔時尚未及永興與

建廣武原宣聖家廟碑記 正書大中祥符二年十月在河陰縣

碑載祥符元年駕幸曲阜釋奠廟林賜孔氏男女錢帛有差四十五世孫孔延世襲封文宣公宋史眞宗紀至道三年未改元九月戊寅以孔子四十五世孫延世襲封文宣公孔宜傳延世字茂先以父死事賜學究出身爲曲阜主簿歷闔長葛二令眞宗至道三年十一月召赴闕以爲曲阜令襲封文宣公碑又云奏孔氏有隨駕叅軍孔晃一枝在河南廣武原上召問晃具陳臣祖孔戣仕唐禮部尚書國公孔緯皆荷先朝御塟廣武原子孫守墳不能東歸上嘉更命留守王羽騰來原建修家廟始于祥符二年仲春

落于孟冬之月眞宗紀大中祥符元年十一月戊午幸曲阜縣謁文宣王廟遂幸孔林禮志詔以十一月一日幸曲阜備禮謁文宣王廟內外設黃麾仗孔氏宗屬並陪位復幸孔林以樹擁道降輿乘馬至文宣墓設奠再拜碑稱釋奠廟林與史合但以其先臣戣與緯仕唐蒙御塟新舊唐史俱不載又韓文公孔戣墓誌銘亦言公子塟公于河南河陰縣廣武原先公僕射墓之右亦無所稱御塟者或其家乘炫飾之詞不足信也又孔晃一支經延世具陳在河南廣武原始末存著石刻昭信如是今闕里文獻攷于宗支流寓不附其名殆失搜録碑後刻贊詞題爲御贊禮志親製刻石廟中當卽是文

周瑩北岳題名

右題名正書文云推誠保節宣力翊戴功臣天平軍節度鄆州管內觀察處置等使金紫光祿大夫檢校太傅使持節鄆州諸軍使鄆州刺史口鎮定路駐泊馬步軍都部署兼知定州軍州管內制置營田勸農使兼御史大夫上柱國汝陽郡開國公食邑七千一百戸食實封二千六百戸周瑩大中祥符三年九月二十三日後又有結銜與此題同惟六百戸作八百又書氏而不名差異耳宋史列傳周瑩大中祥符初改太平軍節度明年爲鎮定都部署兼知定州與此題合而賜號及官階勳爵悉畧而不書又改大平軍節度以題名攷之當爲天平軍也天平軍節度本鄆

州題稱鄆州刺史爲得其實職官志功臣賜號有宣德翊
宣力今按之此題宣力翊戴知史有誤焉已

汧陽縣普濟禪院碑銘大中祥符三年十一月

碑銘首題宣德郎尚書都官員外郎知隴州軍州兼管內
勸農事上騎都尉賜緋魚帶借紫閻仲卿撰京兆府廣慈
禪院文學沙門普儁習晉右將軍王羲之書文序普濟禪
院自唐武德中創建歷開平同光各有興葺洎開寶元年
賜紫僧進詞重疊興替益爲增治于太平興國三年降勅
改爲普濟禪院事跡始末倘可概見後列諸官名氏其稱
內品宣德郎守內侍省內寺伯武騎尉監酒稅梁延意攷
宋史職官志內侍省無內寺伯之名惟唐志有之疑宦豎

不通古今謬以唐制假號爾善書習王羲之書與濟源延慶禪院舍利塔記揚虛已所題同當由一時習尚爲之不足異也

龍門銘 正書

龍門銘眞宗御製御書并篆額少有斷剝已失御製二字前爲序有云躬薦兩圭祀汾陰而祈民福言旋六轡臨雒宅而觀土風後乃書銘最後題大中祥符四年三月十日玉海祥符四年祀汾陰回三月癸未幸西京龍門山諸寺作遊龍門詩又作龍門銘卽此是也宋史眞宗紀是年三月己卯次西京至甲午發西京中間駐蹕凡十六日登覽臨幸固宜有是銘然紀于二月祀后土書作汾陰配饗銘

河瀆四海贊今此銘不書紀蓋從略之

元聖文宣王贊加號詔正書大中祥符五年八月在孟縣

元聖文宣王贊宋眞宗御製先爲序後乃書贊僅鈌數字序云檢玉介邱迴輿闕里宋史禮志大中祥符元年封泰山詔以十一月一日幸曲阜卽指其事加號詔文已殘鈌不可屬讀後另行書詔先聖加號元聖文宣王鈌部尚書口齊賢等以太牢致祭字存齊賢卽張齊賢本傳景德初起爲兵部尚書二年改吏部尚書從東封還復拜右僕射以記按之齊賢被命致祭卽在東封時矣志載親製贊刻石廟中謂此贊也案元年已親製贊刻石廟中二年又親製元聖文宣王贊元聖卽此詔所云加號也而志不言刻石又此碑立在五年尚從元聖之論不以至聖爲諱當時惟見于曲阜文

宣王廟及按此石後記五年八月二十三日奉勅道州府軍監各於下缺則諸處皆得立石而史文爲失紀也石在孟縣學署前余癸丑冬十一月重過此復就碑諦視爲手撫者久之

楊永貴北嶽題名

右題名正書文云大中祥符五年十月二十四日聖祖九天司命天尊大帝降延恩殿宣差入內內侍內侍高品楊永貴於安天元聖帝廟并眞君觀請道士二七人僧二七人起建道場各三晝夜於閏十月十七日開啓至二十三日罷散故記之眞宗紀五年冬十月戊午延恩殿道場帝瞻九天司命天尊降宋朝事實聖祖以大中祥符五年十

月戊午降于禁中延恩殿云云閏十月癸巳恭上九天司命保生天尊號曰聖祖上靈高道九天司命保生天尊大帝較史文爲詳証之此題則于司命下多保生字案閏十月乙丑朔癸巳乃二十九日永貴以此月十七日開啓至二十三日罷散上號之詔猶未聞故于保生二字題名時不備

康廷讓北嶽題名

右題名行書文云大宋大中祥符六年二月十九日奉勅移塑安天元聖帝尊像先於眞君觀請道士二七人起建道場七晝夜罷散至二十二日夜質明用三獻官并祭禮祭告安天元聖帝訖至二十五日卯後四剋用乙時移安

天元聖帝于後殿與靖明后相並安置訖當日亥時請道
士二七人起建安神道場七晝夜罷散日各設醮一座謹
具三獻官并陪位官如後初獻官入內內侍省內侍殿頭
勾當北岳移塑康廷讓亞獻官東頭供奉官知曲陽縣兼
兵馬監押褚省恕終獻官定武軍節度推官承奉郎試大
理評事苗用之陪位官三班差使殿侍權鎮定等州沿西
山同巡檢張恩將仕郎守曲陽縣主簿陳化新將仕郎守
曲陽縣尉竇化昌翰林圖畫院學生郎坦龐德震管押衮
冕定州部署司指使三班奉職韓裔定武軍都知兵馬使
都大部領一行移塑李士元移塑司定州使院勾押官蓋
昇前行牛旻魏澄王恩後行李德發鎮使勾當設務趙[illegible]

衙前軍將王聿耿澄案宋史眞宗本紀及禮志皆未載移
塑與靖明后並置之文或以其事微不與加號奉册比也
職官志翰林院勾當官一員以內侍押班都知充總天文
書藝圖畫醫官四局凡執技以事上者皆在焉然則此稱
翰林圖畫院當與志合而學生名或卽當時執技者也若
志言翰林醫官有學生常以春秋合格者取三百人據是
則圖畫亦宜有學生矣

呂言同北嶽題名

右題名正書文云大中祥符六年五月七日勅以玉清昭
應宮聖像到京命尚書都官員外郎呂言同殿中丞通判
定州軍州事王臻祭告北嶽安天元聖帝是月二十三日

行禮畢同行禮東頭供奉官知曲陽縣事兼兵馬監押褚省恕讀祝文將仕郎守曲陽縣主簿陳化新眞宗紀六年三月乙卯建安軍鑄玉皇聖祖太祖太宗尊像成以丁謂爲迎奉使五月甲辰聖像至今題名所記聖像到京是其事也紀又言乙卯謁聖像奉安于玉清宮丁巳遣使奉告諸陵然則當時張皇其事既已告諸陵寢矣而方嶽之告竟不著焉失於詳紀矣

空桑廟碑贊 篆書大中祥符七年正月

碑在杞縣中刓斷文句頗不屬首行題宋眞宗幸空桑祠廟御製碑下缺後題大中祥符七年春正月二十九口口口闕奉勑撰勒刻石宋史眞宗紀是年春正月壬寅車駕

奉天書發京師葢因六年八月有詔來春親謁亳州太清
宮至此途次所經得以臨幸空桑廟也碑云朕因駐□□
用懷賢聊復刻銘庶幾旌善與紀可相證惜史以其事微
不書也

眞宗御製先天太后贊 正書大中祥符七年在鹿邑

先天太后贊前有序略云大明聖善之德别建密清之庭
奉先天之名所以崇禨俾葺洞霄之宮所以法元都云云
玉海祥符七年七月御製朝謁太清宮頌西京頌明道宮
碑聖祖殿等銘贊卽此碑是也宋史眞宗紀大中祥符七
年正月己酉朝謁太清宮是夜月重輪幸先天觀廣靈洞
霄宮碑所云先天洞霄者當指其迹水經注渦水內李母

冢冢東有碑是永興元年譙令長沙王阜所立碑云老子生於曲渦間新唐書地里志眞源縣有洞霄宮先天太后祠蓋李母靈魄託此已久宜爲後世崇飾所起也紀於六年七月書亳州官吏父老三千三百人詣闕請謁太清宮今碑序眷惟景亳之耆舊口象魏之縉紳述款謁之令儀舉省方之舊典與紀文相符碑質過大摸拓殊不易余及門何栗亭自其外姻家轉假一紙俾余跋之

嚴國禎題名

右題名正書文云皇宋甲寅歲尚書都官員外郎嚴國禎奉命祭告上玉皇大天帝聖號及含譽星見東頭供奉官知曲陽縣事兼兵馬監押褚省恕將仕郎守曲陽縣主簿

陳化新同預獻官將仕郎守曲陽縣尉竇化昌讀文定州指使桑美陪位時大中祥符七年十月八日記宋史真宗本紀大中祥符七年九月丙戌以彗星再見辛卯尊上玉皇聖號曰太上開天執符御歷含真體道玉皇大天帝証之今題名所記蓋當時遣使祭告方嶽爲失紀矣禮志於七年九月下書詔以來年正月上玉帝聖號今此題書上聖號即在七年與紀合或當時先立號告方嶽至八年乃真宗親上故志與紀有異

高繼勲北嶽題名

右題名正書文云甲寅直歲國家以立冬致祭詔郡縣長吏躬行祀事因得率僚佐充三獻官伏謁于祠下初獻官

西上閤門副使榮州刺史知定州軍州事兼管內營田制置勸農使充鎮定等路駐泊兵馬鈐轄高繼勳亞獻官太常博士通判定州軍州兼制置營田管內勸農事騎都尉王關終獻官贊善大夫監定州商稅務上騎都尉崔應機守縣尉牛□□守主簿夏候裔左侍禁知縣事何仁儼後又有高繼勳題名書銜同此但不著年月又不列三獻官名按甲寅直歲大中祥符七年也書甲子而不書年號當以碑陰上題名甲寅已紀號爾繼勳附父高瓊傳載奉使契丹還知定州遷西上閤門使昭州團練使徙鄜延路鈐轄坐市馬虧價失官已而復爲西上閤門使榮州刺史知與州領果州團練使徙貝州復知瀛州據此題爲榮州刺史

後又復知定州傳竟失錄爲西上閤門副使而傳稱閤門
使皆史之失也
陳堯佐請平治太行山道劄子（大中祥符八年十二月）
劄子石刻陳堯佐爲河東轉運使患大行山險公私綱運
人畜費力乞降勑命下懷澤兩州每於四處巡察一度界
行差官相度如有雨水衝泛妨滯車牛之處即計工量差
上口塘馬勒員僱部押修塡開築平作了畢即畫時押送
爲使并不差擾修增況本處嘗有山路巡檢使臣便令提
轄點檢甚不費力頗利公私以史証之堯佐自從京西轉
運使又徙河東路劄子即上於此時然傳載堯佐奏除石
炭稅及減澤州大廣冶鐵課數十萬而鏈冶隘道匽畫之

善反不特書此於堯佐幹略沒其實矣歐陽集文惠陳公神道碑銘載其在河東鑿澤州路後徙河北鑿懷州路而大行之險通行者德公以爲利即此劄子所上是也山路巡檢使職官志亦失載

北嶽安天元聖帝碑銘 行書大中祥符九年四月在曲陽

碑首序眞宗詔北嶽安天王可增號安天元聖帝上被華袞秉鎮圭步自靑蒲臨於黻座出板詔命輶軒以尚書工部侍郎馮起攝太尉太僕少卿攝司徒裴莊奉玉册袞冕於曲陽之祠又云恭册將陞於文陛即爲之輿瑞節已出於端闈然後乃罷宋史禮志稱帝改服袞冕御乾元殿中書侍郎引[illegible]缺[illegible]册[illegible]文[illegible]袞冕升殿上[illegible]之[illegible]册[illegible]

至于朝元門外帝乃坐今以碑按之所紀當時儀注眞史
並符馮起裴莊二人奉册葢一爲使一爲副莊本傳云爲
北嶽加號册禮副使是也而眞宗紀但書向敏中等爲五
嶽奉册使餘人不悉記文從畧耳又陳彭年奉敕所撰結
銜翰林學士太中大夫行給事中知制誥兼龍圖閣學士
秘書監同修國史集賢殿修撰知禮儀院上柱國招信縣
開國子食邑六百户賜紫金魚袋與本傳符惟太中大夫
知制誥及爵爲開國子失載後結銜正書字微小東染院
使銀青光祿大夫檢校工部尚書知定州軍州兼制置營
田管内勸農事充鎮定等路駐泊兵馬鈐轄兼御史大夫
騎都尉彭城郡開國侯食邑一千五百户劉承宗史本傳

載拜東染院使知定州又兼鎮定路兵馬鈐轄而階勳爵
及檢校兼官悉未之及也

王懷珪題名

右題名正書自左起文云大中祥符九年六月十二日入内内侍省内侍高品王懷珪奉宣于嶽廟眞君觀道場七晝夜罷散日設醮一座續勅差太府少卿蔡汶賫缺祝版祭告同會於祠大理寺丞知縣事張綽書長安普濟廣教大師澄遠宋史職官志有内侍省入内内侍省而入内内侍省尤爲親近故懷珪奉宣嶽廟自爲題名加于朝臣之上足以知其恣而横也懷珪附宦者王繼恩傳子懷珪轉入内高班

王能北嶽題名

右題名正書文云侍衛親軍馬軍副都指揮指揮使振武軍節度勝州管內觀察處置等使金紫光祿大夫檢校太傅使持節勝州諸軍事勝州刺史鎮定等路駐泊馬步軍都部署知定州軍州管內制置營田勸農使兼御史大夫上柱國瑯琊郡開國公食邑二千七百戶食實封四百戶臣王能亞獻官朝奉郎守殿中丞通判定州軍州兼管內營田勸農事借緋　臣王臻終獻官觀察支使宣德郎試大理評事兼監察御史　臣林茂先後複題王能官銜無年月

宋史列傳王能大中祥符二年詔合鎮定兩路部署爲一命能領之明年召入拜侍衛步軍副都指揮使領曹州觀

察使祀汾陰留爲京城巡檢兼留司殿前司事禮成加領振武軍節度復爲鎮定副都部署兼知定州此題既題振武軍節度則在祀汾陰禮成後復爲鎮定時也然傳唯稱副都部署題名稱都部署或初爲副而漸轉爲都史不及收也又傳稱步軍副都指揮使題名作馬軍當依題名爲正王臻傳舉進士中第爲大理評事歷知舒城會昌縣通判徐定二州今題名稱通判定州是也不載初獻官與曹琛題名同亞獻終獻稱臣某又與曹琛異

授堂金石文字續跋卷八終

受業大興長沛熹交

授堂金石文字續跋卷九

偃師武億虛谷著　男穆淳編　孫耒重校刊

宋章安世北岳題名

右題名正書文云大宋天禧元年歲次丁巳正月一日辛丑皇帝詣玉清昭應宮恭上玉皇寶册衮服及詣景靈宮上聖祖寶册仙衣至十一日辛亥朝饗太廟南郊恭謝禮畢奉聖旨差朝奉郎行太常博士章安世祭告北嶽聖祠終獻官定州觀察支使宣德郎試大理評事兼監察御史茂先亞獻官左班殿直知曲陽縣事兼兵馬監押沿邊山口寨鋪巡檢張禹吉初獻官朝奉郎行太常博士輕車都尉章安世宋史真宗紀天禧元年春正月辛丑朔改元詣

玉清昭應宮薦獻上玉皇大天帝寶册袞服壬寅上聖祖寶册己酉上太廟謚册庚戌享六室辛亥謝天地于南郊與此題合夢溪筆談上親郊廟册文皆曰恭薦歲事先景靈宮謂之朝獻次太廟謂之朝饗末乃有事于南郊今所序亦先景靈宮末乃及太廟南郊蓋掌故所存有由然也

内侍殿頭鄧保口題名

右題名行書首尾不完其文云京官勾部送御製書奉神述碑石壹疔赴西嶽廟殿上西畔於天禧四年口月二十七日巳後午前丙時竪立訖故記之入内内侍省内侍殿頭鄧保口宋史禮志加上五嶽帝號帝自作奉神述備紀崇奉意碑撰册文眞宗紀大中祥符四年五月乙未上五

嶽帝號作奉神述玉海祥符四年七月丁亥資政殿大學士向敏中等請以聖制奉神述刻石遂親書刻石於奉神觀九年三月庚申丁謂請刻石於會靈觀從之與此題合至建豎碑石已越九年則史未具錄也鄧保下缺字疑當爲吉字范鎮傳副都知任守忠鄧保吉同日除者當是其人也

摩騰入漢靈異記 行書天禧五年正月

記爲西蜀武都山僧景遵書在今洛陽白馬寺不見撰人名氏蓋唐長興三年二月所記宋時爲重建之者約其文云巳巳之歲四月八日孝明皇帝駕幸鴻臚卿寺詔問迦葉摩騰述聖塚所由帝遂爲造浮圖至後周二年四月八

日塔上現異云石林燕語漢以來九卿官府皆名曰寺鴻臚其一也本以待四裔賓客明帝時攝摩騰竺法蘭自西域以白馬負經至舍於鴻臚寺既死屍不壞留寺中後遂以爲浮圖之居即雒中白馬寺也然則摩騰固嘗寄魄于此宜其幻迹多矣鴻臚書作廬涌起書作勇上石者誤

段微明題名

右題名正書自左向右文云乾興元年二月十五日奉宣差入內內侍省內侍高品段微明往慶成軍太寧宮太寧廟各開啓道場七晝夜罷散日缺趨西嶽廟并眞君觀各開啓道場缺夜各設清醮一座宋史禮志祈報諸祭云或啓建道場於諸寺觀或遣內臣分詣州郡如河中之后土

廟太寧宮亳之太清明道宮兖之會眞景靈宮太極觀鳳翔之太平宮舒州之靈仙觀江州之太平觀泗州之延祥觀皆函香奉祝驛往禱之題名段徵明奉差往慶成軍即遣內臣分詣也徵明所祈未著其實以眞宗本紀案之乾興元年二月甲寅對宰相于便殿帝不豫增劇禱于山川神祇是月庚子朔甲寅爲月之十五日徵明此行當爲眞宗祈佑與

留題安天元聖帝廟詩并序

詩序正書朝奉郎守太子中舍同判成德軍府兼管內勸農事騎都尉賜緋魚袋趙惟吉上序云北岳安天元聖帝廟巨宋端拱二年中先父察院奉太宗皇帝睿旨與張殿

頭監重修而厥功告成至淳化二載賜碑以旌其事王內翰之文黃御書之字惟吉于天聖元祀仲秋月奉轉運使差提入便軍儲由中山之曲陽詣是廟伸朝拜之禮閱是碑與感慕之懷輙敢鐫巳什于碑陰詩未具錄案同判成德軍不云通判攷齊東野語本朝章獻太后父諱通嘗改通直郎爲同直郎通州爲崇州通判爲同判通進司爲承進司通奉爲中奉通事舍人爲宣事舍人至明道間遂復舊此題當天聖元祀故宜以同判相避易與宋史仁宗紀初即位詔中外避皇太后父諱正合

賜賀蘭栖眞勅并贈詩序碑 楊虛己行書天聖九年十月在濟源

碑上方列眞宗勅書及二韻詩宋史賀蘭栖眞傳亦載勅

書以此參校傳凡稱師碑皆作汝脫屣浮雲之外碑作濟榮爰命使車碑作使臣往申禮聘碑作以禮徵聘來儀闕廷碑作來至必副招延無憚登涉碑作無辭跋涉之勞當體招延之意又今遣入內內品李懷贇召師赴闕碑于入內下多高班字李懷贇多往彼字案懷贇見李神福傳子懷贇卽其人中方列七言四韻詩一首贈宗眞大師下題尚書右僕射判軍州事張齊賢上又七言詩一絕贈賀蘭宗眞大師下題知制誥陳堯咨上傳載栖眞號宗元大師碑作宗眞由避國諱也然眞宗賜詩稱玄元留敎五千言豈至尊固可以臨文不諱耶下方載進士汪仲詢所撰序其文云賀蘭栖眞者譙國人也始事驪山白鹿觀馮洞元

口仲寂復訪道於終南結茅於巖曲後更思得福地以毓其真於是乎游王屋口濟源濟之奉仙郎唐小魯真人舊隱之所今本傳不悉其里居所在但云不知何許人及栖真生平寄隱並在陝西傳惟書始居嵩山紫虛觀而已碑載二年秋九月遣中侍馳蒲輪賁鶴板而召之入對崇和果加前席未幾請還後于錫符紀號之三祀冬十一月二十有一日無疾而終享年一百一十三歲傳唯稱爲道士自言百歲皆不如碑之詳也碑又載卒後魄體柔軟與傳稱卒時大雪經三日頂猶熱文亦小異

張旻留題詩石刻 天聖三年十月張得一書

張旻改名者宋史有傳今按此題首序云余自天禧元祀

解宥密之職首治是邦越期月而移蒞他郡于今八載復領藩政再踐殊館仰廟貌之如昔感威靈而長在强抽鄙思以紀歲華後列五言詩一章並行書其餘則正書旻本傳進宣徽南院使罷判河陽所謂首治是邦也傳又云丁父母憂起復從武寧軍節度使即此移蒞他郡也序又稱復領藩政宰輔表天聖三年十二月乙丑張旻自淮南節度使檢校太師同平章事依前官遷樞密使下又有歷河陽之文悉與石刻合然旻題銜淮南節度使特進檢校太師同中書門下平章事判軍州事蓋當三年十月七日巳立石矣則被命更前於十月而表反書於是年十二月乙丑所未悉也後列旻諸子從一禮一得一如一昭一銜名

傳稱旻有子二十四人得一可一利一希一誠一今得此題又附見其四矣得一題東頭供奉官閤門祗候傳言得一慶歷中守貝州妖人王則作亂不能死又與之草禮儀伏誅是也旻御諸子嚴肅有法日一見之卽出就外舍而得一可一尙不免刑誅況淫酗以卒其子者能幸脫與

西京龍門山大像龕題名

右題名正書自左起文云三班借職監伊洞竹木務兼本鎭煙火修整石佛像石道公事口口弟祜同至并仲子觀東鄉友口吏顏翰安定胡洸同至此大宋天聖四年丙寅三月二十九日口書鐫手李口竹木務子職官志屬將作監至西京設此官程伯淳傳求監洛河竹木務司馬光傳

光居洛河南尹轉運使敬事蔡天申獨爲設一班光顧吏引天申立監竹木務官富贊善之下據此題則伊河已設務矣又云兼本鎮煙火職官志鎮砦官諸鎮置于管下人煙繁盛處設監官管火禁文獻通考建隆三年置鎮將只許勾當鎮下煙火爭競公事宋二陵採石碑後題亦有朝奉郎監西京偃師緱氏鎮管勾城內煙火事兼稅場驍騎尉賜緋魚袋孫龐名蓋每鎮皆設此員史不及悉錄也至南渡後逐路置兵馬都監兵馬監押掌烟火公事捉捕盜賊蓋沿于此本鎮即龍門元豐九域志建春門彭婆洛陽龍門上東門五鎮此其一也

濟源令陳公善政錄正書天聖九年四月在濟源

碑首列將仕郎試秘書省校書郎前安利軍判官張庚撰進士楊虛已書安利軍即地里志通利軍天聖元年改碑云潁川陳公諱省華也省華見堯佐傳事孟昶爲西水尉蜀平授隴城主簿累遷櫟陽令徙樓煩令此碑稱孟蜀納籍載調得此縣是也晁濟北陳君知和墓誌銘孟昶以蜀歸曾祖諱省華始來自蜀爲祥符人仕本朝爲左諫議大夫碑載省華聞太夫人憂亟解印州民結狀以留上數詔賜允號讓不獲視事如舊宋重守令曲遂民望爲之奪情如此又載受詔歸闕人懷舊惠蓋指省華在濟源已內召而史惟稱從樓煩令復召爲太子中允攷之未審也後又載省華秩爲諫大夫而史稱拜左諫議大夫又以諸子貴贈官至尚書令史贈太子少師皆宜以碑爲據

授列將仕郎縣尉王宏將仕郎守主簿王克昌左班殿直知縣事兼兵馬監押裴德滋三人名左班殿直由武階知縣事按之職官志惟建炎多差武臣此當天聖間已以武階爲之矣

勸慎刑文并序 正書天聖口年 在西安府學

序文正議大夫守禮部尚書充集賢院學判西京留司御史臺柱國南安郡開國公食邑四千三百戶食實封六百戶賜紫金魚袋晁迥述宋史列傳迥請分司西京特拜工部尚書集賢院學士判西京留司御史臺仁宗卽位遷禮部尚書証之此題但于爵南安郡開國公失載其食邑及實封之數參差不符史所謂加例而無定法者職此故也傳

稱迴遷殿中丞坐失入四死罪奪二官是以暮年著此文而約舉正經正史期于深識之士三復盡心則豈非髦而能舉其過者與後又召對延和殿復獻斧扆慎刑箴大順審刑無盡燈頌凡五篇當與此文相證明惜佚未盡傳隨手雜錄晁文元迥嘗言歷官臨事未嘗挾情害人危人售進保全固護如免髮膚之傷由此文觀之迥爲人信可風矣

范雍題名

右題名一正書自左起文云陝西轉運使尚書兵部員外郎賜紫金魚袋范雍乾興壬戌歲四月七日又題名一正書自右起文云去年題名在缺今歲自三司度支副使遷

此官復爲本路轉運使再謁靈祠天聖癸亥九月十四日
按前題名所記乾興眞宗改號是年二月仁宗嗣位猶未
改元故稱乾興也宋史本傳雍歷河北陝西轉運使入爲
三司戶部副使又徙度支以尙書工部郎中爲龍圖閣待
制陝西都轉運使然當乾興已爲尙書兵部員外郎史竟
失載又爲陝西都轉運使職官志載諸路事體當合一則
置都轉運使以總之又云都運廢置不常而正使不廢雍
旣前稱陝西轉運使後又云復爲本路轉運使葢本路與
兼諸路有異而史乃以爲都轉運使記載之舛賴石刻正
之類如是也又案志稱三司使內鹽鐵度支戶部各副使
以員外郎以上歷三路轉運及六路發運使充雍前題陝

西轉運使尚書兵部員外郎充此官是也雍本傳始入爲三司戶部副使後遷度支故題名稱度支而東都事畧脫度支不書失其官敘矣

留題延慶寺詩 正書在濟源

延慶寺留題詩范雍伯純二章陳堯佐希元和詩三章初書于碑未知何時摹勒上石首題尚書戶部侍郎知河陽范不書名當是希元命其子書牌故爲缺之伯純記延慶精舍故潁川客相以昔先中令曾製錦是邑與叅預貳卿及天雄故帥俱肄業于寺天禧中客相謝病乞理此邦真廟美其若晝錦而歸御製贈行詩傳在屋壁按客相堯佐兄堯叟也宋史列傳堯叟素有足疾屢請告九年夏帝臨

問勞賜加等疾甚表求避位遣閤門使楊崇勳至第撫慰以詢其意堯叟詞志頗確拜右僕射知河陽肩輿入辭至便坐許三子扶掖升殿賜詩爲餞今序題所謂御製贈行詩蓋指其事但堯叟出知河陽由于陳乞欲得便地則傳未嘗具錄也序稱天禧中密相謝病傳以爲在大中祥符九年宰輔表亦書九年八月丙戌樞密使陳堯叟辭疾以尚書右僕射免陳述古題名序其家世云祥符九年孟父中令公引罷樞府相國出判三城與史同此題作天禧中未知孰得其審堯佐和詩内註先中令昔典是邑兄長相公季弟太尉洎子皆肄業茲寺述古題名亦云太平興國六年先祖太師中令秦國公宰邑茲土時孟父中令大人太尉相公季父太尉康肅公並肄業精舍按傳載堯佐父省華

事孟昶爲西水尉蜀平授隴城主簿累遷櫟陽令徙樓煩
令以此題攷之固已爲濟源令矣堯佐兄弟從父宦遊肄
業於茲其遺跡向有題名壁龕而傳唯載堯佐初肄業緱
山歷後從种放於終南山豈非不及詳采之過與又雍出知
河陽堯佐出知永興軍府俱當明道二年太后崩後執政
多罷免雍本傳罷爲戶部侍郎知陝州改永興軍以疾請
近郡遂知河陽堯佐傳以戶部侍郎知永興軍與序題合
堯佐和詩成遺稚子贊善大夫通判邠州事學古寫于此
牌歐陽集文惠神道碑銘學古虞部員外郎卽其人碑後
題聖宋景祐三年歲丙子三月清明日書又題前永興軍
節度掌書記陳諭赴闕同太常博士秘閣校理范宗傑攜

御寺閣論與宗傑或即陳范兩鉅公之族屬與

衛夫人墓誌銘 正書寶元二年八月

誌題高平縣君即左千牛衛將軍衛廷諤繼室其誌刻於衛君誌石之陰殘缺三十餘字隴西李之才撰文云夫人姓徐錢塘人父裕子五人□□□□殿直□□觀□皆舉進士景祐五年春觀御試不利既黜且以兩經禮部進名則以州長史處之觀實預之不願出有相謂者曰子母老何愧易褐以怡其心觀明日反有就意夫人聞之亟走報以書云汝年且少□爲名進士無效庸常用是觀益聞於人攷禮部進名宋之恩例所謂特奏名也宋史選舉志景祐初詔曰凡年五十進士五舉諸科六舉嘗經殿試進士

三舉諸科五舉預先朝御試雖試文不合格毋輒黜皆以名聞是觀兩經禮部進名得預釋褐其邀恩數當沿于此及後蘇軾孔文仲言舊制禮部已奏名至御試而黜者甚多嘉祐始盡賜出身益與誌文徵信也之才字挺之宋史有傳嘗調孟州司法參軍意觀得友于挺之爲其母作誌有由然矣

陳述古題名 寶元二年九月在濟源

右陳述古題名文自左行云大平興國六年先祖太師中令秦國公宰邑兹土時孟父中令大人太尉相公季父太尉康肅公並肄業精舍祥符九年孟父中令公引罷樞府祖國出判三城天聖六年述古倅白波曹口與仲弟殿省

丞求古師之同遊今忝運局使領之任率前淮安從事尹
宗濟載之前三堂盧川令韓襲紹先專謁靈祠復此憩止
稚子祝史知雄知方知白守芸校知十巳下六人時寶元
巳卯登高前五日尚書金部員外郎陳逝古行之題下又
有小字題云後治平丙午歲重五日男將仕郎守孟州濟
源縣尉知素立石按逝古爲堯佐子此題稱大人太尉相
國者堯佐也堯佐與兄堯叟弟堯咨並肄業精舍即謂濟
源之延慶寺今見有留題石刻詩范伯純記延慶精舍故
潁川密相以昔先中令曾製錦是邑與参預貳卿及天雄
故帥俱肄業於寺者是也題稱倅白波漕按今孟縣西南
四十五里黄河北岸上大小凡三寨其下爲白坡渡當爲

宋之白波字或從土從水地實一也宋史食貨志河東陝西船運至河陽措置陸運意其時白波在河陽之西水勢湍急牽挽艱澁更置遞運故立漕司於此今檢富紹庭傳提舉三門白波輦運李伯宗傳提舉白波輦運薛弼傳攺三門白波輦運是其事也求古見李淑傳淑初在鄭州作周陵詩國子博士陳求古以私隙訟其譏訕朝廷又逃古系運局劉几傳轉運使陳述古攝渭帥卽此題運局使領也

李惟賢北嶽題名

右題名正書文云持父中山太守攺感德軍留後誥命至恭謁眞祠康定元年十一月十一日閤門通事舍人勾當

御厨李惟賢記弟惟寶書宋史地里志定州政和三年升爲府改賜郡名曰中山此題當康定元年未名中山也文人喜以古地名易之耳然後日改賜之讖起于此矣感德軍即耀州太平興國初改名太守亦倣古職銜自署惟賢見李昭亮傳子惟賢字寶臣以父蔭爲三班奉職後爲閤門祗侯通事舍人此題閤門通事舍人與史合又昭亮歷知瀛定三州感德軍節度觀察留後故云中山太守也惟寶亦昭亮子而傳未之附從畧也

朝城縣孔子廟記 八分書慶歷四年五月

朝城縣孔子廟記前題建康劉之圖言三幾王樂書太原霍處鈞篆額記後列文林郎守縣尉樂令德文林郎守主

簿張仲華承奉郎守著作佐郎知縣事田諒諸人銜名諒嘗爲令朝城興建孔子廟而當時爲敘其事于約斯文有云大丞相文正王公出鎮於魏魏博之學始有口焉慶歷壬午之紀著作佐郎田君諒爲魏朝城事之初年即召民興學於是畢力以致讙然告成壬午之紀慶歷二年也又云田君青之有口者口嘗與天章侍講趙君師民講學於青時稱山東之冠立朝之賢而豪者多出門下初命一永靜軍東光主簿不鄙其俗率子弟以教之登仕籍數有焉然則田君固號爲良吏者矣惜史不爲立傳而齊乘亦未著名故莫知其事跡始末諒後歷官又見興州新開白水路記題銜利州路諸州水陸計度轉運使兼本路勸農使兼

奉郎守尚書工部郎中充集賢校理輕車都尉賜緋魚袋其時當嘉祐二年距慶歷壬午十有六歲矣諒於白水路亦爲踵修實司其成蓋所在皆有績狀如此趙師民宋史有傳云青州臨淄又遷天章閣侍講與記合

田況題名

右題名正書文云慶歷仲冬（缺二字）樞密直學士田況敀命赴涇原與弟（缺一字）同謁東都事略況除龍圖閣直學士知成德軍徙秦州進樞密直學士知渭州宋史地里志渭州舊置涇原路經略安撫使故況以渭州有涇原之目矣然自稱敀命其由秦州而徙渭與至云慶歷仲冬紀時而不紀年所未詳也

韓魏公北嶽題名

右題名在魏公所書碑陰首三行大字徑二寸餘文云皇祐元年冬十月九日重修嶽祠畢功既勒文以謹其事乃列將佐官屬名氏于石陰厤承後觀亦魏公自書記後列將佐官屬名氏分三層字寸餘非魏公書矣第一層文林郎守冀州武邑縣令管勾定州路安撫司機宜文字陳薦入內內侍省內侍高品眞定府定州等路走馬承受公事謝禹珪西頭供奉官眞定府定州等路走馬承受公事陳有方供備庫副使定州路駐泊兵馬都監趙滋供備庫副使定州路駐泊兵馬都監張僎西深院使資州刺史定州路駐泊兵馬鈐轄張忠北作坊使綿州團練使內侍省內

侍右班副都知定州路駐泊兵馬都監任守忠侍衛親軍
馬軍副都指揮使保大軍節度觀察留後定州路駐泊馬
步軍副都部署狄青第二層順安軍判官將仕郎試秘書
省校書郎權節度觀察推官公事仇公緯莫州防禦推官
將仕郎試秘書省校書郎權觀察推官周革節度推官承
奉郎試大理評事劉循將仕郎試秘書省校書郎權節度
掌書記馬艮器內殿崇班定州兵馬都監兼在城巡檢劉
斌內殿崇班定州兵馬都監兼在城巡檢劉宜孫內殿崇
班定州駐泊兵馬都監石宗閔朝奉郎太常博士通判定
州軍州兼制置營田及管內勸農事騎都尉借緋錢貽範
朝奉郎尚書屯田員外郎通判定州軍州制置營田及管

內勸農事騎都尉賜緋魚袋游開第三層將仕郎守曲陽縣尉盧至堅將仕郎守曲陽縣主簿李系左班殿直知曲陽縣事兼兵馬監押口昭文林郎守司法參軍房士安將仕郎守司戶參軍裴士謗登仕郎守司理參軍趙諮承奉郎守錄事參軍曹盡忠按碑記定州一路官屬之制証以宋史職官志走馬承受諸路一員此設二員却掃編祖宗時諸路帥司皆有走馬承受公事二員一使臣一宦者屬官也今碑謝禹珪爲宦者陳有方爲使臣亦與舊制合則史攷之不審矣（文獻通考走馬承受諸路各一員宋仁宗時置以三班使臣及內侍充亦未盡然）通判當建隆時大郡置二員餘置一員定州路屬大郡題名通判有二員與志合在城巡檢二員益州縣所置非沿

邊及數州數縣例也史列傳陳薦字彦升從韓琦定州河東幕府此題管勾定州路安撫司機宜文字於時卽在魏公幕也守武邑縣令益爲華陽尉獲盜後轉官而史失書矣張忠史有二人一字聖毗一不書字皆開封人此題卽傳不書字者傳云遷如京使資州刺史歷眞定府定州高陽關京東西路兵馬鈐轄亦見郭勸傳韓琦言勸所遣將張忠劉遵平賊功皆第一者是其人也趙滋本傳云自東頭供奉官超受供備庫副使定州路駐泊都監任守忠見宦者傳云以功再遷東染院使內侍押班出爲定州鈐轄加內侍副都知按題名則爲北作坊使出爲轄又爲內侍右班非押班也狄青傳云從眞定路副都總管歷保大安

遠二軍節度觀察留後又遷馬軍副都指揮使据此題爲定州路時已帶馬軍副都指揮保大軍銜傳敘在定州路以後歷官少失其次故備錄之

重修北嶽廟記 正書皇祐二年正月在曲陽

記爲魏公撰并書約其文有云每歲立冬天子以所署祝册就遣守臣以祇祀事與禮志立冬祀北嶽恒山合又記稱慶歷八年夏六月琦獲領州事本傳云知定州兼安撫使是也然傳未明其請外之歲月今以碑證之並知其實矣修廟與事者通判軍州事屯田員外郎游開縣主簿李奭碑末結銜署名朝奉郎太常博士通判定州軍州兼制置營田及管內勸農事上騎都尉借緋錢貽範篆額

趙滋北嶽題名

右題名正書文云皇祐三年正月二十七日奉安撫移文詣北嶽靈宇點檢未完之處二月朔日還郡西京左藏庫副使定州路監兵趙滋記滋見韓魏公嶽廟碑陰題蓋當皇祐二年爲供備庫副使定州路駐泊兵馬都監至三年又遷西京左藏庫副使矣滋本傳未之書也職官志西京南京北京各置左藏庫題名與志合監兵當爲都監易名所云奉安撫移文詣北嶽靈宇點檢未完之處蓋元年重修至此又檢視爾

王鼎北嶽題名

右題名別鐫一小碑式用花文邊欄額題王公題名親筆

下書皇祐庚寅三月十三日庚子奉勅以久旱乘驛請雨于北嶽甲辰離京是夜雨二尺壬子宿齋宮以二十八日乙卯祭告甲寅復被詔賫謝越四月五日辛酉行禮宣德郎守尚書屯田員外郎騎都尉賜緋魚袋王鼎謹記按庚寅爲皇祐二年以仁宗紀考之是年三月甲午遣官祈雨丙午雨据題名則庚子請雨至甲辰夜已雨矣王鼎史有傳云累遷太常博士提點兩浙刑獄降知深州徙建州提點河北刑獄召爲開封府判官改鹽鐵判官累遷司封員外郎淮南兩浙荆湖制置發運副使入爲三司鹽鐵副使遷刑部郎中天章閣待制河北都轉運使徙河東卒然于守尚書屯田員外郎不書蓋略之也鼎強果自任號爲名吏今得其

手筆自題益足珍惜也

李杞題名

右題名正書文云華州渭南縣主簿權華陰縣事李杞伏謁靈祠皇祐辛卯仲冬初二日題辛卯皇祐三年也宋史食貨志王韶建開湟之策委以經畧熙寧七年始遣三司幹當公事李杞入蜀經畫買茶於秦鳳熙河博馬八年杞以疾去今題名者卽其人又文同丹淵集呈李堅甫中舍杞詩云因君奉使臨敝邑與可蜀之梓州人此正其入蜀時也益可舉証

劉兼濟北嶽題名

右題名正書文云皇祐辛卯仲冬後十日因往邊部巡歷

專詣聖祠朝拜河北沿邊安撫副使西上閤門使惠州刺史劉兼濟題男殿直振孫試校書郎詵孫侍行宋史列傳兼濟劉平弟云累遷文思副使惠州刺史河北緣邊安撫副使擢西上閤門使與題名合其男振孫詵孫史未之紀也

蘇舜元題名

右題名正書字大三寸文云蘇舜元才翁題又字兩行文不全唯皇祐癸巳孟春缺因之河南府也癸巳爲仁宗改元皇祐之五年舜元附宋史蘇舜欽傳後云兄舜元字才翁爲人精悍任氣節爲歌詩亦豪健尤善草書舜欽不能及官至尚書度支員外郎三司度支判官東都事畧郭承祐傳稱轉運使

蘇舜元今此題所書勁折不佻以証史言善草書洵爲非誣陸務觀過羅源縣走馬嶺見崖石刻才翁書樹石二大字告縣令作欄楯護之其書爲當時所貴如此況傳之積歲益久如予所收者是尤可寶愛也

京兆府小學規 裴珍正書至和元年四月在西安府學

碑稱准使帖指揮于宣聖廟內置立小學於生徒內選差學長二人至四人傳授諸生藝業及點檢過犯其諸生學課分爲三等又懲其過犯並量事大小行罰攷之宋史職官志國子監小學置職事教諭二人掌訓導及考校責罰學長二人掌序齒位糾不如儀者今碑內所舉規式并依國子監制度蓋由慶歷四年詔諸路州軍監各令立學于

是當路體其意復以小學建置故碑稱准使帖也是時任使職者爲文潞公然則京州府小學潞公實爲之倡而史不及載也碑後列權府學教授蒲宗孟本傳畧其任此職又列府學說書兼教授裴瀆職官志淳化五年判監李至奏爲直講以京朝官充其後又有講書說書之名並以幕職州縣官充此刻稱說書則府學亦置員矣史文所未詳碑足以拾其遺也又列大理寺丞簽署觀察判官廳公事專管勾府學李綖篆額秘書丞通判軍府兼管內勸農事提舉府學韓繹繹忠獻子見韓億傳後又列尚書比部員外郎通判軍府兼管內勸農事提舉府學薛俅江隣幾雜志所稱薛俅比部者即其人又大書列忠武軍節度使特

進檢校太尉知軍府事文氏而不名知爲潞公也本傳畋忠武軍節度使知永興軍至于階特進及加檢校史畧而不書又列本學教授兼說書草澤任民師志載慶歷四年始置教授委運司及長吏于幕職州縣內薦或本處舉人有德藝者充民師稱草澤當以舉人膺薦而自爲別異歟世知非由幕職州縣者爾

授堂金石文字續跋卷九終

[illegible]汝陽李應雷校

授堂金石文字續跋卷十

偃師武億虚谷著　男穆淳編　孫耒重校刊

宋興州新開白水路記正書嘉祐二年二月在畧陽

記文撰書及篆額皆雷簡夫一人簡夫自列銜宣德郎守殿中丞知雅州軍州兼管内橋道勸農事管勾駐泊及提舉黎州兵甲巡檢賊盜公事騎都尉借緋宋史職官志崇寧中復置提舉兵馬提轄兵甲皆守臣兼之此題稱提舉黎州兵甲蓋舊有此制既罷而至崇寧始復之簡夫本傳用張方平薦知雅州與此題合而文載開路始末與督作按視之人有知興州事虞部員外郎劉拱簽署興州判官廳公事太子中舍李良祐權知長舉縣事順政縣令商應

知鳳州河池縣事殿中丞王令圖令圖見長子縣法興寺記後列前利州路諸州水陸計度轉運使兼本路勸農使朝奉郎守尚書主客郎中兼上輕車都尉賜紫金魚袋李虞卿利州路諸州水陸計度轉運使兼本路勸農使朝奉郎守尚書工部郎中充集賢校理輕車都尉賜緋魚袋借紫田諒蓋以斯役實肇于李而遂成于田也虞卿見梁適傳茶賈負公錢四十萬緡鹽鐵判官李虞卿案之急賈懼與吏爲市內交於適子弟適出虞卿提點陝西刑獄及罷帝卽還虞卿三司又見丁度傳通判吉州李虞卿受財錢貼納事覺諒見朝城縣孔子廟記

造萬安橋記 嘉祐五年

記爲蔡襄撰并正書字徑五寸餘文云泉州萬安渡石橋始造于皇祐五年四月庚寅以嘉祐四年十二月辛未訖功纍趾于淵釃水爲四十七道梁空以行其長三千六百尺廣丈有五尺翼以扶欄如其長之數而兩之靡金錢一千四百萬求諸施者明年秋蒙召還京道繇是出因紀所作勒于岸左宋史列傳襄以樞密直學士再知福州徙知泉州距州二十五里萬安渡絕海而濟往來畏其險襄立石爲梁其長三百六十丈種蠣于礎以爲固又植松七百里以庇道路閩人刻碑記德召爲翰林學士三司使與此記合傳于召爲學士未實其年歲証之記文是爲嘉祐五年秋也

王世安北嶽題名

右題名正書另界畫一方其文云大宋嘉祐五年庚子歲冬十一月奉勅就差知定州曲陽縣事兼管勾北嶽廟明年夏四月二十七日到任至治平元年春二月初一日滿替赴闕謁謝聖帝祠下西頭供奉官王世安謹記宋舊制嶽瀆各廟之政令多統於本縣命京朝知縣者稱管勾廟事世安結銜爲西頭供奉官其稱管勾宜也若到任滿替之期自嘉祐六年四月至治平元年二月歷任尚少兩月葢以就差已在庚子矣三年爲任其可推尋如是世安見王承衍傳子世安至崇儀副使通事舍人

韓愷墓誌銘 正書嘉祐七年十一月在安陽

誌載韓愷字和仲殿中丞公彥之次子嘉祐三年秋方應進士舉而兄確物故是冬其父病愷躬進藥劑晝夜侍側不解帶者累月及父之亡也哀毀過甚不能自抑既而感疾遂不可治五年四月二十二日卒時年二十前列叔祖開府儀同三司行刑部尚書同中書門下平章事昭文館大學士監修國史上柱國儀國公琦撰并書宋史魏公本傳三年六月拜同中書門下平章事六年閏八月遷昭文館大學士監修國史封儀國公悉與此誌結銜同而開府儀同三司行刑部尚書史不及之魏公書結體純法魯公然以勳業之隆掩其書名是固君子之所期不以小技累也

贈中書令韓國華神道碑正書嘉祐八年十一月在安陽木谷鎮

碑前列推忠協謀同德守正佐理功臣樞密使特進檢校太師行禮部尚書同中書門下平章事上柱國河南郡開國公食邑六千八百戶食實封二千四百戶富弼撰宋史宰輔表弼所授官與碑同本傳稱封祁國公進封鄭又進封韓國公致仕其初封河南郡開國公史不及之又列翰林學士兼侍讀學士朝散大夫尚書吏部郎中知制誥充史館修撰判館事輕車都尉太原郡開國侯食邑一千八百戶食實封二百戶賜紫金魚袋王珪書本傳于珪散官勳爵亦從畧焉碑載國華歷官東都事畧國華見韓忠獻傳但稱終右諫議大夫至宋史傳序官始備亦不著其監

上蔡稅又碑言爲京東轉運副使傳作轉運使碑載徙峽路峽路之名見錢景諶傳安石欲令治峽路役書且委以戎瀘蠻事葢宋名川峽四路益州梓州利州夔州也而以傳爲陝西路恐失其實碑後載公六男球湖州德淸尉瑄將作監主簿琚司封員外郎兩浙轉運使琉河陽司法參軍璩秘書省著作佐郎今丞相琦傳失載球璩宜据碑補其闕

鍾宗直等題名

右題名正書字大五寸餘自左起凡七行行各六字文云鍾宗直陳延孺晁升道息道虞道決道樂道王原甫以甲辰九月來遊遂登絕口口仝大澤瞰平口口觀覽之興甲

辰當爲英宗治平元年也案此題晁氏凡五人見具茨集有别息道二十二弟者兑之也和處道二十三弟者豫之也決道念八弟得小金印以詩贈之者夬之也

晝錦堂記　正書歐陽修撰蔡襄書　治平二年三月在安陽

碑記韓公以武康之節來治於相乃作晝錦之堂於後圃宋史本傳拜武康軍節度使久之求知相州東都事畧拜武康軍節度使知并州又知相州據是碑但稱自武康來治並無知并州之文故本傳削是不書也公出鎮凡三任鄉邦此初治相所建故記稱大丞相衛國公今集本有作魏者按傳載太后還政拜琦右僕射魏國公証之英宗紀治平元年五月戊申太后還政宰韓表於是年亦書閏五

月戊辰琦自門下侍郎兼兵部尚書同平章昭文館大學士兼修國史魏國公加尚書右僕射然則碑立於治平二年猶稱衛公與史不合殆由記文之作在治平初及立石已越歲集本俗刻不足依也

王巖叟北嶽題名

右題名正書文云魏國王巖叟沿檄之祠下治平乙巳中元乙巳英宗治平二年也棻題稱沿檄之祠下蓋當時已有官守宋史本傳熙寧中韓琦留守北京辟管勾國子監又辟管安撫司機宜文字後知定州安喜縣韓魏公祠堂繪畫遺事記巖叟撰文云元豐末余為邑於安喜以題名在治平當非知安喜時矣攷巖叟及第調欒城簿欒城與

曲陽近意其官主簿而沿檄至此與巖叟十八鄉舉省試皆第一題名隱其官階不書識量宏且遠矣

史炤題名

右題名文云缺少卿史炤自缺路轉運使奉缺還朝恭謁祠下治平三年十月二十三日題案宋有兩史炤通鑑釋文左宣義郎眉山史炤見可撰者名位時代皆不類攷宋史文彥博傳少與張昪高若訥從潁昌史炤學此題稱少卿者當卽其人炤授徒得此謂盛矣炤又見河渠志興元府山河堰灌溉甚廣八世傳爲漢蕭何所作嘉祐中提舉常平史炤奏上堰法獲降勑書刻石堰上

王肅北嶽題名

右題名正書文云內殿崇班知縣事王肅供奉官焦世長奉職祝令儀縣尉劉師目同來時治平丁未自左起向右旁有小字亦自左起云清河崔希寂癸巳季夏十六日恭謁靈祠宋史職官志內殿崇班爲武臣階令以加於知縣事宋制文武皆得互借也志載西頭供奉官東頭供奉官稱三班奉職今題惟署奉職及供奉官不言西頭東頭及三班葢略之不書

閻詢題名

右題名正書在華嶽碑頌之後文云諫議大夫閻詢還朝恭謁金天帝戊申重陽日二子籍簡侍行宋史列傳詢字議道神宗初轉右諫議大夫旼邠同二州提舉上清太平

宮戊申爲神宗熙寧元年與傳言神宗初者合詢益于時還朝則以提舉優閒遂落職也傳言右諫議大夫未若題名自署諫議大夫者爲著其實

劉忱題名

題名正書在華嶽頌碑後下方自左起文云熙寧辛亥孟夏二十日提點刑獄尚書職方郎中劉忱之任蒲中恭謁祠下男唐工唐老唐純唐傑唐誧侍行宋史神宗紀熙寧七年三月丙辰遼遣林牙蕭禧來言河東疆界命太常少卿劉忱議之此題名即其人邵氏聞見錄熙寧七年春契丹遣汎使蕭禧來言代北對境有侵地請遣使分畫神宗許之而難其人執政議遣太常少卿判三司開拆司劉公忱爲使忱對便殿抗議以地不可棄執政罷忱爲三司鹽鐵判官較紀爲詳忱亦見食貨志薛向領均輸平準

事乃請設置官屬神宗使自擇之向於是辟劉忱衛琪孫琏張穆之陳倩爲屬東都事畧劉煜傳子几知名忱爲監司郡守有聲忱子唐老見陳祐傳按賈易岑象求豐稷張耒黃庭堅龔原晁補之劉唐老李昭玘八才均可用東都事畧亦言忱子唐老元祐中爲右正言若提點刑獄而云之任蒲中地里志熙寧五年置官內有於永興軍提點刑獄於河中府置司然則蒲中提點刑獄司署所在也

潘孝知北獄題名

右題名正書文云治平丁未授勅差知曲陽縣事是年九月十八日到任至熙寧庚戌孟冬初四日替歸闕下供奉官滎陽潘孝知謹記宋史職官志縣令任滿有政績則與

升擢乾道以後定以三年爲任此題所記丁未九月到任庚戌孟冬替歸亦符三年之限然則三年爲任不沿於乾道以後矣選舉志紹興五年有請令江淮官久任而課其功過者帝曰朕昔爲元帥時見州縣官以三年爲任此其徵也

修晉太尉嵇公廟碑 正書熙寧三年八月在湯陰

廟記縣令張君楙修葺始末後列銜司徒兼侍中判大名府兼北京留守司事大名府路安撫使魏國公韓琦記並書宋史本傳熙寧元年七月復請相州以歸河北地震河決徙判大名府充安撫使按之碑所列銜兼北京留守司事則略而不書也傳前載神宗初詔判相州未蒞官遂改

判永興後熙寧改元請判相州故碑云余嘗兩守鄉邦蓋自紀其實

陳繹題名

右題名行書鑽空題在華嶽頌碑之中文云熙寧二年九月守彰化十一月移本路轉運副使制置解鹽使明年十一月移京東轉運使十二月三日過華陰河南陳繹題應體用科彦古進士彦恭彦成侍行馮翊保定二解元盧□趙瑑同謁于金天祠下宋史繹本傳神宗立爲陝西轉運副使與題名合而制置解鹽使亦同在一時竟佚不見録又爲京東轉運使史亦失載彦古彦恭彦成三人當是繹諸子彦古以應體用科入銜選舉志景德二年增置科目

有才識兼茂明于體用郄掃編亦言景德中詔置制科內有明于體用彥古所謂懸體用科也錢少詹事跋延慶禪院舍利塔記謂宋人由制科入等得官者甚多以應科繫銜獨馬元穎一人案之此題陳彥古又其一矣

孫純題名

右題名正書在汝州淨因寺文云熙寧五年壬子歲春正月詔舉秦王宮諸殿祔于臨汝脾山悼園之次以入內供奉王修已爲監護又以入內供奉曹貽孫專治脾山之役自三月辛卯始事至四月丁巳成功至五月壬寅迄克襄事時祇役與執事者尸九人都巡檢供備使王懷誼提轄從人管勾婦居內侍供奉張繼緒藍克寧監墳園供奉嚴

雍梁魯巡檢侍禁高德誠按頓遞殿直石繼宣夏太朮梁縣尉校書郎吳道簽書汝州判官殿中丞孫純宋史魏悼王傳眞宗即位追復秦王又咸平二年閏三月詔擇汝郟地改葬汝州梁縣之新豐鄉題名稱祔于悼園之次葢由此也廷美憂悸死于非命史旣歷著其歿後存恤之典至其宮中諸喪祔葬賴詔旨爲之營護則文不具詳護王宮之喪使職亦設供偫頓遞而不見諸志文臨事更制事畢卽停也又稱管勾孀居結銜他文亦不見

孫固題名

右題名正書在汝州淨因寺文云宋宗陳國公以熙寧六年正月甲寅薨有詔葬于汝州梁縣秦悼王墳之次及舉

諸喪祔焉以龍圖閣直學士諫議大夫孫固西作坊使入內副都知王昭明爲監護以入內供奉梁佐衛尉寺丞領書汝州判官劉唐憲專董塋兆之役自三月庚午經始迄六月壬子遂克葬時與執事者凡十三人提舉諸司入內供奉李憲專管勾諸司入內殿頭蔣良臣都巡內殿崇班劉允和管轄墳園供奉嚴離梁魯縣巡檢供奉王翊按頓供奉曹軫侍禁王士章冬官正楊茂先梁縣尉校書郎吳道翰林書藝馬士明書宋史宗室諸王傳元儼改陳王無子仁宗以恭憲王之孫允言子宗望爲之後宗望子仲郃熙寧三年與商恭靖王孫宗肅等同日封陳國公官至陳州觀察使卒謚良僖今題稱陳國公當卽其人也又王昭

監護叅㒷育傳自秦悼王塋汝州後子孫從塋皆出官官典護孫固傳稱固加龍圖閣直學士不載爲諫議大夫宰輔表元豐元年書孫固自權知開封府樞密直學士右諫議大夫除同知樞密院事于前熙寧六年不載爲諫議大夫史從畧也李憲亦見宦者傳皇祐中補入内黄門稍遷供奉官神宗即位歷永興太原府路走馬承受數論邊事合旨幹當後苑此題憲當熙寧六年猶爲供奉而傳書其爲走馬承授即于神宗即位時當日得君之心何其驟也翰林書藝職官志翰林院勾當官一員總天文書藝圖畫醫官四局是翰林有書藝局故當時用以結銜

祖無擇寇仲武題名

右題名正書在登封文云范陽祖無擇上谷寇仲武遊熙寧癸丑孟春二日祖無擇宋史有傳云字擇之上蔡人此題言范陽舉郡望也無擇當熙寧初爲安石中傷謫忠正軍節度副使尋復光祿卿秘書監集賢院學士主管西京御史臺此題癸丑爲熙寧之六年當安石見忌用王子韶按治時亦漸遠矣天固使之投閒以佚其志耶

蔡延慶題名

右題名行書鑽空題名在華嶽頌碑之後文云治平丁未夏領本路提點刑獄謁祠下後六年蒙恩除天章閣待制秦鳳等路都轉運使過祠下謁金天帝宋熙寧六年癸丑正月二十九日東萊蔡延慶仲遠題宋史列傳延慶提點

京東陝西刑獄與前題領本路提點刑獄合傳又云同修起居注直舍人院判流内詮拜天章閣待制秦鳳等路都轉運使亦與此題合

劉航題名

右題名正書題在後周華嶽頌碑前一行字大徑寸餘文云河南監牧使劉航仲通提舉牧羊公事邱舜中聖徒同謁祠下熙寧癸丑仲秋十七日題航見兵志云自熙寧元年手詔議馬政後樞密院又言舊制以左右騏驥院總司國馬景德中始增置羣牧使副都監判官以領廐牧之政使領雖重未嘗躬自巡察不能周知牧畜利病以故馬不蕃息今宜分置官局專任責成乃詔河南北分置監牧使

以劉航崔台符爲之航又附見子安世傳以羣牧判官爲河南監牧使恐與題名合又兼牧羊公事案職方志稱鹽鐵分掌七案六日騎案掌諸坊監院務飼養牛羊馬畜及市馬等則諸監宜有牧羊公事矣史文不備錄此可補闕

王紳題名

石題名正書在登封中嶽廟唐尉遲汾狀嵩高靈勝詩石刻之後文云余被詔禱雨於縣祠獲是石于圮墻之下遂移置壁間庶圖傳之永也熙寧丁巳季春旧口侍大梁王紳丁巳爲神宗熙寧十年按紀是年三月不書遣使者分禱嶽廟之事旱未太甚故也紳被詔之來必不能以久淹而珍惜古刻至於移置妥帖如是其與世異趣者畧見是

矣

張叔卿題名

右題名正書在華嶽頌碑之後上方文云張叔卿被命之利路共謁祠下男試秘書省校書郎康伯侍行熙寧十年三月十九日題元豐九域志宋史地里志並言利州路而叔卿惟言之利路省州字案吳昌裔傳利路轉運使曹彥約傳以爲利路轉運判官兼知利州高斯得傳授利路觀察推官邵伯溫傳除利路轉運副使見諸史文亦如此當時稱利路必有謂也

郝闐之題名

右題名正書文云汝南郝闐之希孟鄭圃周丞年延之西

水陳知權仲與熙寧丙辰季春二十二日同遊超化寺案嵩陽石刻題名內有稱淮西郝闓之者即其人汝南舉古郡名淮西舉路名其實一也神宗紀熙寧五年九月淮南爲東西路至丙辰已當九年矣闓之所題從新制故也

淨因院主贇大師墓誌銘 正書在汝州元豐元年十二月

誌銘載師諱因贇字公禮俗姓張許州舞陽縣人嘉祐元年遇乾元聖節恩許披剃乃落髮爲沙彌明年受具戒至元豐元年皇祖河州相公喜師幹治之勤奏請于上賜紫衣以勞之是年十一月十日感疾卒即以十二月三日塟師于院之西北隅其乞爲之銘者監墳奉職郎鄧思忠而撰書是銘者則將仕郎前守魯山縣令魯公弼也宋史禮

志仁宗以四月十四日爲乾元節案聖節恩例在景德二年僧道已賜紫衣師號至仁宗朝又于僧徒恩許披剃史不具載也

慈林山法興寺新脩佛殿記 正書元豐四年正月在長子縣

碑列龍圖閣直學士太中大夫權判尚書吏部兼判昭文館太原郡侯王益柔記嵐州團練推官畢仲荀書并篆額益柔見宋史列傳書其歷官惟有判吏部流內銓及遷龍圖閣直學士與碑題銜符其太中大夫兼判昭文館太原郡侯皆失載記文稱法興寺始于後魏神□易新于唐之咸亨越宋建隆初僧凝誨諦搆復完天聖中釋法信與麻衣從深又闢其基今主其事者則爲紹榮也佛殿既成榮

以書來請而益柔感此寺爲其大父嘗所游息及其先子誕育之地益柔父名曙字晦叔史有傳言其世居河汾後爲河南人不著其隸長子攷邵氏見聞前錄云余爲長子縣尉西寺中有王文康公祠其老僧爲余言文康公之父邑人也以教授村童爲業有兒年七八歲不能養欲施寺之祖師祖師善相謂曰兒相貴可令讀書因以錢幣資之是謂文康公文康晦叔謚也此寺旣在長子文康之父爲邑人遊息于此固也而晦叔降生之地非賴記所載莫由知其迹矣然則邵氏所錄又証以益柔自記可以知其里居之詳益于傳非小補也碑最後列朝議大夫知潞州軍州事兼管內勸農使兼提舉澤州威勝軍屯駐駐泊就糧

本城兵馬巡檢公事輕車都尉太原縣開國男食邑三百戶賜紫金魚袋王令圖立石令圖見河渠志云外監丞王令圖獻議于北京又見趙贍傳云都水王令圖請還河故道

張舜民題名

右題名正書其文云元豐五年缺元祐二年自虢還豳往來皆拜嶽祠張舜民芸叟記石口攜行後二年歲乙亥自關東再過東都事略張舜民元豐中朝廷方討西夏五路出兵環慶帥高遵裕辟掌機宜文字遵裕敗謫監郴州酒稅會赦得原元祐初宰相司馬光舉舜民才氣秀異剛立敢言云云逾年通判虢州提舉秦鳳路刑獄案此題元祐

二年即東都事畧所謂元祐逾年也其云自號還幽尤與
傳相符惟追記元豐五年之交已缺當指在靈武時以詩
獲譴爾末又記後二年歲乙亥則爲紹聖改元之二年以
宋史本傳攷之舜民後又加直秘閣陝西轉運使故云自
關東再過其事略可推依如此

薛紹彭題名

右題名正書文云樂安薛紹彭富沙范勃元豐六年六月
十六日宋史薛向傳子紹彭有文翰名按向本傳不著其
占籍盖以向爲顏孫顏已著籍河中萬泉矣而紹彭爲顏
曾孫又自稱爲樂安當亦名其郡望也與揮麈後錄引蔡
天啓作米元章墓碑云君與西蜀劉涇巨濟長安薛紹彭

道祖友善又者籍爲長安未知孰爲審也

韓跂北嶽題名

右題名正書白左起文云安陽韓跂元豐六年仲冬知成德軍藁城縣得替已嘗恭謁祠下今復自祁之鼓城解官再遂瞻拜連治二邑皆獲善罷者荷陰祐之所賜也元祐二年十一月二十七日案元豐六年仲冬迄哲宗元祐二年十一月中間凡歷四年連治二邑益以二年爲任者攷宋史選舉志帝曰朕昔爲元帥時見州縣官以三年爲任猶且一年立威信二年守規矩三年則務收人心以爲去計今止以二年爲任雖有葺治之心亦無暇矣由高宗所諭則三年常制亦間以二年爲之然不知此題當元祐時已

有之矣

蔡延慶北岳題名

右題名正書文云龍圖閣直學士朝散大夫定州路安撫使馬步軍都總管兼知定州蔡延慶元豐八年正月九日甲辰奉詔致祀北岳是日恭款祠下齋戒丙午祭告建道塲癸丑禮畢還發書節度判官王庠勾當公事杜天經莞勾機宜文字趙伋走馬承受公事陳嘉言勾當公事李仲從行下又有小字雙行題云通判州事侯臨續至癸丑致祭宋史列傳延慶復龍圖閣待制帥高陽閱歲復直學士移定武職官志定州則兼安撫使馬步軍都總管題銜所稱是也志載安撫使其屬有幹當公事主管機宜文字以

題名証之則爲勾當公事主管勾機宜文字史文避高宗嫌名易勾爲幹又減管勾作主管耳王庠安有傳云字周彦閉戸窮經史百家傳注之學尋師千里究其旨歸元祐中呂陶以賢良方正直言極諫科薦之庠以宋邦傑學成未有薦者推使先就後賜號處士以卒是終身未嘗仕也與此爲判官者蓋别爲一人

薛昌朝等西岳題名

右題名文云薛昌朝昌年昌謁范師軻同謁祠下元豐戊午仲冬二十九日戊午元豐元年也昌朝見宋史李定傳定爲崇政殿說書御史林旦薛昌朝言不宜以不孝之人居勸講之地並論安石章六七上王安石傳亦載薛昌朝

論李定事昌謌見文潞公留題濟瀆廟詩石刻後題有婿薛昌謌者當即其人

薛俅題名

右題名正書文云中大夫致仕蒲津薛俅祭奠西嶽金天帝元祐元年十一月十日記男宣德郎知華陰縣事兼兵馬監押昌道孫太廟齋郎鈞鎬鎡鉞鐸偕侍江鄰幾雜志薛俅比部待闕蒲中出協律郎蕭悅畫竹兩軸乃樂天作者薛蓄畫頗多此兩畫尤佳也按題名云致仕蒲津而雜志謂待闕蒲中意鄰幾望其復起見用於世故以俅爲非終沒退老如待闕者與富弼傳官吏自前資待缺寄居者皆賦以祿鄭顗傳令守臣體訪境內寄居待闕及見任宮觀京朝官以上各具姓名以聞俅自題中大夫惟用散官列銜

葢致仕不帶職事官今得雜志稱爲比部又知其爲刑部之屬也昌道稱宣德郎知華陰縣事兼兵馬監押職官志縣令若京朝幕官則爲知縣事有戍兵則兼兵馬都監或監押題名與志合志又稱致仕官員外郎已上致仕者錄其子試秘書省校書郎三丞已上爲太廟齋郎無子聽降等官其嫡孫若弟姪一薛係有子昌道而孫復緣恩錄爲太廟齋郎固以昌道已有官階更推恩以及其孫與此宋制優老得盡其情如此故予不可以不詳也

郝宗臣北岳題名

右題名正書文云絳臺右通直郎知縣事郝宗臣自元祐二年十一月初九日到任至五年冬初八日終任汴都右

侍禁監廟權主簿張維周亦二年十月十九日到任至五年冬十八日終任凡三考之間幸獲風雨調順年歲豐登寇盜一空境內安枕居民樂業此荷嶽帝之垂祐也六年二月初二日謹記宋史選舉志凡考第之法內外選人周一歲爲一考欠日不得成考三考未替更周一歲書爲第四考此二題郝宗臣自元祐二年十一月初九日到任至五年冬初八日終任張維周亦自二年十一月十九日到任至五年冬十八日終任按其日數皆周歷三歲與欠日不得成考合乃嘆昔人題名之細謹其月日亦俾後世有稽也志又載倉廪盈羨寇盜剪滅部內清肅者本道轉運司各以名聞即題名所紀年歲豐登寇盜一空之謂未詳

課績之制尤爲近古

杜純題名

右題名正書文云轉運使濮陽杜純挈家恭謁祠下元祐戊辰閏月初七日男開奉命書宋史列傳純字孝錫濮州甄城人元祐元年范純仁韓維王存孫永交薦之除河北轉運判官召爲刑部員外郎大理少卿擢侍御史改右司郎中尋知相州徙徐州陝西轉運使按題稱謁嶽祠則爲陝西時路經於此然元祐元年方蒙薦中隔一年至戊辰爲元祐三年而敘遷之速如此任淵后山詩註據實錄元祐二年九月知徐州杜純權陝西轉運使是二年爲誤也

兩司馬公題名

右題名八分書在夏縣禹廟文云旦光乙丑四年三月七日來謁禹王祠題後有正書稱先太中河內公太史溫國公頃歲同謁夏禹祠太史公因留題於殿之西壁元祐已巳鄉人李權刻諸石乙丑爲神宗元豐八年後四年則哲宗元祐四年也旦宋史本傳稱旦與弟光友愛終始人無間言光居洛旦居夏縣皆有園沼勝槩光歲一往省旦旦亦間至洛視光司馬光傳亦云在洛時每往夏縣展墓必過其兄旦此刻當爲溫公省兄時所題彥周詩話嵩山峻極中院法堂後柱間大字隸書曰旦光頤來蒞河內覲弟至洛所記矣溫公書勁直聳峭得之尤足珍愛

韓魏公祠堂繪畫遺事記 正書元祐五年九月

碑記慶歷中魏公以資政殿學士帥定武六年乃得去夫後三十年民相與立祠于郡庠之西元豐末州之耆舊請繪公遺事于祠堂之兩廡未暇成民初爲魏公立祠在元豐元年韓絳自河東移知定州民請于絳立廟見忠獻公祠堂記越明年公之子忠彥出帥定定人喜人曰吾家資政之子也因相與成之按文獻通攷慶歷八年詔置河北四路安撫以韓琦王拱辰賈昌朝等充諸路使碑言魏博鎮定並用儒帥是其事也忠彥本傳拜禮部尚書以樞密直學士知定州與碑合碑前列左朝奉郎充龍圖閣待制權知開封府兼畿內勸農使飛騎尉賜紫金魚袋王巖叟傳左通直郎充集賢殿修撰提舉西京嵩山崇福宮賜緋魚袋劉安世書左朝散郎試中書舍人賜紫

金魚袋韓川篆額三人宋史並有傳而巖叟尤爲魏公門下客也巖叟本傳止載權知開封府其階勳兼官悉不書惟郄掃編載元祐六年王公巖叟自左朝奉郎龍圖閣待制拜樞密直學士簽書樞密院事同此碑結銜則史失之畧矣安世本傳以集賢殿修撰提舉崇福宮與碑相証符而階亦未之及川本傳進爲侍御史樞密都承旨進中書舍人蓋至此始得實任不知其初爲試中書舍人也

京兆府新移石經記 正書元祐五年九月在西安府學

記爲京兆黎持撰河南安宜之書持自云承乏雍學當汲郡呂公龍圖領漕陝右之日察呂公即大忠宋史有傳元祐初歷工部郎中陝西轉運副使知陝州以直龍圖閣知

秦州今記所稱與史符又云石經乃唐開成中鐫刻舊在務本坊自天祐中韓建築新城而六經石本委棄于野至朱梁時劉鄩守長安有幕吏尹玉羽者白鄩請輦入城鄩方備岐軍之侵軼謂此非急玉羽紿之曰一旦虜兵臨城碎爲矢石亦足以助賊爲虐鄩然之乃遷置于此即唐尚書省之西隅也玉羽舊五代史有傳其護惜殘刻能委曲全濟功亦鉅矣長安志朱雀街東第二街北當皇城南面之安上門從北第一務本坊承天門街之東面第四橫街之北從西第一尚書省刻者安民即黨籍碑之不附名者也

修郃陽縣學記 正書元祐八年正月在郃陽

碑載籍田令王實仲弓求時彦序記實自爲書并題額者
文首稱郃陽令河内李百禄元祐辛未來涖是邑首惟興
學爲士民勸其事跡略可見百禄字祐之爲時彦友人彦
見宋史列傳云彦字邦美開封人舉進士第歷官至吏部
尚書卒今碑題占籍乃云陽武與史小異史著其爲開封
人但以府名冠之豈如其自署之可徵與碑後有主簿張
价縣尉劉熙立石字

徐震北岳題名

石題名行書文云内侍殿頭徐震奉宣以南郊禮畢醮謝
安天元聖帝道場五晝夜管勾禮料節度推官張震提舉
排辦權縣事康聿巡檢王寀監務任紳監廟胡良輔縣尉

王崇皆與陪祠時元祐癸酉仲春旦日題案元祐癸酉爲
哲宗即位之八年宋史哲宗本紀七年十一月辛卯朝獻
景靈宮壬辰饗太廟癸巳祀天地于圜邱此題所指南郊
禮畢即其事也越歲始遣使醮謝嶽靈蓋典禮之序如此

韓南仲北嶽題名

右題名正書文云元祐八年五月遂城尉韓南仲沿檄之
北寨敬謁祠下宋史地理志眞定府砦一北砦咸平二年
置南仲所之即其地說文有柴字臣鉉等曰師行野次豎
散木爲區落名曰柴籬後人語訛轉入去聲又別作寨非
是題名稱寨已爲別體而志作砦亦轉木作石皆於文爲
舛凡吏越境而出依沿檄爲文李之才傳調孟州司法參

軍後蹕謫安陸沿檄見之洛陽是也南仲奉檄亦猶此例也

游師雄題名

右題名正書其文云游師雄奉使關中祭禱祠下元祐口年正月九日按張舜民撰游景叔墓誌銘元祐口年夏四月吐蕃寇邊其酋長鬼章青宜結乘間脅屬羌結夏賊爲亂謀分據熙河朝臣擇可使者與邊臣措置僉以公行公以爲奉使絕塞兵謀軍勢間不容髮俟中覆則失於機會欲如古者大夫出疆之事上允其請許以便宜從事此題所云奉使關中其事正與史符

授堂金石文字續跋卷十終　受業博山賈六吉校

授堂金石文字續跋卷十一

偃師武億虛谷著　男穆淳編　孫耒重校刊

宋韓肖胄北岳題名

右題名正書文云安陽韓肖胄自定武之京師枉道恭謁祠下紹聖三年七月初一日張誼偕行宋史列傳肖胄以蔭補承務郎歷開封府司錄與府尹同對殿中徽宗問其家世除衛尉少卿後歷除資政殿學士知紹興府亦在南渡時矣但未審當紹聖三年于役定武爲何役攷韓忠彥傳以觀文殿學士知眞定府移定州在哲宗親政後疑肖胄從侍於此時也

黃山谷書陰眞君詩 行書

詩刻存秋碧堂後有山谷自跋云忠州丰都山仙都觀朝金殿西壁有天成四年人書陰眞君詩三章余同年許少章以爲眞漢人文章也案山谷所据天成四年人書乎詎之抱朴子云近代漢末新野陰君合此太清丹得仙其人本儒者有才思善著詩及丹經讚并序述初學道受師本末列已所知識之得仙者四十餘人晉去漢未遠抱朴所記深得其實詩內稱予得度世神丹之力蓋所云太清丹也山谷爲此書當紹聖四年四月黔州禪月樓中趯然高邁其亦有出世之思與

通利軍鐘款識 紹聖四年

鐘在孟縣城東門樓上馮魚山修志日拓其文以贈并飽

鐘之形製爲說甚悉今節錄於篇其邑人相傳此鐘自修武浮河而來按古託所言古鐘或與山應或與龍鬬者不一雖未必可盡信然物之靈異亦有難以常理測者蓋縣距修武三百餘里以數千鈞之鐘無端在此亦自不可解耳至所云懷衛州通利軍者攷宋史地理志載濬州平川軍節度本通利軍天聖元年改通利爲安利四年以衛州衛縣隸軍熙寧三年廢爲縣隸衛州元祐元年復爲軍政和五年升爲州號濬川軍節度改今額云云按此則此軍初自通利改爲安利後既廢而元祐年復爲軍者史似謂復爲安利軍而此鐘所云通利軍鑄鐘其歲爲紹聖丁丑蓋已在元祐後而仍用通利軍之名然則非復安利之名矣

葢據此亦可補宋史之略又所云都巡檢者宋史職官志縣巡檢連合處則置都巡檢以總之是也而大鑒小博士之名不可曉或大鑒之義如工匠鑒造之類故其後即列匠人母郭氏耳予謂宋志以元祐元年後爲通利軍證之金史地理志濬州宋大伾郡通利軍又改平川軍是宋後改軍額以平川目之故宋志首注濬州平川軍節度是也士人鑄造不因其新額仍即本名通利呼之案河渠志于政和五年下云滍濦暴猛遇山稍溢往往泛溢近皆民夫多被漂溺因以及通利軍又云八月己亥都水監言以大河以就三山通流正在通利之東據此當政和二年已升爲州此猶以通利軍名之且上之奏疏知當時可以通稱

也大鑒如監作監視之屬蓋工師也然不稱大監而易作鑒避與宦寺名相近豈其然與小博士爲匠役之稱宋時茶酒肆諸傭保皆依博士爲名蓋此鄙習所襲已久予收唐大歷六年同光禪師塔銘有造塔博士宋玉又得後唐同光四年法華鈞大德塔銘有博士侯建鐫字造塔博士郝温以証此鐘識小博士爲工作無疑也至鐘自修武浮河而來案五行志建炎三年吉州修城役夫得髑髏秉水中俄浮一鐘有銘三十六字蓋金失其性則爲變怪魚山既啓其端仍以鄙聞推記于後如此

岑巖起題名

右題名在襄陽謝樸園手摹寄予文云郡太守岑巖起飲

錢前熙帥鍾弱翁于此吳周臣趙德麟魏道輔李方叔俱至元符元年六月案直齋書錄解題德隅堂畫品一卷李廌方叔撰趙令畤德麟官襄陽行槖中諸畫方叔皆爲品評之元符元年也此題德麟方叔俱至正方叔在德麟幕時矣樸園客新野爲峴山之遊遍拓諸石記自爲校錄雅興不滅方叔予故略著其踪迹使後有攷也

韓宗厚墓誌銘 正書元符元年九月在許州

誌載宗厚字敦夫祖謚忠憲考諱緯皇任尚書比部郎中知解州贈右光祿大夫宋史韓億傳謚忠獻與誌文異億有子八人緯亦不著其官階皆宜以誌爲據誌載宗厚歷官蔭補太廟齋郎初任徐州沛縣主簿授上元縣主簿轉

光禄寺丞知温州永嘉縣簽書天平軍節度判官廳事後又簽書鎮安軍充慶成軍使兼知河中府榮河縣及管內勸農事驍騎尉賜緋魚袋即誌所云四遷而至承議郎賜六品服者也按中州金石記云宗厚不見於史予檢河渠志熙寧八年七月江寧府上元縣主簿韓宗厚引水溉田二千七百餘頃遷光禄寺丞証之誌稱宗厚授江寧府上元縣主簿大興水利溉汙萊爲良田者至二千七百餘頃創爲堰閘視時水旱而均節之民獲其利歌詠載涂丞相王文公爲守上其狀於朝以勞應格特轉光禄寺丞即指其事是宗厚亦附見史文矣宗厚賜緋魚袋而稱六品服職官志三品已上服紫五品已上服緋九品已上服緑据

此誌則六品已得服緋與史志不合葢元豐新制也輿服志元豐元年去青不用階官至四品服紫至六品服緋皆象笏佩魚中興仍元豐之制四品已上紫六品已上緋九品已上綠故宗厚卒於紹聖元年宜遵元豐改定章服而兩志未及對勘歸於一爾誌前列朝散郎前通判永興軍府兼管內勸農事兼陝西制置解鹽司勾當事上輕車都尉賜緋魚袋朱光裔撰光裔見鄠縣唐定慧禪師碑陰與王普題名又列朝請郎充集賢殿修撰知鄧州軍州兼管內勸農事兼京西南路安撫司公事上柱國賜紫金魚袋杜紘書哲宗紀載紹聖二年易集賢院學士爲集賢殿修撰紘結銜稱修撰與史合又紘本傳亦載加集賢殿修撰

其自知鄧州以下所兼官及勳服悉有所未及焉又列朝請大夫管勾西京嵩山崇福宫上柱國賜紫金魚袋吳安常篆蓋安常吳正肅公子見歐陽集贈吏部尚書吳公墓誌銘

韓宗道墓誌銘 正書元符二年七月在許州

誌前列朝奉大夫充集賢殿修撰知泰州軍州兼管内勸農事上輕車都尉曾肇撰朝請郎試中書舍人兼侍講上輕車都尉賜紫金魚袋趙挺之書左朝議大夫寶文閣待制知潁昌軍府事兼管内勸農使京西北路安撫使柱國吳安持篆蓋肇與挺之宋史並有傳傳言肇降爲滁州稍復集賢殿修譔歷泰州與銘題同而失載其勳爲上輕車

都尉提之傳惟言召試館職爲秘閣校理而亦失載其試
中書舍人兼侍講上輕軍都尉安持附吳充傳云爲都水
使者遷工部侍郎終天章閣待制亦見禮志河渠志誌文
稱宗道字持正知制誥諱綜累贈太尉爲公之考綜傳又
稱子宗道歷官爲戸部侍郎寶文閣待制傳文于帝曰孰有如韓綜者乎下書子宗道爲戸部侍郎傳末又書子宗道至戸部侍郎寶文閣待制文重疊未刪并其於他官治
行皆從畧予故依志文著之初以恩補將作監主簿三遷
大理評事監潁州商稅務代攝汝陰縣事嘉祐四年中進
士第知越州餘姚縣歷監在京皮角庫簽書彰德軍節度
判官事熙寧初知巴州擢成都府路轉運判官兼管勾常
平農田水利差役事入爲開封府判官復出提點河北西

路刑獄徙淮南路轉運副使兼提舉常平市易事八遷尚書工部郎中徙知廬州歷知鳳翔府潞州官制行召爲尚書戸部郎中使契丹還歷太常太僕少卿尚書左司郎中太府卿元祐三年擢權戸部侍郎真拜刑部侍郎未幾復爲戸部以寶文閣待制權知開封府復還戸部五遷太中大夫紹聖初除寶文閣直學知成都府又以待制知陳州徙青州兼京東東路安撫使徙瀛州兼高陽關路安撫使又徙杭州而銘題則稱通議大夫充寶文閣待制上柱國南陽郡開國侯食邑一千三百戸致仕當因徙杭州以後謝事也

白雲山主利師塔記 正書元符二年十月在鄠縣

記稱師諱得利字子益姓王氏京兆府高陵人天禧三年慶蒙膺澤削髮受具宋時於聖節恩准度僧予嘗跋贊大師誌銘已具言之矣記後稱師復詣鄉邑住毗沙隆昌寺毗沙鎮名元豐九域志高陵有毗沙鎮是也又度小師一人惠滿實慶歷三年乾元聖節試中經義者於是又見緇流亦有所挾持而宋制之嚴不令其濫託也記文爲鄜畤趙宗輔撰講經律論臨壇僧道雅書并題額書殊清脫不凡

三十六峯賦

三十六峯賦石刻在登封縣少林寺葢知登封縣四明樓异試可所作僧曇潛書于時當建中靖國元年九月异宋叟

有傳載爲進士高第但初歷官至卒皆不及知登封縣陳師道面壁像記元祐二年留守簡翼張公求得面壁遺跡後十有餘年知登封縣樓异復往過之欲爲修治云云並可舉証益知史闕録也曇潛即參寥子與東坡倡和以詩鳴者此賦所書尤得東坡之遺

太平州蕪湖縣新學記 行書

碑拓本失其下半文遂不全屬擇其可見者有云崇寧元年仲秋天子思欲推廣神宗皇帝三舍造士之法詔下講議司條具以聞本司奏言縣邑皆得以置學率閭里子弟來就教育推步教條考察如法云云宋史選舉志崇寧元年宰臣請天下州縣並置學州置教授二員縣亦置小學

縣學生選攷升諸州學州學生每三年貢太學則附試別立號考分三等入上等補上舍入中等補下等上舍入下等補內舍餘居外舍碑所記即其事撰記者禮部尚書黃裳案直齋書錄解題演山集六十卷端明殿學士延平黃裳冕仲撰元豐二年進士第一人貴顯于崇觀死于建炎書則米老所書自署無爲守本傳稱芾以太常博士知無爲軍葢在崇寧三年是碑之立又當後於三年矣

敕賜靜應廟牒 正書在河內

牒載知河內縣事陳崇狀上清紫虛元君南嶽魏夫人廟祈雨應驗乞賜廟額尋下太常寺看詳隨得賜靜應廟爲額牒中兩勅字獨大六寸餘後題崇寧三年五月十五日

牒字又用陰文凸起皆他牒式所無又列左光祿大夫守右丞吳下有押字宋史宰輔表崇寧三年九月吳居厚自右光祿大夫尙書右丞加中書侍郎然牒下自五月載居厚爲左光祿大夫守右丞表葢于其時加官脫書也又列司空兼左僕射下有押字表云三年五月蔡京自尙書左僕射加司空正與符合宋列大金承安四年五月紫陵故醫生王口南溦澤濟上石

王評題名

右題名正書自左起在唐紀功頌碑陰文云朝散大夫權汜水縣事上柱國杜陵王評漢卿來觀崇寧四年六月二十日題案西安府慈恩塔題名亦有王評自署承議郎新

通守清江郡事瑯琊王評漢卿奉使岐雍展先塋其時在元祐三年至崇寧官益顯矣但慈恩題名稱瑯琊舉其郡望而汜水題名稱杜陵以其先塋固在西安也或亦占籍于此與

濟州金鄉學記 正書大觀元年六月

記文列安定胡世將記隴西李浩書彭城劉暘題額三人皆舉郡望不繫官階又各列名在文之末與他碑書撰書者例頗小異宋史列傳世將字承公常州晉陵人宿之曾孫登崇寧五年進士第李浩字德遠其先居建昌遷臨川浩早有文稱紹興十二年進士是其人也最後結銜奉議郎知縣事兼管勾宗室財用學事尹熙立石兼管勾宗室

財用學事以此入銜他刻未見案金鄉壤接南京此地蓋有宗室疏屬願居在外者于時亦當置宗學于此矣又考宋朝事實蔡京乞隨所在諸宮置學添教授立法教養則教授主學事而以知縣事者管勾實爲史志所逸脫得此補之信而有徵也金鄉舊有夫子祠崇寧二年詔縣皆立學知縣事睢陽徐處仁即其地而爲之明年濟南尹熙繼宰是邑而足其功益熙到官當崇寧三年甲申至大觀改元越三年矣傳云處仁字擇之應天府穀熟縣人知濟州金鄉縣與題銜合書體勢深似率更宋刻本之佳類此者絶少故樂爲書之

張杲題名 大觀四年

右題名行書文云權發遣京西轉運使張杲被旨詣嵩山崇福宫安掛御賜二門牌大觀庚寅十一月二十九日至此杲宋史無傳惟王襄傳稱宣和六年起爲河南尹金人再入出爲西道都總管張杲副之然則杲爲副總管當宣和六年距大觀庚寅十有五年矣

席旦題名政和二年

右題名正書攢空寫在唐華嶽精享昭應碑之前其文云顯謨閣直學士席旦政和壬辰再守成都恭謁祠下二月二十口日奎益從宋史本傳旦以顯謨閣直學士知成都府徙鄭州黜知滁州久之帝思其治蜀功復知成都史不著其年歲今以旦自題政和壬辰再守成都是爲政和六

年也又題奎益從本傳亦載子益字大光紹興初參知政事然則旦有二子惟益附見奎不可考矣

元豐大觀詔書後序 正書

碑序前列銜宣德郎權發遣提舉京東西路學事借緋魚袋臣程振撰文云政和三年四月有詔許以元豐大觀詔書揭諸省臺寺監監司守令治事之所以戒內外小大之臣各恭乃職毋相口紊於是臣孝純臣純誠既承命即所司中門之東大書深刻藏以層搆云 云末又題臣振實書之以申勸來者最末另行結銜朝議大夫權京東路轉運判官張孝純朝議大夫京東路計度轉運使兼勸農使借紫金魚袋臣沈純誠宋史程振列傳徽宗幸學以諸生右

職除官爲辟雍錄升博士遷太常博士提舉京東西路學孝純見欽宗紀靖康元年三月知太原張孝純爲資政殿太學士純誠見河渠志大觀三年八月詔沈純誠開撩兔源河兔源是也郄掃編舊制借服不佩魚故繫銜止稱借紫借緋政和中王韶延康始建請借服皆佩魚如賜者從之然差勅止仍舊云可特差某職任仍借緋或借紫而已而其後繫銜者多自稱借紫金魚袋若借緋魚袋然終無所據也以碑証之程振借緋而魚袋沈純誠借紫而金魚袋並於政和三年時繫銜如此益信敦立掌故之徵爲實

張戩等題名

右題名正書在密縣文云留守薛公以右丞召還通判張

戩邢倞戶曹李斂能刑掾趙子泰送行至超化寺政和三年閏四月初九日薛公謂薛昂也宋史本傳出知江寧徙河南久之提舉嵩山崇福宮政和三年蔡京復用事昂復自尚書右丞爲左丞徽宗紀政和三年夏四月己酉以資政殿學士薛昂爲尚書右丞此題稱留守當爲徙河南時也若徐處仁傳云以疾奉祠歸南都方臘爲亂處仁亟見留守薛昂爲畫戰守之策是昂前在南都所稱非此時矣又提舉崇福宮故得取道于密而至超化寺一時情事猶可推見如此邢倞爲邢恕子附見恕本傳惟云及恕在時爲司農丞其爲河南通判未之及也

宗城縣新學記行書政和三年四月

碑記云北都畿邑十三宗城舊治雉川避河之衝崇寧四年始遷邵固雖隸屬大名而絕邇甘陵不過三十里學校之興縣之吏遵用崇寧二年詔書肇造宏麗以深邃爲他縣最縣在雉川村時有學元祐七年令郭長卿闢而新之令丞相何公實爲之記通直郎牛直侯洵仲爲是邑之二年以學雖已遷亦猶宗城之舊祈秦坦載其興廢之由坦後題銜文林郎充恩州學教授陽翟者是也記云令丞相何公何執中也直侯題銜通直郎知大明府宗城縣管勾勸農公事專切管勾學事教閱保甲某書并篆額宋史徽宗紀崇寧四年九月詔京畿三路保甲並於農隙時教閱但以縣令教閱保甲帶銜史未之及文獻通考載紹興九

年知建昌軍朱長民奏宣和以前准知通令佐階銜帶主管學事今題銜管勾學事是也書最峭健筆勢尤與東坡相近

陳彪題名

右題名行書文云左武大夫忠州團練使知東上閤門事提舉中太一宮兼祐神觀公事王鄄子堅右武郎提點醴泉觀使陳彪炳文忠訓郎王淵深甫因隨侍見權節使太尉詣崇福得獲恭詣啓毋殿下遂觀聖跡不勝大忭時政和戊戌孟夏十有八日彪謹題捧硯人劉天錫後又有小字正書題政和八年端午日靜正法師視朝散大夫知西京嵩山崇福宮事張若□太上都宮法籙弟子知廟事曹

如口節使太尉宋史徽宗紀政和七年春正月庚子以殿前都指揮使高俅爲太尉職官志自崇寧五年司空左僕射蔡京爲開府儀同三司安遠軍節度使中太乙宮使其後殿帥則有高俅然則此題所稱節使太尉必高俅也居易錄載高俅出身不次遷拜數年間持節至使相此題視朝散大夫志又云宣和以後官卑而職高者謂之視故有庶官視從官視執政執政視宰相凡道官亦視文階云此當政和時道流亦視品官蓋不在宣和以後至紀載重和元年詔視中大夫林靈素視中奉大夫張虛白並特授本品眞官則更授之正階正員益以猥濫矣

趙德甫題名

右題名在泰山磨厓之東側正書文云天水趙明誠德甫政和三年閏月江嵇香拓贈案金石錄後序云余建中辛巳始歸趙氏時先君作禮部員外郎丞相時吏部侍郎侯年二十一在太學作學生後二年出仕宦又屏居鄉里十年攷建中辛巳是爲徽宗建中靖國元年德甫年二十一至政和三年癸巳則三十有三矣此正屏居鄉里十年時也

勅賜神居洞崇道廟額碑記 宣和元年三月

記載平陽府奏本府臨汾縣姑射山姑射洞離洞二十五里有廟名姑射神人廟乞特賜名額奉勅賜姑射洞爲神居姑射神人廟爲崇道其依牒奉行在政和八年閏九月

宋史地里志平陽府望平陽郡建雄軍節度本晉州政和六年升爲府此記以平陽爲府是也後列中大夫守右丞范中大夫守左丞馮徽宗紀重和元年以翰林學士承旨馮熙載爲尚書左丞刑部尚書范致虛爲尚書右丞又列少宰少保太師魯國公証之宰輔表余深自少宰加少保而太師魯國公則蔡京也後列宣和元年三月二十一日承務郎知臨汾縣事王伸立石朝奉郎知臨汾縣丞趙不鈞書

豐澤廟勅牒并記 宣和元年三月在濬縣

碑上載勅文行書有政和八年閏九月八日字後細書列有名銜拓本漶漫不可辨後行書奉勅如右牒到奉行故

和八年閏九月九日後載銜名太師魯國公京下注免書二字左輔下注一闕字門下侍郎時中閏九月十日申時都事李口沖右司員外郎權口口付吏太師魯國公京免書太宰下注闕字少宰下有花押尚書左丞熙載尚書右丞致虛後鈐尚書吏部告印印上書一押字後列典事李敏員外郎口應書令史白宗禮名最後於印上書政和八年閏九月十三日下宋時勅牒下行其式如是前門下侍郎時中宰輔表九月庚寅白時中自中書侍郎遷門下侍郎是也又左輔下注闕字徽宗紀改侍中爲左輔意此記下勅之日左輔適闕人故不著也與太宰下注闕字表稱七月鄭居中自太宰加少傅九月辛丑鄭居中罷起復蓋

於時閏月官猶未備人也少宰下書押字則表所書余深自少宰加少保也下方記徐公禱雨得應抗章請賜封號於是神錫爵康顯侯上列勑文郎謂此事其後題奉議郎充滄州州學教授黃翰記并書奉議郎知滄州黎陽縣事王兆立石後有朝請大夫通判滄州軍州同管勾神霄玉清萬壽宮管勾學事謝朝請大夫通判滄州軍州管勾神霄玉清萬壽宮管勾學事徐中奉大夫提舉三山天成橋河等事賜紫金魚袋孟拱衛大夫永州防禦使直睿思殿提舉三山天成橋河等事王四人皆姓而不名徽宗紀政和六年改天寧萬壽觀爲神霄玉清萬壽宮此記所稱管勾正與史合而禮志亦云政和六年詔措置宮觀如萬壽

醴泉近百員更不立額故此以一宮而管勾者二人則豈非濫也又志於宮觀不著管勾之名但有提舉提點及主管三職意者管勾即主管之謂後因避諱易之與河渠志孟昌齡子揚揆俱監修三山天成橋而昌齡在宣和元年官已崇矣此稱中奉大夫者或爲其子揚與揆未可知也志言靖康元年詔揚揆與中奉大夫當因舊官復之

左山興化禪院普同塔記 行書宣和三年四月

普同塔記濟陰山人石芳撰并書其文云西堂管內僧正寶印大師賜紫茂基嘗建斯塔茂基俗姓江氏元符二年蒙天恩落髮受具戒崇寧元年皇弟定王奏賜紫方袍嗣領院事云云 案皇弟定王是爲神宗第十二子偲見宋史

徽宗紀卽位未改元之二月進封睦王偲爲定王是也石芳書深有東坡遺意宋佳刻也

邢恕題名

右題名正書字大三寸自左起不著年號惟書二月六日來觀邢恕和叔題上微偏有題云原武邢傳朝謁神霄像罷過天封得先公題字壁間不勝孺慕三川王堯文同遊宣和癸卯八月朔案傳云得先公題字卽謂恕也恕見宋史姦臣傳子居實倞居實有異材早卒倞及恕在時爲司農丞靖康初坐以始禍削籍大金國志趙倫燕人姦詐懼不得歸乃佯詐以情告倖使邢倞倞遂以聞史謂首禍指此不見有傳名攷齊東野語蔡京在相位日權勢甚盛內外官私公稜皆避其名如京東京西並改爲

讖左讖右之類又蔡經國聞京闍音稱京爲經乃奏乞改名純臣竊意當時倧亦狥衆邀媚而易名曰倚迫京既敗乃復初耳然則倧之佞回幾及千年不能掩覆其跡如此予故著之以有諷也儔既自署原武宋史載恕鄭州陽武人陽武不屬鄭州當依此題原武爲正

改修孟州門頒詔廳碑 正書宣和六年三月在孟縣

碑分三層上層宣和御筆並依所奏施行六字中層載元紹直狀奏移修門廳始末文多漫漶不屬惟云臣伏覩徽猷閣直學士正奉大夫王序前過河陽又云安撫使王序下層載紹直跋記尚可辨識略云宣和五年冬十二月癸卯臣以孟州頒詔廳改建具其事上達粤十八日有旨賜

可臣恭奉宸翰即日命工吏改又六十日而成有司礱石有請曰凡郡之奏疏被上之親筆而下者皆刻之金石以垂示天下□敬承故事臣謹按□三城在河之陽控扼諸道襟帶河山故自列朝號爲巨屏先後來者皆名公卿之云末題中散大夫權知河陽軍州□管勾神霄玉淸萬壽宮兼管內勸農使□□□提舉黃河埽岸□□□□□馬事河南縣開國男食邑三百户借紫金魚袋臣元紹直謹記郄掃編凡曰節鎮皆曰某軍某軍而孟州曰河陽三城襄陽府曰山南太原府曰河東鳳翔府曰鳳翔揚州曰淮南江陵府曰荆南成都府曰劍南西川潼川府曰劍南東川興元府曰山南西道總九州府獨因舊以爲名亦出於偶

然本不以地望有所輕重然凡建節者反以是數州爲重非親王尊屬與勳望重臣莫或得之故記以三城列朝號爲巨屏者此也紹直史無所徵然修舉廢墜不事因循遠於庸猥者多矣序附見兄庠傳內云序宣和間以恩倖至徽猷閣直學士是也亦見河渠志政和七年九月丁未詔楊專一措置而令河陽守臣王序營辦錢糧督其工料此後載前河陽守臣正與相符

西嶽題名

右題名殘缺今文字可紀者有云二十三日自知永興軍府事奉詔乘傳歸闕將長子太子中舍益恭右侍禁益昌長孫太常寺奉口郎慎言祗謁靈宇案此當爲王曙所記

也宋史列傳曙徙河南府永興軍召爲御史中丞兼理檢使與題名知永興軍府合奉詔歸闕即召爲御史中丞也傳惟言曙子益恭益柔恭字達夫以蔭爲衛尉寺丞終父喪遂以尚書司門員外郎致仕題名云長子益恭者即其人而益昌亦爲其子史因以其微無可紀也長孫愼言邵氏聞見前錄載曙孫愼言愼行愼術俱列大夫皆賢從康節先生交遊又書英會亦列朝議大夫王愼言名

杜詵等題名

右題名行書無年月自左起文云奉禮郎杜詵光祿主簿蘇舜欽將作主簿司馬旦京兆掌書記趙誚京兆戶曹張復太廟鈌詵見歐陽集杜祁公墓誌銘云子男曰詵大理

評事當即其人宋史列傳稱舜欽以父任補太廟齋郎調滎陽縣尉尋舉進士改光祿寺主簿知長垣縣與此題合東都事略復舉進士稍遷大理寺丞不及其爲光祿寺主簿　司馬旦傳歷官十七遷至大中大夫不言爲將作主簿蓋史略也又大中大夫史亦涉誤證以夏禹祠題名云先太中河內公正指伯康則宜從太爲是

游師雄墓誌銘　正書

墓誌首列朝請郎直秘閣知潭州軍州兼管內勸農事兼荆湖南路安撫充本路兵馬鈐轄驍騎尉賜紫金魚袋張舜民撰朝散大夫直龍圖閣權知秦州軍州兼管內勸農事兼權發遣秦鳳路經略安撫使兼馬步軍都總管公事

騎都尉賜紫金魚袋邵⿰飠虎書端明殿學士中散大夫充涇原路經略安撫使馬步軍都總管兼知渭州軍州事管內勸農使上柱國賜紫金魚袋章楶篆蓋舜民與楶宋史並有傳而敘舜民不載其兼官敘楶不載其歷階又誌文載師雄陞潁州團練推官陞忠武節度推官改宣德郎遷奉議郎賜緋遷承議郎加武騎尉改工部員外郎知秦州兼權秦鳳路經略安撫使兼馬步軍都總管加飛騎尉傳皆未之及叔卿幹略爲當時所倚而未竟其材傳旣約用此志爲文又不宜敘其歷官過簡使益有失實之憾也予爲補之如此

無盡藏岩跋 正書

跋刻爲衡陽羅當世用之所撰書其文云臨武縣南十有五里之外有巖焉溪山美麗竇穴明澈誠一邑山水之巨擘舊名奔頭邑宰王公易爲秀巖寶慶丁亥中春武夷趙公率僚屬勞農于郊因過是岩指點勝槩拂拭舊題顧謂衆曰以秀命名美則美矣恐未足以盡其實欲以無盡藏名之可乎于是遂書諸石宋史地里志桂陽軍南渡後增縣一臨武中有石晉廢紹興十年復此跋所記是也有字下當有脫文此條宜移在淳熙後葢上版誤

封靈峻昭應博濟永利公勅行書乾道戊子季春

石刻上層鐫勅文署乾道二年十月五日後題尚書左僕射平章事口尚書右僕射同中書門下平章事杞叅知政

事帯同知樞密院兼權叅知政事後卿以宰相表攷之爲
葉口魏杞蔣芾陳俊卿也四人皆名而不氏後列右承議
充秘閣修撰前四川安撫制置使同叅口口兼提舉四川
綱馬口路舟船驛程賜紫金魚袋吳口立石名已殘蝕不
可辨四川之名由咸平四年三月辛巳分川峽轉運使爲
益利梓夔四路後乃相沿謂四川矣見宋史眞宗紀

儀制令石刻淳熙八年

石刻在略陽中行題儀制令三大字徑三寸餘下題字寸
餘文云賤避貴少避長輕避重去避來後題淳熙辛丑邑
令王口立石而名損缺不可見辛丑度宗之八年也東都
事略太宗紀太平興國八年正月甲申詔曰傳云能以禮

誠爲國乎何有宜令開封府及諸州於衝要處設榜刻律制令論如律宋史孔承恭傳嘗上疏請令州縣長吏詢訪耆老求知民間疾苦吏治得失及舉令賤避貴少避長輕避重去避來請詔京兆並諸州於要害處設木牌刻其字違者論如律上皆爲行之然則此令爲宋律舊文起於上旨榜之要衢固當宋初已有此制然當時未刻於石也癸辛雜誌載律云去避來之文太宗嘗問孔承恭曰令文宗貴賤長輕各有相避何必又云去避來此義安在承恭曰此必戒於去來者互相避耳蓋承恭又承上問爲申律意如此但如宗貴賤長輕於義不相屬皆傳刻脫訛之過非周氏故書也此刻得之趙渭川及他宋刻善本足爲關中

金石記補遺予故喜而跋之

文丞相題琴背詩 行書

琴背題詩藏福建口縣何氏家大興朱先生拓兩紙予得其一云松風一榻雨瀟瀟萬里封疆不寂寥獨坐瑤琴遣世慮君恩猶恐壯懷消時景炎元年蒙恩遣閒召入夜宿青原寺感懷之作譜於琴中識之末題文山二字按指南前後錄及別錄並未載此詩攷宋史少帝紀德祐二年五月乙未朔宜中等乃立昰於福州以爲宋主改元景炎文天祥自鎭江亡歸庚辰以爲右丞相兼知樞密院事文山本傳汎海至溫州聞益王未立乃上表勸進以觀文殿學士侍讀召至福拜右丞相紀年錄四月八日至溫州五月

朔景炎皇帝於福安登極改元以觀文殿學士侍讀召赴行在今題稱蒙恩遣問召入正其時也丞相身柱宋社瀕危彌厲得此詩益足以想見所懷

僞齊

孟邦雄墓誌銘

孟邦雄誌石前已跋尾在偃師金石遺文記內後覽熊克中興小紀云紹興二年夏四月時劉豫欲遷居東京而忠護軍翟興屯伊陽山以阻其路豫每遣人往陝西則假道于金由懷衛太行取蒲津濟河以達誌所指西京北路安撫總管翟興阻兵負險隔絕道路即其事也誌又載正月西賊叛逆順商虢三州稍繼變亂虜掠百姓攻圍城邑大

兵未集遂入西洛按中興小紀知虢州董震初嘗從僞至是復歸正乃將所部與琮并力襲取西京大金國志天會十一年春西京留守孟邦雄爲宋翟琮所敗琮郎翟興子時爲河南鎭撫憤大金發掘陵寢琮及董震以小寨餘衆入潼關邦雄醉方臥俘其族以去潼關字疑誤然則西賊謂董震也震知虢州在洛陽之西故也又翟琮引衆擣孟邦雄營邦雄方醉臥遂將其族以歸與誌載被執相符而誌旣云邦雄被害又父恩被傷致殞男安世同日被禍則俱殲死于西京故邦雄得塟永安軍蘇村之原也而熊氏謂詔琮押邦雄赴行在當日蓋未成行矣陳振孫書錄解題以熊克爲是書往往疎畧多抵牾其有指于此也與

華裔圖

華裔圖碑阜昌七年十月朔岐學上石其略云四方蕃夷之地賈魏公圖所載凡數百國今取其著聞者存之又參攷傳記以叙其盛衰本末蓋撰者自著其例如是所云魏公謂賈耽也舊唐書本傳耽令工人畫海内華夷圖一軸廣三丈縱三丈三尺率以一寸折成百里今此圖所載皆宋制京府州軍之名取賈舊製變爲縮本最易展閲閻伯詩著潛邱劄記地圖見者元道士朱思本輿圖蓋其平生之志而十年之力不知此圖又前于元矣伯詩引新唐書謂以寸爲百里表獻于上曰縮四極于纖縞分百郡于作繢宇宙雖廣舒之不盈庭舟車所通覽之咸在目此表載

舊唐書耽本傳今誤連于新書下伯詩必不疏辨至此校錄者誤也僞齊僭立亦有四京之目此圖稱河南不言西京或由翟琮復西京已不屬之僞齊與

授堂金石文字續跋卷十一終

受業亳州何星衢校

授堂金石文字續跋卷十二

偃師武億虛谷著　男穆淳編　孫耒重校刊

遼太子左衛率府率丁李內貞墓誌 保寧十年

碑誌爲太谷孟君若滋所得在今京師琉璃窯廠旣封其墓屬大興朱先生更爲文記之于丙午歲視此石已漫剝不可讀後得朱先生記云隴西李公諱內貞字吉美媯汭人後唐莊宗時舉秀才除授將仕郎試秘書省校書郎守雁門縣主簿次授儒林郎試大理寺守媯州懷來縣丞亂後歸遼太祖一見器之加朝散大夫檢校工部尚書兼御史中丞賜紫金魚袋兼屬珊都提舉使太宗初改銀青崇祿大夫檢校尚書右僕射故燕京留守南面行營都統燕王

牒蠟以公才識俱深委寄權要補充隨使左都押衙中門
使兼知廳勾次授薊州刺史次授銀冶都監景宗改檢校
司空兼御史大夫上柱國次行太子左衛率府保寧十年
六月一日薨于盧龍坊私第享年八十其年八月八日塟
于京東燕下鄉海王村寺以李君歷官考之遼史百官志
初加朝散大夫改銀青崇祿大夫階也上柱國勳也志皆
無文又兼屬珊都提舉使者志于北面內載珊軍詳穩司
應天皇太后置軍二十萬選番漢精兵珍美如珊瑚故名
而都統所屬有隨使改左都押衙中門使兼知廳勾由都統
委授南面財賦官有銀冶都監志皆不及之非得此誌則
奚所補焉牒蠟見逆臣傳爲行營都統志稱行軍都統亦

異文也稱崇祿大夫不言光祿者避太宗諱也

景州陳宮山觀鷄寺碑正書太安九年九月在豐潤縣

碑前列燕京右街天王寺講經律論前校勘法師沙門志延撰并書兼篆額文云案幽州土地記薊城三百里陳宮山有觀鷄寺俗傳說曾觀山峰有金鷄之瑞因以名焉截考翔修不詳何代予以水經注証之巨梁水出土垠縣北陳宮山西南流逕觀鷄山謂之觀鷄水水東有觀鷄寺寺有大堂甚高廣可容千僧酈氏當元魏時此寺已見于注葢所起遠矣又云北依遵化城實前古養馬之監南隣永濟院乃我朝煮鹽之場遼史地里志景州本薊州遵化縣遵化縣本唐平州買馬監為縣來屬依碑當作養馬監而

永濟院之煮鹽食貨志亦不著其名亦當補史缺也文內眞寂之鄉眞字缺點避興宗諱是碑與乾統二年涿州雲居寺碑及金智度寺邑人供塔碑銘雲居寺重修舍利塔碑豐潤大天宮寺碑元涿州無住禪師碑元應張眞人道行碑歷代名賢碑朱竹垞日下舊聞皆未收入故幷識於此

觀音菩薩地宮舍利函記 正書在京師法源寺

京師南城西偏唐大憫忠寺今易名法源寺遼藏舍利函石記存焉舊爲院墻脚支甃方石錢少詹事始屬寺僧另移置之今按後題有太安十年歲次甲戌閏四月辛未朔二十二日甲時錢君跋云予頃遊馬鞍山戒壇寺見遼學

士王鼎撰法均禪師碑後題乾時又石幢二皆遼時刻一
題庚時一題坤時潭柘寺有了公禪師塔銘金大定中刻
亦題庚時今此記稱甲時蓋金遼金石刻之文多作斯語
以甲乙丙丁庚辛壬癸乾坤艮巽代十二支也愚謂此陰
陽拘忌之說其傳已久顧亭林嘗謂歷家天盤二十四時
有艮巽坤乾不知其所始因按之淮南子天文訓子午卯
酉爲二繩丑寅辰巳未申戌亥爲四鉤東北爲報德之維
西南爲背陽之維東南爲常羊之維西北爲蹏通之維此
四維卽艮巽坤乾後人省文取卦名當之其說詳矣然以
卦名次易亦未實指其故攷舊唐書呂才傳若依葬書多
用乾艮二時並是近夜半呂才在唐之初所序葬書已云

然葢術士寓易爲之也又宋天禧四年送奉神述碑石題名有云四月二十七日巳後午前丙時竪立訖唐潘智昭墓誌後題天寶七載七月五日景時北齊書南陽王綽傳以五月五日景時生至午時後王乃生景時者丙時也然則金石刻之文不獨遼金爲然矣

雲居寺供塔燈邑碑行書乾統十年九月在涿州

碑前列崇教寺沙門行鮮撰後列陽嵎沙門圓融書其文載舍利始於西來高僧出之臂間後有百法上人得之寺僧大德文密與衆謀議化錢建塔一座燈邑高支用等誓志每歲上元廣設燈燭環於塔上三夜不息遼之遺俗佞於佛事此其一也燈邑即近人稱燈社爾他無足紀者圓融書勢深似李北海遼刻佳本可寶也

金

智度寺邑人供塔碑銘 正書天會十年六月在涿州

碑載涿州城東北隅智度寺中有塔爲如來具體之一郡八周而逸楊遵式倡衆興供佛塔當四月八日如來降生之辰其事最後陳因以刻石前列鄉人將仕郎試大理評事李端謙撰同泰寺沙門法諝書後列邑長彰信軍節度使金紫崇祿大夫檢校太保知涿州軍州事清河縣開國子食邑五百戶張元徵中散大夫起居郎同知涿州軍州事都騎尉東陽縣開國男食邑三百戶賜紫金魚袋甯擁涿州軍事判官文林郎試秘書省校書郎張綱按元徵見金史張汝弼傳云父元徵彰信軍節度使元素之兄也此

碑所署銜與史合惟崇祿大夫不載百官志攷遼史百官志崇祿寺避太宗諱光改階光祿大夫者皆易崇祿意金之初尚襲其制未及釐正也與寗辨階中散大夫志稱中散爲內侍之階天德創制令加于文職事官大金國志五品謂文臣中散大夫至朝列大夫是其徵也都騎尉及秘書省皆與志騎都尉秘書監不符都騎尉或上石者倒訛又省監亦可互稱故云然

定光禪師塔銘 正書皇統二年十月在長清

右碑濮陽李魯撰濟南高鯉書儒林郎行臺大理寺丞韓全篆額行臺之制以別于中臺天眷三年移置汴京皇統二年定行臺官品皆下中臺一等然則此題大理寺丞降

于正大品故書階儒林郎僅依從七品之下此皇統新制也後立石者結銜起復昭武大將軍陝西諸路轉運使劉益百官志轉運陝西有東西路案地里志天德二年京兆府置陝西東路轉運司平涼府置陝西西路轉運司此當皇統二年陝西轉運猶未分東西路也因言諸路以舉之與定光俗姓周揚州天長義城人皇統元年住靈巖明年化去銘依昌黎韓淘通仕所敘行狀俊言荼毗種種之異幻銘僧徒者諛詞之常如是

普照寺碑 正書皇統四年十月在沂州府

碑斷裂書撰人名氏僅有汝尙二字存按之齊乘所載爲中陶仲汝尙也于氏去金未遠其載此碑猶全具然亦約

舉其文云當子城西南有古臺臺西有廢池者舊相傳臺曰曬書池曰澤筆東晉王右軍故宅也往歲得斷碑于土中謂招提復興于後魏唐賜額開元宋崇寧初詔改爲天寧萬壽禪寺逮廢齊居攝專用苛政理國衆不附尤狹中多忌凡浮屠老子之居一切廢革遂易天寧爲普照云今以碑証之皆與相符後題銜奉國上將軍行沂州防禦使事兼管内按撫使統押沂海路萬戸兵馬高召和召和卽與覺海復葺此寺者也金史廢帝紀正隆三年十二月乙卯以樞密副使張暉爲尚書右丞歸德尹致仕高召和式起爲樞密副使又高彪傳彪本名召和失辰州渤海人爲武寧軍節度使頗黷貨嘗坐贜海陵以其勳舊杖而釋

之改忻州防禦使以碑證之當作沂傳刻誤也其階奉國上將軍及兼官傳皆略不書宜以此碑補之又名召和不作召和式似式與失爲譯音之衍

張汝爲題靈巖寺記 行書正隆元年四月在長清

右碑記云余素好林泉久聞靈巖名山所慊塵緣未獲游覽比雖守官汶上亦無由一到茲因被檄賞勞徐宿邳州屯守軍兵還登岱宗故不憚迂遠惠然而來周覽上方勝概時正隆丙子歲仲夏初七日同知東平總尹遼陽張汝爲仲宣題金史張浩傳子汝爲即其人也然史未著其官中州集汝爲字仲宣河北東路轉運使亦不錄同知東平總尹皆當依碑補著之總尹者地里志東平府以府尹兼

總管故并截二官名爲一與

宗城縣新修宣聖廟記 正書正隆三年四月

記前列資政大夫太常卿清河郡開國侯傅愼微撰仙巖翟炳書并題額炳見寶公禪師塔銘稱相州林慮縣仙岩梅軒居士翟炳者即其人也其文序正隆元年歸化高元來爲縣簿勸勵邑中業儒者魏選等廿餘人詣漕司請邑東南隅故郵驛舊建新學落成刻石于堂記引論語先進於禮樂因釋云孔子所謂先進者堯舜禹湯文武周公之時仕進者也所謂後進者孔子之時仕進者也先進之于禮樂井田野之人教之後進之於禮樂止教好善君子而已亦本孔氏先進後進謂仕先後輩之解包氏亦云謂仕也而更

肆其說錄之以見當時學所尚如此

雲居寺重修舍利塔碑正書正隆五年七月在涿州

碑前題朝列大夫前行代州五臺縣令騎都尉賜紫金魚袋李構撰無書人姓名其序藏舍利事當重熙中有郡守侍中劉公六符與寺僧可信藏俊智通文容等相謀踵與至大安八年屢有修建其餘夸飾之詞不足錄也後序中都寶塔寺前三學律主傳妙大德知殊初由本科試中于有司特補崇議大德領前件職大金國志記浮圖之教不載僧職皆由試受輒爲舉此補遼六符遼史有傳重熙初遷政事舍人擢翰林學士十一年使宋還爲漢人行宮副部署又加同中書門下平章事出爲長寧軍節度使俄召

爲三司使其于爲涿州郡守侍中未及也

彼岸院勅牒在博山縣後峪村

彼岸院勅牒石刻今存寺内龕置前院之西墻孫文定公顔山雜記所云金世宗大定四年勅建有尚書禮部牒文刻石院中餘文剝蝕不可辨讀者此也予就其側諦視之上層刻尚書禮部牒奉勅彼岸院下有押字另行正書大定二年十二月中鈐一方印又後列銜四人中憲大夫行員外郎李宣威將軍郎中耶律皆氏而不名又侍郎下無氏又末行筆畫重疊紐結成文半已殘蝕無從推論惟一王字下注押字金史百官志禮部尚書一員侍郎一員郎中一員員外郎一員此題四人與官制符其末書王字款

當爲部尚書王兢也文階正五品中曰中憲大夫而員外郎從六品凡散官高於職事者帶行字此牒中憲大夫行員外郎可按也宣威將軍在武階正五品之中而帶於文職事官文武階甚金制通用如此然攷金世寺額下頒多鬻於官食貨志大定五年上謂宰臣曰頃以邊事未定財用闕乏自東南兩京外命民進納補官及賣僧道尼女冠度牒紫褐衣師號寺觀名額今邊鄙已寧其悉罷之此牒當大定二年時猶未停此制彼岸之額殆亦出於納財得之也下刻記文題守法沙門沖口撰又題淄川段當是書石者惜名已缺記文略可屬句村曰掩底寺曰彼岸大唐沼法師所建十大寺中之一於是知寺固肇於唐非金世宗

創置矣村曰掩底今土人作掩的案的誤音爲滴金時寢
殿小底諸名近僕沿此自稱小的亦猶是也巳又有稱武
略將軍武功將軍徵諸史志武階從六品下曰武略將軍
而不見有武功及檢大金國志亦無聞焉於是又知此記
足補遺制所未備也

大天宮寺碑記 正書大定十二年十二月在豐潤縣

記前題朝列大夫充德州防禦同知天水縣開國男食邑
三百戶賜紫金魚袋趙攄撰中州集狀元內有趙內翰攄
字子充宛平人自號聯全道人亦見大金集禮大定二十
二年以中岳西岳北岳重修廟宇學命待制黃久約修撰
趙攄應奉黨懷英定撰各廟碑者是也又入題尙書令史承

奉郎任詢書中州集詢字君謨易州軍市人正隆二年進士歷省掾太名總幕益都都司判官北京鹽使課殿降泰州節廳此云尚書令史郎為省掾也又稱詢書法為當時第一觀碑之用筆與顏平原無異遺山所許不誣也朝奉大夫充永濟鹽副使騎都尉東平縣開國男食邑三百戶賜紫金魚袋呂溥題額後題中靖大夫北京留守判官上騎都尉博陵縣開國子食邑五百戶賜紫金魚袋崔擴仁奉國上將軍永濟鹽使護軍天水郡開國侯食邑一千戶食實封一百戶趙敬昌同建按記所稱玉田縣永濟務大天宮寺豐潤縣志約載碑文云寺在城西南遼淸寧元年鹽監張日成建有塔一十三級初名南塔院壽昌三年賜

額極樂院至金人與宋修好行府悉寓于此天會五年勅加大天宮寺惟前云寺在城西南即碑稱在務之西南也金史地里志永濟縣大定二十七年以永濟務置未詳何年廢攷元孫慶瑜豐閏縣記在昔金大定閒始改務爲縣至大定初避東海郡侯諱更名曰豐閏讀史方輿紀要玉田縣之永濟務金泰和中置豐潤縣屬薊州是永濟縣改名豐閏非廢而不置也寺由張日成建而塔則其嗣從宜於清寧八年所置縣志併爲一事書之又乾統五年改極樂院爲天宮寺亦脫記皆非也碑稱國朝故事凡寺名皆請於有司給授勅額其異恩者特加大字以冠之食貨志大定五年始鬻賣寺觀名額故前此請授以爲故事也異恩特加大字可補史所未及

大明禪院記正書大定十六年九月

予館清化日爲訪碑之遊於今月山寺得金元石刻凡數種此記爲釋自覺述妙先書在寶光寺西偏山半巖菴中上鐫賜大明禪院牒記大定二年幸遇皇王賜額於清風谷內修一所精藍大小屋舍一百餘間一十四年功將了畢者案大定二年壬午至丙申實十有四年于時僧徒之所營築侈且遠矣記末書懷州清化鎭刊石人張鏞懷州初以與臨潢府懷州同改南懷州天德三年去南字仍爲懷州今碑止名懷州是也清化稱鎭元豐九域志旣未錄入惟金史地里志載河內鎭四武德栢鄉萬善清化証之此碑或當元豐後已有此名金遂沿而不易也與元栖元眞人門

泉碑河內有栢香鎮史以香作鄉非是或因鄉脫上載爾又此碑少北佛座橫勒大金
正隆三年歲次戊寅九月二十七日游山至此修菴三間
至大定二年歲在壬午二月初七興工至是歲五月十一
日功畢下書淸風菴壽禪師記

濟源縣創建石橋記八分書大定二十年三月在濟源

記言濟源居太行之陽沇水自西北來稍折而東因高走
下湍流悍急縣治適當其衝浸淫衍溢齧城隅漱石瀨至
于東門之下高岸陡落幾及數尋廣狹三倍之舊嘗架木
爲梁每夏秋大雨則暴漲衝射屢易屢敗大定十五年春
淇水夏公禔來宰是邑因衆請易新是橋乃攻山石用鐵
長久蓋經始於十七年十月而告成二十年二月後劉進

土王藏器記并篆額史仲尹書文字皆中古法金石刻佳
本也
重修中嶽廟碑 正書大定二十二年十月在登封縣嶽廟
碑載中憲大夫充翰林待制同知制誥上騎都尉江夏縣
開國子食邑八百戸賜紫金魚袋黄久約奉勅撰奉政大
夫充翰林修撰同知制誥兼國史院編修官驍騎尉賜緋
魚袋郝口書承直郎應奉翰林文字同知制誥兼國史院
編修官雲騎尉賜緋魚袋党懷英篆額其述大定二十二
年十月庚申以重修中嶽廟成制詔臣久約書其事於石
先是十二年秋九月勅諭宰相諸嶽廟久闕修治宜加增
飾其選使馳傳遍詣檢視以聞明年使者復命粤十月壬

午乃有重修之命蓋始事于十六年四月丁未訖于十八年六月戊子按金史世宗紀及禮志黄久約於修廟撰文皆未書惟大金集禮大定二十二年十月九日又以中嶽西嶽北嶽重修廟宇畢命待制黄久約修撰趙攄應奉黨懷英撰各廟碑文今此碑稱久約奉勑是其一也

靈巖寺開堂疏 正書大定二十三年九月在長清

右疏前列左平章政事令請濼公長老住持濟南府十方靈巖禪寺為國焚修開堂演法祝延聖壽者次列疏文末題大定二十三年九月空日不書中鈐平章政事印最後題金紫光祿大夫平章政事宗國公蒲察通名案金史世宗紀大定二十一年三月尚書左丞蒲察通為平章政事

二十三年十一月丙寅平章政事蒲察通罷据此疏左平章政事卽左丞也通居此官爲宰相之貳故當時亦云左平章政事矣始請滌公在二十三年三月之前及疏文立石實爲二十三年故前云左平章政事後書平章政事官序可案如此通本傳大定十七年拜尚書右丞轉左丞闕三歲進平章政事封任國公百官志封號小國三十內有萊云舊爲宗以避諱改据是則通封宗國其後當避睿宗諱易號任國史本此書之耳

重修汝州香山觀音禪院記 正書大定二十五年在寶豐香山寺

碑前列中奉太夫南京都轉運使上護軍太原郡開國侯食邑一千戸食實封一百戸□克□命子師儉書并篆額

文稱河南汝州之境嵩山之下汝南三十里有佛刹焉在平山之巔曰香山院又稱大定二十四年春天子東幸□國以唐國主婿大興府尹駙馬都尉奉國上將軍烏林答天錫移授河南路統軍使金史世宗紀大定二十四年三月壬寅如上京皇太子允恭守國碑所指天子東幸謂此也天錫以世戚之重移授統軍蓋於鎮攝封陲實爲要職然天錫在史無傳僅附名烏林答暉傳後云暉遷都點檢兼侍衛親軍副都指揮使卒詔以暉第三子天錫世襲納鄰河猛安親管謀克惟舉其世職書之其後歷官之重竟不能詳今叅以碑所題銜實由大興府尹任河南路統軍使勳上護軍爵廣平郡開國侯食邑一千戶食實封壹伯

戶又天錫倘唐國公主例當特書而史亦脫佚亘以金季之亂典文失徵無所採据之故也齊東野語女眞使烏林答天錫到闕要上降塌問金主起居据是則天錫又充使職而史亦未及師儉書殊逸宕有奇致金刻往本無踰此矣

重修文宣王廟記正書大定二十七年元日在涿州

范陽舊有夫子廟在城東南貞元五年盧龍節度劉公濟建遼統和中始移置于此大定二十三年冬汾陽郭侯擷自尚書郎出殿是邦周覽庭宇憫其敝陋與僚顯武將軍粱傚先共謀斯舉起二十五年夏四月二十日癸丑訖五月八日庚寅前列銜少中大夫左諫議大夫兼尚書禮部侍郎翰林直學士知制誥上輕車都尉江夏郡開國伯食

邑七百戶賜紫金魚袋黃久約撰承德郎充翰林修撰同知制誥兼修起居注國史院編修官飛騎尉賜緋魚袋党懷英篆額後列西溪李嗣周書不與撰文篆額同名位懸殊故也立石者少中大夫行涿州刺史兼知軍事提點山陵輕車都尉太原郡開國伯食邑七百戶郭預金史世宗紀大定八年十月以涿州刺史兼提點山陵與郭預題銜合顯武將軍涿州倉都監兼軍資庫事騎都尉安定縣開國男食邑三百戶粱傚先黃久約傳略其階勳及爵懷英傳亦失載階勳與充翰林修撰兼修起居注官皆宜以碑補之日下舊聞據涿州志錄此文多刪削亦由未見石本也

大明禪院鐘識 正書 陰攷

鐵鐘今在東昌府署西舊鐘樓廢臺下予主書院日洵諸生以訪古刻所在後乃得于此爲手拓其文有云大明禪院口法住持沙門僧恒周師伯法仙等名又另方題本鎮商酒都監修武校尉張令聞同監口本鎮祗候阿里振孫殿試後題大金國承安二年六月二十四日鑄造口鍾一顆重一萬三千餘斤又各方題博州堂邑曹蔡村開山鎮賀蘭鎮西雙店諸地名及出貲人名氏多作太公二公大舅姑夫等稱皆俚俗人相謂鑄之金識甚可哂也元豐九域志東阿有關山鎮江本作開山與鐘識同金史地里志亦作關山而賀蘭鎮史更未之及又稱博州維那大金國志浮圖之教在京師曰國師帥府曰僧錄僧正列郡曰都

絅縣曰維那今博州亦稱維那志失載也東昌府志列金石一門此反佚不備載益嘆採訪之疎在耳目所及尚有未及況其僻棄于遠者與此鐘既稱本鎮當時營造不在州治所亦未知其造于何鎮俗傳自水中漂浮得之

濟陽縣創建宣聖廟碑　正書承安三年六月在濟陽

右碑斷裂幸無大損剝前列朝散大夫行太常寺囗騎都尉潁川縣開國男食邑三百戶賜紫金魚袋陳大舉撰承直郎行囗御史監察驍騎尉賜緋魚袋囗篆額鄉貢進士張濟書丹金史百官志監察御史十二員碑以御史結銜加於監察之上疑上缺字爲侍字蓋以侍御史兼監察也碑稱濟南屬縣有七水陸俱通四方游販歲集而月至者

莫如濟陽後敘縣舊無廟學仲丁釋奠皆借僧房驛舍有諸文士唱之度地庀材成廟加於他邑又云邑自天會八年改置而來地里志不見改置始末攷齊乘濟陽本漢朝陽唐宋之臨邑章邱地金初劉豫割章邱之標竿鎮及臨邑封圻之半置濟陽縣屬濟南据是碑稱天會八年是爲太宗建元之庚戌明年劉豫始僭僞號阜昌元年益改置屬濟南不由於豫于氏所記誤也又後題銜者四人宣武將軍行縣尉騎都尉金源縣開國男食邑三百戶完顏口口徵事郎行主簿兼勾常平倉事范汝霖將仕郎守縣丞兼管勾常平倉事楊溶定遠大將軍縣令口管勾常平倉事輕車都尉廣平郡開國伯食邑七百戶孛术魯口口常

平倉本以州府官提舉縣官兼提舉此又主簿丞尉並兼管勾矣皆志文所失載

會善寺請寶公長老疏正書承安三年七月

疏鐫勒一小石額仆在寺門外已砌置作階基予遊嵩山訪碑手自爬剔出之文尚未損泐皆可讀屬成句蓋延寶公住持是寺啟疏所由也後列銜將仕郎教授推府判盧奉議大夫河南府判超中順大夫河南少尹完顏三人皆氏而不名証之府志盧詢高平人爲河南府教授即疏所記教授推府判者也志未明盧詢到任及陞擢年月閱此疏在承安三年七月亦足以知盧詢歷官之時矣後又有中憲大夫同知河南府尹事但書銜名氏皆不具

太原王氏墓記正書承安四年二月在孟縣

記爲鄉貢進士孟州學正雷文儒撰學正門人鄉貢進士劉淮書丹并題額刻于石幢經文之後內引孔子曰惟孝友于兄弟施於有政按古讀以孝乎惟孝絶句自僞孔書傳出乃以惟孝友于兄弟牽連成文尚書古文疏證深詆其愆謬并据淳熙九經本點斷句讀號稱精審亦以孝乎惟孝斷句則知改從君陳篇讀者實自朱子始今此碑所引當承安四年于時南北阻絶集註必不能廣逮敵境而朱子又晚年始脱稿則因仍君陳之文此塾師所授讀并二日矣閻氏之論或未然也

武威郡侯段鐸墓表張萬公撰泰和二年四月在稷山縣

表載段鐸歷官事跡最詳審攷鐸于金史無傳惟附見梁襄傳曹州刺史段鐸薦襄學問該博鍊習典故者是其人也予約舉表所稱鐸字文仲與兄鈞同遊場屋都人呼稷山二段正隆二年登進士第五人第調長安簿守絳州絳縣秩滿除天德軍節度判官移宰耀州繼宰涇陽攺充尚書兵部主事授同知棣州防禦使事復被命審決河北路刑獄事攺中都都麴務超授大名府治中兼本路兵馬副都總管尋授曹州刺史移鎮平定未幾徙節授華州防禦使懇求致政躐進兩階授中奉大夫加護軍封武威郡開國侯增邑三百戶食實封一百戶俸祿仍給其半以奉祀元年五月歸里是年十一月卒葢鐸所居官皆有實蹟爲

當時所稱而在棣州時河決滑衛間故相劉瑋辟工督役按之劉瑋傳河決于衛自衛抵清滄皆被其害詔兼工部尚書往塞之與碑文合瑋有幹力其所辟如鐸者洵亦賢矣中都都麴務百官志中都麴使司郎其職子惟忠惟孝一守華州鄭縣赤水鎮酒務同監一守華州蒲城縣荆姚鎮酒務同監志言酒課不及三萬貫者爲院務設都監同監各一員此二鎮有同監是也

崇公禪師塔銘 正書大安元年三月僧示昭撰□柔書在登封少林寺

序稱師諱興崇俗姓侯氏汾陽西河人大定二十七年誦法華經中選受具之後首詣少林寺參照禪師會山陰羅漢禪刹虛位光祿大夫駙馬都尉蒲察知河南府洎同知

許中順命師主之照公退席少林駙馬洎治中驃騎紇石烈請師移蹕其迹泰和七年五月南京統軍鎮國徒單榮祿大夫六駙馬都尉國子司業劉奉直同知孫中順治中武奉直具疏請師開堂後以泰和八年九月二十七日作偈辭衆案金史世戚傳贊金之徒單拏懶唐括蒲察裴滿紇石烈僕散皆貴族也天子娶后必于是公主下嫁必于是此銘稱駙馬都尉蒲察徒單六駙馬都尉是以貴族尚公主而世戚不附其名劉奉直者劉昂也中州集昂爲當塗者所忌連蹇十年卜居洛陽有終焉之志有薦其才於道陵者泰和初自國子司業擢左司郎中此疏稱國子司業合又崇公崇字凡四見崇下示俱作未按孫卸康傳上

問郎康參知政事賈鉉曰睿宗廟諱改作𡘤字其下却有本字全體若將示字依蘭亭帖寫作未字云云郎康奏乃擬睿宗廟諱上字從未下字從世今碑崇下示亚作未是也與字鈌丶今碑稱大安爲衛紹王之建元衛紹王諱允濟小字與勝其鈌丶亦當爲此而史不及悉載矣

洞眞觀勅牒并記 行書大安三年十月在萊蕪

右碑上鐫尙書禮部牒另行小字載登州棲霞縣王玖同邱處機狀告泰安州萊蕪縣山口店長豐村舊有道院并白鶴村屋宇地土等一所未有名額今賫到乙字第十一號觀額乞書塡作洞眞觀者案輟耕錄邱處機金皇統戊辰生戊辰爲熙宗之八年至泰和八年處機已六十一歲

于時附名爲請觀額葢已主道教矣寺觀名額大定五年以邊鄙已定遂罷鬻賣至承安二年賣度牒師號寺觀額此牒稱賣到乙字號者以承安制爲之也中行小字嘉定元年泰和捌年閏四月旁書金主璟無印文惟空方正書一印字他勅牒未有此式後題員外郎不書氏官闕員也朝請大夫郎中兼國子監丞王口口大夫禮部侍郎兼秘書少監喬未行當是尙書結銜殘闕其可見者有國史字張字案金史完顏匡傳泰和八年五月丁未遣禮部尙書張行簡奏告天地今尙書銜末署張字卽其人行簡傳泰和六年召爲禮部尙書兼侍講同修國史秘書監此題銜有國史字與傳相符然攷宋嘉定改元方函韓侂胄蘇師

旦首入金求和則勢亦孱弱不支而金鑾額以宋年號冠其本國之上又直斥金主名及下立石在大安二年亦同書金主永濟名未詳何以敢指斥如是最末題昭勇大將軍行萊蕪縣令兼提舉常平倉事烏古論桌忍食貨志所謂常平倉以縣官兼董其事者卽兼提舉之謂也

請琮公開堂演法疏正書在魯山縣城崗福寺

石刻前題皇弟韓王府後題皇弟開府儀同三司太子太師韓王案金史世宗諸子傳元妃李氏生鄭王允蹈衛紹王允濟潞王允德允德傳云大定二十五年與章宗及諸兄俱加開府儀同三司衛紹王時累遷太子太師此疏結銜皇弟開府儀同三司太子太師正值大安三年與傳稱

衛紹王時累遷官合是所題郎允德也傳稱允德封薛王進封瀋王幽王潞王不言進封韓王案衛紹王紀大安元年既進封兄永功爲譙王則允德以懿親之重亦當並封是韓爲所進府號當時缺錄也史贊云衛紹王身弑國蹙記注亡失南遷後不復紀載故宜有此宜取以補史遺衛紹王明昌二年進封韓王今允德亦得此號紹王與之同母遂以自所封號示寵異與

十方靈巖寺碑陰題名

右碑陰得題名一行書文云冠氏帥趙侯齊河帥劉侯率將佐來游好問與焉丙申三月廿五日題按此遺山手書也丙申爲蒙古大宗之七年于時金亡三年矣遺山集過

氏趙侯先塋碑稱冠氏師趙侯名天錫其字受之今爲東平左副元帥兼分治大名府路同知兵馬都總管事宣授行軍千戶者即此題趙侯也遺山客冠氏又與趙侯銘其先人宜其陪此勝遊爾又有留題靈巖詩後書丙辰冬至日蓬山劉悳淵識此丙辰詎前丙申二十年亦爲蒙古憲宗時也

授堂金石文字續跋卷十二終

受業大興張端校

授堂金石文字續跋卷十三

偃師武億虛谷著　男穆淳編　孫耒重校刊

元中京副留守陳規墓表 段成已撰蒙古憲宗八年在稷山縣

表載陳規擢明昌五年進士第歷華州下邽平陽臨汾三縣簿試書判入等知臨洮渭源□改潞州觀察判官遷和□令知恩州歷亭縣轉京兆府路按察從事丁父憂去職召入爲開封府判官拜監察御史出同知壽泗二州實經歷徐州行院後授宿州節度副使經歷元帥府事入知登聞鼓院改刑部郎中拜右補闕升右司諫出爲中京副留守兼倅河南府事未到官卒凡歷十六官階累至中議大夫勳上輕車都尉爵潁川郡開國伯食邑七百戶案之金

史木傳所書惟監察御史徐州帥府經歷官右司諫權吏部郎中改充補闕從出爲中京副留守其他歷官皆從略傳言規貞祐四年三月上言臣巡按至徐州此正碑稱經歷徐州行院時也傳繫此文于爲監察御史之後而傳書出爲徐州帥府經歷次于七月所上八事之末前後失次深違其實又碑云改刑部郎中守法不阿而傳作吏部表言規排斥權倖章奏無虛日雖得君如高丞相某侯平章某師右丞某事不厭衆望皆極言其失以史案之高汝礪拜尚書右丞相師安石進尚書右丞侯摯爲平章政事此三人獨摯爲規所彈見于傳餘亦不及之表言規子男一人曰至燕而亡二孫元允皆卓卓有文名傳載于良臣中

州集同元二孫名史碞之矣規之卒表言歲巳丑是為
哀宗正大年又二十有九年戊巳始表其墓蓋巳當蒙
古咸宗八、矣規既以直不容而遭時多艱未竟其用喜
得此文表之故述其跡以補金史

太清宮聖旨廿正書中統二年四月在鹿邑

元聖旨碑自序據張真人奏告亳州太清宮住持道人每
元受令旨並臣軍馬宮觀內不得安下所有栽種樹木諸
人不得採斫專與皇家告天祝壽今將元受令旨已行納
訖乞換授事準奏仰亳州太清宮道人每照依舊例　云
仍仰張拔都兒常切護持太清宮令住持道衆更爲精嚴　云
看誦與皇家子子孫孫告天祝壽者後題中統二年四月

二十七日鈐璽處無璽文惟旁注御寶二字輟耕錄漢人賜名拔都者惟文忠武王與太師張獻武宏範及真定新軍張萬戶與祖耳攷興祖以至元十九年從阿里海牙南取漢郢有功後以國言賜名拔都則此旨張拔都兒當中統二年決非興祖又考元史張宏範傳至元十二年改亳州萬戶賜名拔都令旨內仰常切護持非守土者不當有是委任故指爲宏範於事爲近然此旨實前于至元已稱張拔都則改亳州萬戶及賜名拔都不于至元十二年矣或云宏範父柔當憲宗卽位常移鎮亳州拔都宜爲柔所賜名按中統元年詔柔入衛京師二年已請致仕于時必無以護持宮觀委之也世祖紀中統三年九月戊午亳州

萬戶張宏畧破宋兵於蘄縣蓋宏畧襲職必蒙賜以此號史失錄也又列傳載張拔都爲昌平人流矢中頰不少却帝聞而壯之賜名拔都而歸老最早不及中統時然則漢人賜名拔都者又其一矣張眞人不稔其名案道園學古錄國朝之制凡爲元教師者得在禁近號曰眞人給以印章得行文書如官府卽此記所稱是也

修釋迦院記 草書中統二年十月在河內縣酉莊

碑列比邱守顯記並書張天祐篆額而守顯又自署住持彰德府天寧禪寺退院嗣祖蕊以方外猶牽情退院世念未忘至列於石刻是可嗤也碑首行題大朝國懷州河內縣南衙村尼首座崇明悟釋迦之院今此地在清化鎭之

西北無人知是村名南岳矣予向與康君少山睹是碑下截陷淤土中歸遣人爬剔拓數紙爲錄於此以見吾儕所好與世異趣也

廉訪使楊奐神道碑 正書中統五年 四月在乾州

碑首刻河東元好問撰柳城姚燧書并篆額燧奐之第三女壻也稱柳城著其祖貫也文載奐始末頗悉元史取以爲傳今碑所云唐鄭國公二十世孫唐書宰相世系表鄭國公侑即其人侑父昭元德太子世宗孝成皇帝碑序世系不及之者諸侯不得祖天子也元史本傳奐行迹歷官史亦有未盡錄者以碑証之初因州倅宗室□命爲白倉典書又辭不就臺椽其後乾州請爲講議安撫司辟經歷

官京兆行尚書省以便宜署隴州□□皆不赴唯一應叅
乾恒二州軍事奐之自守如此亦名爲無所苟矣碑間有
訛字年三十三年作不改弦更張更作吏爲萬言策爲作
萬

修建長春觀記正書中統五年五月在孟縣吉里村

記前書孟州□□河陽縣教授尚企賢撰篆額武昌後
進楊仁書丹濟源縣苗天澤正文按正文蓋書石後校其
訛脱亦郭香察書之例也記言宗師東遊寧海得邱劉譚
馬之英材唯劉眞人住持萊州神山武觀有周老者願立
下風眞人慮其飾外喪眞當以憨自處因目之曰憨周朝
廷特賜以清虛眞人之號後見解公機緣宿契禮接甚厚

解公長春深器重之賜以洞眞子之號以志通爲之諱元史釋老傳邱處機爲全眞學于寗海之崑嵛山與馬鈺譚處端劉處元王處一郝大通孫不二同師王嚞錢少詹事云史以處端作譚當依此碑作覃爲正案詩實覃實訏釋文云覃一作譚是覃譚爲一字也長春應詔與弟子偕往者十有八人而劉處元之徒予所見惟此碑憖周及志通耳然志通亦師長春則道之北宗邱惟獨熾已碑後列宣授孟州長官范眞宣差孟州達魯花赤阿里河陽縣令師福亨河陽縣簿尉羅信諸名百官志諸蠻夷有長官司今設于孟州當時以河南甫定孟猶邊鄙故宣授長官耳上州名州尹中下州名知州縣皆稱尹至元二十年制然後

此云長官及令者中統時沿此名史未備錄也簿尉合兩官爲一名當即以尉兼簿之制范眞阿里並見重立孟州三城記云壬辰天兵南渡有京西總帥范官率所部歸附大朝更賜金符治所屬之民兼領于孟後又稱中統二年欽奉聖旨宣授孟州長官又云公諱貞字彥誠登封人亦附曷思麥里傳金總帥范貞率其麾下軍民萬餘人來降者是也

重立孟州三城記 正書中統五年八月在孟縣

記爲孟州學正尚企賢撰書者名氏已殘剝記云舊州瀕河地勢卑濕水泉潟鹵民居墊隘大定戊申防禦使么公移築于此至興定庚辰貔貅一拉掃地無餘及壬辰天兵

南渡有京師總師范公率諸部衆齎所帶虎符口次下金銀牌印口口本朝以爲口禮天恩優渥更賜金符治所屬之民兼領于孟丁巳欽受恩命復立新孟乃召耆老舊人圖尋街衢標注坊巷盡州之移建略具此矣金史完顏仲德傳西山帥臣范真姬汝作等各以馬遺姬汝作傳哀宗詔峴山帥延賓登封帥范真併力討臯曷思麥里傳遣蒲察塞奴乞夫烈札魯招諭金總帥范真率其麾下軍民萬餘人來降即此碑范總帥也元史地里志孟州金大定中爲河水所害北去故城十五里築今城徙治焉故城謂之下孟州新城謂之上孟州元初治下孟州憲宗八年復治上孟州案碑言大定戊申爲金世宗建元之二十八年明

年己酉禪位于太子惇則不得稱大定中矣其州之徙治亦由瀕河卑濕不言被河患然則志所攷未審其實也碑言天開中統欽奉聖旨宣授孟州長官又以眞爲之而民遠近相賀眞雖降將固一方所毗也孟州達魯花赤阿則稱宣差百官志亦唯見宣授之文此作宣差或元初制如此

分司撲務重立孟州碑

右碑文刻在修孟州三城記之陰序范眞興復州城及僚屬佐吏諸名氏不書年月葢以碑陽已有中統五年此當與同時記也分司撲務不審官職所屬疑亦行中書省之異名又孟州有長官有達魯花赤有通事有權州有都目

吏目孔目有總補盜官有酒稅官有學錄有祇應官有懷孟路起到管立城民戶總把有頭目有僧正道正道判有庫官有孟州渡提領百把渡官有黃河巡檢元史百官志自至元三年所定州縣官數記之而前制皆從畧于是見元代立國之初遺典罕有知者矣碑載孟州屬縣四皆有提領縣令縣丞簿尉一員典史二員與志稱中統五年併立州縣未有等差者合而縣各設提領志亦不載亦以併省故也

追封魯郡公許公神道碑 正書歐陽元撰趙孟頫書至元四年八月

碑載許熙載字獻臣初以行省檄辟德慶路提控按牘由是以本職歷永衡兩路湘潭一州凡三考成資調長沙稅

使還臨江撫州兩路總管府照磨進將仕郎湖廣行中書省理問所知事改從仕郎會福院照磨兼管勾承發架閣庫熙載有壬父也附元史有壬傳後然書其官階甚略又傳云熙載仕長沙日設義學訓諸生既沒而諸生思之爲立東岡書院朝廷錫額設官以爲育才之地以碑考之有壬喪母宋夫人旅殯原上苫凷廬墓者三年後長沙人即公廬墓之地作書院以表其孝請于中書得永額然則書院賜額爲有壬孝思所致與史所書不符豈由當時未及剌沙搆怨言以書院不當立而爲文者故有微詞與傳載有壬二弟有儀有孚碑書有儀經筵檢討武昌水陸事産副提舉有孚國學上舍生登至順元年進士第授承事郎

湖廣等處儒學副提舉改湖廣行省檢校官皆足補史傳書官之畧

重建普門塔銘 正書至元十六年八月在邢臺縣

普門塔自寺僧崇儼於至元丁丑懇國師璉眞上請賜銘遂以崇湛所具事迹文之葢寺舊有塔曰圓照癸酉燼于兵逮辛卯歲萬安恩公迺圖興復經始于重光單閼之仲春斷手於上章困敦之秋越癸卯冬師遂示寂嗣僧崇朗因太保劉秉忠奏請賜名諡曰宏慈溥化大士勅寺額曰大開元寺塔曰普門之塔按璉眞卽楊璉眞加也當時以璉眞之横旣爲江南釋教總統宜諸僧徒依附以干上聽也碑爲翰林待制奉訓大夫王惲撰正奉大夫中書省參

知政事安西王相商挺書金紫光祿大夫平章軍國重事監修國史耶律鑄篆額三人皆以奉勅爲之元史列傳惲至元十四年除翰林待制拜朝列大夫今碑題作奉訓大夫攷奉訓階從五品朝列階從四品當由初階奉訓進拜朝列史失紀也挺至元元年入拜參知政事九年封皇子忙阿剌爲安西王立王相府以挺爲王相碑所題與傳合惟不書正奉大夫階耳傳載阿難答嗣安西王仍命挺行王相府事後以二郭與趙炳搆隙妃囚炳死挺坐徹徹語連挺亦下獄十六年春有旨挺不可全以無罪釋之冬始釋挺据是則挺被繫在十六年矣此碑所立挺豈能奉勅爲書依諸王表所紀阿難答正元十七年襲封而郭趙之

釁始開又未幾挺下獄而被釋則當在十六年後証之趙炳傳炳爲郭琮黨毒死獄中已在十七年三月以見挺傳十六年之誤也鑄至元四年六月改榮祿大夫平章政事五年復拜光祿大夫中書左丞相十年遷平章軍國重事十三年詔建修國史碑題銜同此其光祿大夫加金紫傳文不備

濟寧路錄事司廳壁記 正書王質記楊仲元書在鉅野

記前載至元丙戌春正月本路創立錄事司達魯花赤薛里吉思于省部關到錄事司并奧魯印二顆與錄事兀都蠻於鉅野縣尉司廨宇內署事二月錄判張福又賫捕盜印前來理任三十一年春承路官命移錄事司於舊祗應

庫爲司元貞二年薛里吉思復任遂因庫司增新營築凡正廳司房咸與有成大德元年仲夏也案元史地里志濟州至元二年以戶不及千數併隷任城六年遷州於鉅野八年升州爲濟寧府治任城復還府治鉅野十五年遷府于濟州以鉅野行濟州事其年復于鉅野立府今記題名諸衙皆稱濟寧府與志文合壁記之作在大德元年五月而題名自至元二十二年訖延祐四年所序到任下任代謝病闕其事特詳前後歷官二十三人至元元貞間皆書名大德以後書字書籍貫序刻者踵事益之也官有錄事有判官百官志錄事司中統二年詔驗民戶定爲員數二千戶以上設錄事司候判官各一員二千戶以下省判官

不置至元二十年置達魯花赤一員省司候以判官兼捕盜之事此訖至元二十三年薛里吉思任書達魯花赤銜蓋由二十年置此員也兼管本司諸軍奥魯歷任皆有之志闕而不書所未詳也判官兼捕盜記文稱錄判張福賁捕盜印者卽其事

無住禪師碑 正書至元二十三年二月今在涿州

碑前列翰林院編修王頎撰大都海雲禪寺前住持傳法嗣祖沙門西雲子安書丹翰林國史集賢院領會通館道敎事正奉大夫安藏篆額無住馬氏諱智廣世居懷慶河內初禮本縣閻公宗主爲師後歷叅萬松老人清隱湛公西菴仲休皆有密契遂爲奉聖州前經略使王國寶敬請

住持州西雲濟寺又開法法雲等更主東禪西禪二院最後居北塔雲居今碑所識可按如是萬松老人僧行秀嘗號萬松野老也

重修三官廟記正書至元二十四年三月在孟縣摘星廟内

記爲懷孟路學政李孝純撰懷孟路䝉擇陰陽官管勾王德政書并篆額其文云三官之號他書不載獨道經稱之其詳不可得聞蓋取無極之道一以生二二生三三生萬自是而計無不在其中矣而又上世貴質制有鳥官人官故以三爲元數官爲定名從省文也按孝純所撰皆撫取道家之緒言近趙耘菘陔餘叢攷所据古書記稱三官之事特詳然於此亦未嘗及也故予爲存其槩孝純見哀恒

山公詩題爲將仕郎臨漳縣主簿者疑即其人

濟州重修大成殿記 八分書至元三十年二月在濟寧州

碑上半雨溜殘蝕斷痕交錯惟下半尚全其云州爲鉅野地居下流河數爲患金天德三年徙治任城又云至元甲申口州與侯德方自沐來監是郡又云具書幣聘東平文儒楊演蓋紀州治廢徙以遠新廟所起其略如是元史地里志載金遷州治任城以河水湮沒與碑同金史地里志稱濟州舊治鉅野天德二年徙治任城縣則訛三年爲二是其失也甲申爲至元二十一年殿之告成實二十八年辛卯最後列銜前翰林侍讀學士知制誥爲撰文者名已缺又列直學士口直郎楊文乃篆額文下殘字當是郡學

至元二十二年焚毁諸路僞道藏經碑列翰林院臣唐方

楊文郁卽其人也歸田類藁濟南劉氏先塋碑銘云常謁故翰林學士損齋楊先生文郁銘其父

從仕郎前秘書監丞楊桓書丹桓元史有傳云中統四年補濟州教授召爲太史院校書郎遷秘書監丞博覽羣籍尤精篆籀之學此碑書字道整可見其餘也又下銜名俱不全惟承務郎濟寧路同知濟州事兼管本州諸軍奧魯劉庭玉名存

創建福勝院記正書至元三十年九月

碑完好首題大元國濟南府鄒平縣齊東鄉文山法淳撰陽邱書丹文云玉和尚者陽邱臨清人也姓邵氏自二十出家後至承安三年經義中選賜紫衣號曰通惠大師及

歲次丙戌間外護功德主宣授管領濟南等路軍馬萬戶孟德發心敦請創建甲第號曰福勝院碑所記興建丙戌歲者至元二十三年也予壬子十二月歸自京師由商河迂道得此碑于村鎮呵凍爲錄其概按于氏齊乘齊東縣舊趙巖口金爲齊東鎮劉豫置夾河巡檢司金亂天兵南下城之壬子年因置齊東縣屬河間路癸丑年割屬濟南至元二年還屬河間此題鄒平縣齊東鄉當以縣已改隸而鄉猶仍其舊名與碑陰載僧徒宗派亦無剗泐

授堂金石文字續跋卷十三終

受業汝州王孝方校

授堂金石文字續跋卷十四

偃師武億虛谷著　男穆淳編　孫耒重校刊

元孟子墓碑　正書元貞二年二月

碑自東陽司侯尹鄒屬導江張頚譔文屬解印未入石支山向茂繼成其事頚見元史儒學傳云其先蜀之導江人蜀亡僑寓江左孔思晦傳亦云授業于導江張頚今碑自題導江舉祖貫也在維揚來學者尤衆遠近翕然尊爲碩師不敢字呼而稱曰導江先生大臣薦諸朝特命爲孔顏孟三氏教授鄒魯之人服誦遺訓久而不忘以碑後邑人邵景劉之美所記亦稱導江先生其爲時重望洵不虛也文載宋景祐四年歲在丁丑孔公道輔守兗州訪孟子墓

得于鄒縣東北三十里四基山之陽宋史本傳止云徙兖州未識其年月證之此碑及道輔祭祖廟文自景祐二年至四年並在兖州矣文又載孟子出處以孟子當周顯王三十三年乙酉至魏愼靚王二年壬寅去魏適齊赧王二年戊申去齊居魏十八年居齊六年按此依通鑑爲據通鑑從竹書紀年以襄王十六年繫于惠成王則計惠王在位凡五十二年故云居魏十八年然孟子久滯梁國寂無所施而遲回至此道固可以虛拘耶竊以義有所未安也導江此記頗能自肆其說故吳澄序其書以爲議論正援据博觀此亦足例其餘矣

饒陽縣新遷廟學記 正書元貞二年三月在饒陽縣

記爲奉訓大夫國子司業太原王構譔朝列大夫前都水監饒川高源書奉訓大夫太常博士玉田楊遇篆額構源元史並有傳構成宗立由侍讀爲學士此記元貞二年題銜爲國子司業當以侍讀序轉至此史失書也傳言東平人而構自稱太原舉郡望也源僉江南浙西道按察司僉除河間路都轉運副使至元二十四年爲江東道勸農營田使二十八年遷都水監碑載前都水監與傳符惟記稱浙西道察司僉事不言江南及按字書石者不能無誤于此矣源實晉州饒陽人故題饒川而記內亦稱邑人較史文但舉晉州者爲詳也廟學之遷初由簽吾李璧宰斯邑首謀經畫璧見元史帝師八思巴傳至大元年上都守開

元寺西僧强市民薪民訴諸留守李璧當郎其人

扁鵲廟記　正書元貞二年六月在南宮縣

記載扁鵲之祠直龍岡西北號曰神應王藥局司令高濟陋其舊構欲口之不克而歿至元壬辰其孫天明爲成厥志今記後列南宮縣濟民藥局司丞者是其人也神應王宋政和四年碑記已有是號故元代因之其稱濟民局則當時縣設是員做于大都惠民局上都惠民司蹕事增置也記將仕郎國子學博士康繼禮撰宜授眞定彰德官醫提舉劉滑德書元史百官志大都保定彰德東平四路各設提舉一員而不言眞定今碑言眞定疑史有誤脫也宣授者文散官由一品至五品爲宣授皆以制命之官醫提

舉司秩從五品故題云然

重刻哀恒山公詩 正書大德四年閏 在鳳台縣天井關

哀恒山公詩刻完好爲將仕佐郎臨漳縣主簿李孝純所題後有小記云公姓武諱仙金末名將河北九公恒山其一也恒山失利扳身南歸扈從路經此關爲守者所識邏兵捕之公欲潰圍去而扳劍不出重傷被獲是夜大星隕天鼓鳴乃終謚孝純之子瓛官澤州儒學正以父嘗作是詩在宣聖廟柱石已殘缺故跋而重刻諸石武仙金史有傳甲午蔡州破糧且盡將士大怨皆散去仙無所歸乃從十八人北渡河又亡五八五月趨澤州爲澤之戍兵所殺證之此記似以仙南歸扈從時被害于此與史不相符然

授命之日能致星隕鼓鳴之異亦一逸事可紀也河北九公者王福滄海公移剌衆家奴河間公張甫高陽公靖安民易水公郭文振晉陽公胡天作平陽公完顏開上黨公燕寧東莒公與恒山爲九見苗道潤傳孝純字敦夫詩附録于此金鼎冥冥座巳遷將軍忠勇力扶顛井闌未度星先落神策潛揮劍不前一把骨髓秋草朽千年名有此山傳作詩膾炙行人道留爲他時太史筆採逸詩者所采録也

漁庄記 大德十年閏正月

記石近出土陳儼撰其文序雲卿自述我汲縣府君買田洹上爲菟裘計願未之遂齋志以没從益無似繫官於朝

乃弗克搆今茲幸若弛擔歸守桑梓始獲作我攸宇迨今三十餘年始克卒成先志從益字雲卿元史不爲立傳仁宗紀至大四年召世祖朝諳知政務素有聲望老臣給傳詣闕同議庶務內有參政韓從益卽其人也亦見英宗紀至治三年授前樞密院副使吳元珪王約集賢大學士翰林侍講學士韓從益昭文館大學士並商議中書省事然則從益以老成之重爲兩朝所毗倚彼其先固由恬退以植其素故也記又稱從益西曹投簪而後除廣平牧改樞府判俄又拜奉常卿並可舉以備史遺文

有商烈祖聖帝廟碑 正書至大元年十二月在孟縣

碑爲保直大夫河南江北等處官醫提舉杜天錫譔武略

將軍前鄧州知州兼署本州諸軍奥魯勸農事師福亭書丹資德大夫中書省右丞議樞密院事調諸口屯田勾當陳天祥篆額元史列傳天祥字吉甫大德九年五月拜中書右丞議樞密院事提調諸衛屯田與碑合碑石諸字下殘剝以傳証之當作衛字也元史百官志樞密院至元二十八年又以中書平章商量院事攷碑言議樞密院事卽志所謂商量院事而此以右丞兼是職豈平章與右丞同爲宰相固可以品相近者並爲之與抑初以平章而後廣及於右丞也與

鎮國上將軍甯玉神道碑銘 正書至大二年二月在孟縣

碑爲翰林學士承旨正奉大夫知制誥兼修國史閻復撰

榮祿大夫平章政事議樞密院事史弼書二八元史並有傳復拜翰林學士承旨階亞奉大夫與碑相符其兼官則從畧不書弼元貞三年陞平章政事加銀青榮祿大夫今碑作榮祿大夫與傳小異又議樞密院事傳亦闕載甯玉者益州河陽人史不爲傳附名于伯顏傳內戰守最著奇績與碑詳畧互見然歷官所書太畧今據是碑爲補著之玉初署盟津渡長從世祖渡江以勞補百夫長中統初定鼎于燕召充河道官至元十二年拜管軍千戶佩金符遷宣武將軍管軍總管明威將軍鎮守長橋等處總管尋降虎符職任仍舊任昭勇大將軍管軍萬戶未幾就帶已降虎符鎮國上將軍浙西道吳江長橋都元帥沿海上萬戶

佩金虎符大德六年慈子家子居仁居証居贇元貞萬奴

袁州路修建記八分書至大二年季夏

記文首列從仕郎江西等處行中書省檢校官杜與可撰并書朝列大夫江西湖廣道肅政廉訪副使蔣元祚題額今案其文云袁名因山山襲居漢袁隱君名縣主領邑四較萃鄉戶尤繁元貞制州之槪傳版民貳十萬是郡于江西爲上又云至大初元侯長忽都魯脫因總管朶兒直偕僚屬增廣舊制益賓幕貳十六楹閣廠櫝庫四十六楹時同知舍剌甫沙治中暗都剌哈蠻判官馬合麻沙推官孟誠經歷李貞知事成翼照磨拔擴萬國艮董役分宜縣主簿慕嗣宗府掾袁賢張顯忠諸人後題袁州路總管府達

魯花赤兼管內勸農事忽都魯脫因少中大夫袁州路總管兼管內勸農事兼管造茶勾當朶兒直立碑僻置遠方著錄者罕能覓也

加封大成至聖文宣王碑陰題名 正書

碑陰列諸職銜名題與碑陽書至大四年以一時上石也其前載鹽運官屬有中大夫前山東東路都轉運鹽使不兀歹朝請大夫前山東東路都轉運鹽使王景福嘉議大夫山東東都轉運鹽使亦途中大夫山東東路都轉運鹽使劉亨凡四人元史百官志每路都轉運鹽使二員此題稱前者上石時已謝事猶與見任附書也不兀歹王景福亦途劉亨蒙古漢人兼用之其山東改立都轉運司當至

元十二年碑悉與志合後又載同知副使判官經歷知事各一員他路運判二員此唯一員者山東東路所置也又載提控案牘兼照磨承發架閣志唯稱照磨一員亦與碑異後又載總管府官屬懷遠大將軍濟南路總管府達魯花赤兼管本路諸軍奧魯總管府達魯花赤管內勸農事卜蘭僖董搏霄傳至正十七年毛貴陷益都般陽等路有旨命搏霄從知樞密院事卜蘭奚討之即其人傳後又作卜蘭蹊僖奚蹊皆譯字無正文也又載副達魯花赤同知治中判官各一員推官二員經歷知事提控案牘照磨兼承發架閣各一員副達魯花赤即志所云同知異名而官一也照磨兼承發架閣而未言提控案牘志亦與碑異

加封大成至聖文宣王碑正書至大四年八月在濟南府學

碑上層鐫加封孔子文宣王詔下層鐫此文爲郡人中奉大夫前河南江北等處行中書省叅知政事劉敏中撰并書題額元史列傳敏中字端甫濟南章邱人武宗即位拜河南行省叅知政事案百官志至元二十八年以河南江北係要衝之地又新入版圖宜於汴梁立省以控治之蓋河南江北設行中書省自此始矣敏中旣涖此官而傳雖稱河南行省脫江北字皆不如碑之自紀爲審碑所序加封至聖事于舉其要者云大德十有一年七月制加孔子號大成至聖文宣王播告天下至大改元之三年臺省檄令在所立石紀其事于學按祭祀志書加號在至大元年

武宗紀書稱大德十有一年成宗紀亦書大德十一年七月辛巳加封至聖文宣王爲大成至聖文宣王與碑合攷紀文明言可改大德十二年爲至大元年則逾年改元紀文與碑合而志書大德十一年卽爲至大元年載録不檢也又碑内述唐元宗開元廿七年追謚孔子文宣王宋眞宗大中祥符元年加元聖五年改至聖謚之宋史禮志以國諱改元聖文宣王爲至聖在二年今碑作五年或上石者之誤其謀爲文作記者資善大夫追授中書右丞廉訪使阿都兀赤朝列大夫副使韓申奉議大夫僉事創兀見奉議大夫僉事董璧徵事郎知事馮德凡五八

重修顯聖廟碑記 正書皇慶元年十月在閿鄉

碑前列郭令公二十代孫承務郎歸德府亳州同知郭秉仁撰提調陝州三縣醫學事壽黎老人郭淵篆書元史地理志亳州爲下州同知當正七品而階承務郎則從六品也提調陝州三縣醫學志言陝州領四縣至元三年省靈寶入陝縣故此題云三縣與史合然官醫有提舉司惟於河南江浙江西湖廣陝西五省至州置提調竟失錄也文記顯聖白唐宋來並加修葺而封號由唐僖宗乾符三年封應聖侯昭宗光化二年封普濟王宋太宗興國三年封顯聖王神宗元豐間加昭佑二字大元成宗欽明廣孝皇帝加封護國靈濟昭佑顯聖王爭澤帝然則原廟遞加崇謚所由已久史文或多遺之故備錄焉

投龍簡記 正書周應極撰趙孟頫書 延祐元年八月在濟源

記文作于至大辛亥六月而首序孟夏壬寅朔命特進上卿元教大宗師志道宏教沖元仁靖大真人張留孫等建周天大醮于南城長春宮案世祖紀中統十四年命嗣漢天師張宗演修周天醮于長春宮仁宗紀延祐二年九月丁未道士李若訥河南嵩山道士趙亦然各率其徒赴闕修普天大醮此碑記張留孫所醮史不見錄何也釋老傳留孫當仁宗卽位加號輔成贊化保運元教大宗師今碑稱志道宏教沖元仁靖大真人此必自武宗時已賜此號而傳惟載其武宗立陞大真人史文疎于錄記如此又復命集賢司直奉訓大夫周應極洞元明德法師崇真萬壽

宫提舉陳日新乘傳封香奉玉符簡黄金龍各二詣濟瀆清源善濟王廟天壇王母洞投沉致敬濟源善濟王廟號至元二十八年春二月加封見祭祀志萬壽宫提舉以日新任之特爲一道流寄食耳與宋時爲致仕優老養賢者其制異矣

贈中憲大夫張成墓碑 正書延祐二年三月在成武

碑爲元明善撰趙孟頫書王毅篆額明善列銜翰林侍講學士中奉大夫知制誥同修國史証之元史本傳惟書其爲侍講學士餘皆不及之毅列銜資善大夫御史中丞仁宗紀延祐二年御史中丞王毅乞歸養親不許者是也碑序張成世爲濟寧虞城人父平仕金爲大河埽軍長金滅

三遷至成武按成自曾祖以上居虞城則虞城不屬濟寧
地理志虞城金隸于水元憲宗二年始復置縣隸東平路
至元二年以戶口稀少併入單父三年復立縣屬濟州八
年隸濟寧路復初臨文未嘗致審以後來割隸之籍當之
失其實矣平有二子長林居虞城次成居成武與配合塟
成武之小房里子四人長孜由江浙行省都事入爲戶部
主事中書省左司都事口員外郎參議樞密院事戶部侍
郎出使兩淮都轉運鹽使成所贈官由此也

任城二賢祠堂碑 行書延祐三年六月在濟寧州

碑文前列應奉翰林文字同知制誥國史院編修官朝散
大夫前尚書省右司員外郎曹元用撰朝列大夫司農司

丞張楷書丹東平尚德勉篆額元史列傳元用因薦爲翰林國史院編修官除應奉翰林文字與此記同惟不書同知制誥其序李眞爲任城宰太白作廳壁記述其善政今任城有二賢堂及太白酒樓按沈光酒樓記咸通辛巳歲所作惟二賢堂不知搆于何時在縣治東北者故中書右丞巽公爲州時所築後易縣治爲驛舍濟州判官趙義甫於南城之巔更築堂以□二賢吏目靖明叔吳君璋皆詳雅吉士相與協謀以底於成益文所記建祠事跡如是攷新舊唐書知章本傳載其歷官俱無宰任城事太白所記惟云帝擇明德以賀公宰之文既未著其名字而稱許至于溫恭克修儼碩有立撥煩彌閒剖劇無滯則益不類李

眞之爲人傳言有詔禮部選挽郎知章取捨非允爲門廕子弟喧訴盈庭知章於是以梯登牆首出決事然則任城之宰其非賀公甚明而流俗牽附相襲踵謬故予于此不得不附辨之

重修慈雲禪寺碑 正書延祐四年正月在濟寧州

碑首列銜亞聖兗國公五十五代孫莫州學正顏之義撰續魯故子兗公五十五代僅載木一人里人李玉書并篆額按顏子稱亞聖吳志諸葛恪傳與丞相陸遜書云自孔氏門徒大數三千其見異七十二人至於子張子路子貢等七十之徒亞聖之德然猶各有所短然則亞聖蓋以通名諸賢故顏子亦稱亞聖唐會要開元八年三月十八日元瓘奏云云上以

顔子亞聖親爲製贊唐兗公之頌俾夫亞聖同之前美舊五代史周太祖紀帝謂近臣曰仲尼亞聖之後今有何人對曰有鄉貢三禮顔涉是顔淵之後玉海建隆二年十一月己巳上幸學御製先聖文宣王及亞聖兗國公贊至後稱爲復聖見於元史文宗紀至順元年二月戊申加封顔子兗國復聖公曾子郕國宗聖公子思沂國述聖公孟子鄒國亞聖公祭祀志同四配之號乃有定名今此碑當延祐四年故尚仍舊稱也文云濟州任城今隸濟寧號爲名邑地理志濟州至元二十三年復置任城隸州今碑云隸濟寧蓋州前于八年升爲濟寧府也又云慈雲禪寺刱于唐代歲遠無所稽考追晉朝時有小張翟村銀青光祿大夫檢

校國子祭酒兼御史上柱國翟暉重修綵繪逮我聖朝粤有彭村維那首李成泰用伊誠及小張翟村維那首打捕鷹房提領翟興力爲補葺是寺之廢修始末可考如此惟打捕鷹房提領百官志不見此文或亦提控之員與選舉志行省諸司劄付充提領案牘作提控按牘受院劄以是推之此碑稱提領由外劄付故也

貞潔堂銘 正書延祐四年孟春

碑爲儒林郎國子司業同恕撰前集賢學士通議大夫國子祭酒依前太子右諭德蕭𣂏書二子並見元史儒學傳同恕當仁宗踐祚即其家拜國子司業階儒林郎此題與史合蕭𣂏傳載其除集賢學士國子祭酒依前右諭德而

階爲通議大夫則從畧焉其銘貞潔之由首云奉元韓氏毋王節君朝廷既已旌別又遣儀天興聖慈仁昭懿壽元全德泰寧福慶皇太后特降懿旨寵嘉而覆護之按后妃傳順宗昭獻元聖皇后延祐二年三月加上皇太后尊號即此文所記也節君子世榮世隆乃口重閣嚴位寶書請鄉先生通議大夫勤齋蕭公銘而記之蕭公即蕭𣂏著有勤齋文集記故以此號之然節君之名如此其顯而不得見諸史蓋亦不能盡書故也銘婦人稱節君亦金石例所希

重摹祭殷大師文碑陰記 延祐五年四月在汲縣

碑陰爲韓沖所記其述唐追贈殷大師以封詔祭文刻石

後權震裂至元口年陳侯祐來尹是土命工復爲刊模一
如舊制大德癸卯坤靈失寧再致頽隳延祐戊午今衛煇
監尹二公相與協謀遂即遺制臨摹上石樹之廟廷元史
列傳陳祐字天祐至元三年授嘉議大夫衛煇路總管衛
當四方之衝號爲難治祐申明法令創立孔子廟修比干
墓且請于朝著于祀典然則記稱陳侯者即其人也大德
癸卯坤靈失寧癸卯爲大德七年本紀與五行志並書是
年八月地震太原平陽尤甚而衛煇之震據是記所云殆
失載也此碑在元兩模中州金石記云寶刻叢編有此碑
顧炎武以爲重刻者不知何据予以顧氏正据此碑陰爲
文也

呂梁鎮慶真觀碑記行書延祐六年

記前列將仕郎太常博士吳善撰翰林學士承旨口祿大夫知制誥趙孟頫書并篆額文云世祖皇帝建昭應宮祠元武神于京師和義門外以龜蛇嘗見其地又云成宗迓續登崇口號太子文學元公作杭口元武殿碑悉著其事又道書相傳其神三月三日降均之武當山今天子萬壽節以其日同故歲遣祠官致祭今天子謂仁宗也元史仁宗紀以至元二十二年三月丙子生是其事碑又云予嘗考于奉常禮秩其神曰黑天帝得並祀南郊位北故水之神曰元武水生于一故爲道者宗祭祀志從祀圜壇第一等九位黑帝位亥與此記符後載慶真觀成于至大三年

寔由道士賈德眞及其師金道明踵跡爲之然稱道明壽七十九于揚州仙去德眞收其冠劍瘞之彭城者卽死魄耳文人緣飾之而世遂信爲委蜕以去亦何愚哉碑舊沒入土明萬歷元祀越黃猷吉出之未幾復就湮陳邦彦又募役夫出之二人署銜皆工部主事日下舊聞載帝京景物畧昭應宮在雙林寺西元至元中建龜蛇兆焉卽此碑所云龜蛇嘗見其地者也而朱氏失引摶採之難如此

元遺山題超化寺詩 行書在密縣

遺山題超化寺詩石刻錢太和拓一紙見寄予以全金詩校之首句秋風嫋二入僧窻石本秋作西入作度三句部恨大梁三日醉石本大作汴四句不來超化作重陽石本

超化作此處作字作過往寓京師淩仲子屬予在淅川覓遺山石刻今得此足以塞責矣後有正書云丙辰秋過游超藍此詩留題于主僧仁公方丈歲遠恐其湮沒今以傳次諸石時至治壬戌春二月二日渤海大口記

涇縣尹蘇公政蹟記行書至治二年仲春

記前列翰林學士承旨榮祿大夫知制誥兼修國史趙孟頫書國子博士承事郎爲篆額者名已鐫毀亞中大夫寧國路總管府達魯花赤兼管內勸農事名屑蒙古字當時立石人也其文則涇縣儒學教諭梅震記附書碑後叠以官階序也元史百官志亞中大夫舊爲少中延祐改亞中題銜與史合志又稱諸路各設儒學教授一員及學正一

員學錄一員其散府上中州亦設教授一員下設學正一員至于縣設教諭史不及之攷博山石馬村古佛院至元二十五年碑刻是益都縣顏神教諭鄭琥書此亦縣之教諭一証也文云公名濟字汝舟山東益都沂人延祐丙午宰是邑自興學勸農諸多惠政中有捐帑買基鼎三皇表醫學以總之又云興養濟而院之攷宋置安濟坊養民之貧病者元時乃易爲養濟之號有司失于奉行不實民其窮無告矣蘇君之爲政所謂致誠而行也其不傳于良吏史失錄也記又稱詔條慎擇守令以五事論選與史文載世祖始立各道勸農使又用五事課守令以勸農繫其銜者相符

元應張眞人道行碑正書泰定四年四月在涿州

碑前列翰林學士太中大夫知制誥同修國史吳澄文光祿大夫議中書省事平章王毅書翰林學士承旨榮祿大夫知制誥兼修國史劉賡篆額元史武宗紀至大元年十二月甲戌以平章政事商議中書省事百官志至元二十九年罷尚書省增中書平章爲五員而一員爲商議省事今碑所題王毅議中書省事與官制符然志稱成宗元貞元年改商議省事爲平章軍國重事自是不書復置而毅署銜當泰定時仍有議中書省事必其後更爲設員史疏記也毅見泰定帝紀當四年三月召太子賓客王毅復舊職今所題銜蓋舊臣也賡本傳泰定元年加光祿大夫案

草廬撰碑文自稱泰定二年春於時爵方階榮祿大夫榮祿次光祿之下則元年必非加光祿矣史載眞大道敎並依此碑入傳而事跡特略碑云師張氏乾州奉天人年十六從天實李師爲道流錫名淸志傳不書其籍又倒訛淸志爲志淸碑云入東海大珠牢山傳脫大字碑書酈希成傳以成作誠凡是數者悉與碑相違而淸志道力所在有神異史慮其跡涉怪妄削之不書是也若母嘗病疽口吮其膿遂得蘇差又患膈氣疾幾不捄師禱神進藥不寢食四旬毋忽吐涎塊如瓜漸底平復居喪致哀於儒家喪制不悖此蓋爲獨行之尤而不囿於彼敎法者傳惟以事親孝訖之毋亦沒其實與予故爲著之

涿郡歷代名賢碑 正書天歷二年六月在涿州

碑前列賜進士出身翰林待制兼國史院編修官廬陵歐陽元撰并書賜進士及第中書右司郎中太子左贊善濟南張起巖篆額元史列傳起巖遷中書右司員外郎進左司郎中兼經筵官拜太子右贊善以碑証之實爲右司郎中及右贊善傳文誤也碑據前史所占籍者約其出處大畧刻疏左方自西漢蒯通迄金梁塘而止然史記淮陰侯傳稱齊人蒯通疑范陽爲齊之近邑與涿郡不相屬又通以辯亂導人背其所主而躋諸名賢之目採撫失其倫矣碑後載通奉大夫河南江北等處行中書省參知政事護軍追封范陽郡公謚端靖弭禮嘉議大夫工部尚書宋惟

忠中憲大夫中山知府張汝揖奉議大夫大都路涿州達魯花赤兼管本州諸軍奥魯勸農事山壽等立石案彌禮官至參知政事史旣無傳特書銜于此而碑記諸賢皆書名獨昭烈帝稱字特例書之尊之也碑末金玉府石匠頭目中統二年初立金玉局至元三年改總管府故署金玉府者以此

眞定路加葺宣聖廟碑　八分書至順二年六月

碑前列集賢直學士朝請大夫國子祭酒李术魯翀撰奎章閣侍書學士翰林侍講學士通奉大夫知制誥同修國史虞集書并題額二君元史列傳載歷官與碑略符翀惟失書階朝請大夫集失書翰林侍講學士及知制誥而已

又稱翀文章簡奥典雅深合古法予觀此記之稱其實非謬許也記云初鎮州置眞定路以中山與晉趙深冀府一州五土地人民奉睿宗景襄仁聖皇帝顯懿莊聖皇后湯沐首務立學養士睿宗傳不載此事而睿宗謚號傳所書者憲宗立追謚曰英武皇帝世祖至元二年改謚景襄皇帝其仁聖二字或由後祟奉晉加紀錄者不及採也記云世祖淵潛朔庭聞鎮之學綏未即敘龍集丁未勑有司以金粟岡廟址祟殿廡闕釁□至元暨今雖屢加葺猶有未備至順辛未憲暨府義倡集募役先是府尹馬斯虎巳基未構而去□□餘年尹張忙兀台倅和元升治中和則平繼至始克有濟攷龍集丁未實定宗二年迨至順辛未巳

八十五年一廟之興數閱世而成葢有數存焉

魏王輔嗣墓碣

右題八分書大徑四寸文云偃師伯王輔嗣之墓翰林待制吳炳書元統二年冬十月偃師縣尹時禎立石元史文宗紀至順二年特命河南儒士吳炳爲藝文監典簿仍于對品階即此書碣人也歸暘傳暘汴梁人力拒不從賊賊敗汙賊者皆獲罪暘獨免同里有吳炳者嘗以翰林待制徵不起賊呼炳司卯酉歷炳不敢辭時人爲之語曰歸暘出角吳炳無光賊爲范孟當後至元五年十一月炳始末可見如是漢淮源桐栢廟碑亦稱翰林待制浚儀吳炳重書子嗣昌填摹上石今此碑作河南浚儀舉古名河南

當時省名書之耳未竹垞桐栢廟跋云歐陽氏謂其文字斷續而是碑甚完好疑爲後人重摹盍吳炳嘗重書竹垞未見後題也

達本長老勤跡碑 正書賈昌文撰乃達而海牙書至正二年八月在偃師縣緱氏鎮

碑前題稱帝師法旨加號達本長老爲慧光普應大禪師元史釋老傳八思巴卒賜號皇天之下一人之上宣文輔治大聖至德普覺眞智佐國如意大寶法王西天佛子大元帝師後其徒嗣爲帝師元貞元年又更賜雙龍盤紐白玉印文曰大元帝師統領諸國僧尼中興釋教之印然則達本所由得號當以帝師加之也傳稱帝師之命與詔勅並行于西土今以此碑所云法旨其崇信又不獨西土爲

然而文記達本修復寺殿推爲百廢具舉達本信其教法之善護持者與又云寺名永慶在宋時諸帝陵寢皆以永名芝田縣作五品之軍名永安命此寺爲永慶皆與山陵同名宋史地里志永安赤奉陵寢景德四年升鎮爲縣無言以帝后陵所在命永安爲軍方輿紀要永安城在縣西四十里宋太祖昭武帝葬于此曰永安陵景德四年割鞏偃師二縣置縣以奉陵寢後爲永安軍亦未言置于何時攷徽宗紀政和三年三月戊辰升永安縣爲永安軍又牛皋傳孟邦傑復永安軍翟興傳金人犯河陽鞏縣永安軍孟邦雄墓志言葬于永安軍芝田鄉蘇村之原當偽齊阜昌四年即紹興甲寅也錄此以爲志文舉遺

魯山縣建醫學講堂記 正書至正四年五月在魯山縣

記列賜進士從仕郎南陽府梁縣尹兼管本縣諸軍奧魯勸農事周伯文撰承事郎南陽府郟縣尹兼管本縣諸軍奧魯勸農事楊守正篆額南陽府魯山縣尉劉德修書丹蓋魯山醫學講堂因縣尹劉君修建遂勒其事如是劉君名毅字德剛曹南磐石人也後列魯山縣醫學教諭楊亨立石元典章至元二十二年設各路醫學教授學正訓誨醫生照依降去十三科題目每月習課醫義一道年終置簿申覆尚醫監較優劣云云此記講堂之設殆謂是也然縣各置一教諭較前設官更容而史志亦不悉收吾故于此著之

重修中嶽廟碑 正書在登封縣嶽廟峻極門東至正猪兒年

碑記申飭軍民不許肆擾嶽廟住持之事其文特以國語通俗爲之元史泰定紀即位之詔尚如此蓋取便于曉諭故也刑罰志禁令內載諸嶽瀆祠廟輒敢觸犯作踐者禁之與碑所記合其序元朝諸帝首云成吉思皇帝太祖紀元年羣臣上尊號曰成吉思皇帝以此例之下云月濶台皇帝爲太宗薛禪皇帝爲世祖完澤篤皇帝爲成宗曲律皇帝爲武宗普顔篤皇帝爲仁宗格堅皇帝爲英宗忽都篤皇帝爲明宗札牙篤皇帝爲文宗亦憐真班皇帝爲寧宗皆謚號也月濶台史云太宗諱窩濶臺譯音無正字聲相近者假借爲之然史稱諱窩濶臺而碑以曉示軍人蓋

用顯斥於義必非所安疑當時淳質之俗如古帝因名爲號是以碑得直書之也碑稱札牙篤皇帝予頃寓歷下得東嶽廟元至正四年聖旨碑述自成吉思皇帝至亦憐眞班皇帝惟不紀札牙篤皇帝與此異或初以其與於弑逆黜之而後復紀其號與文宗紀載後至元六年六月以帝謀爲不軌使明宗飲恨而崩詔除其廟主載除廟主詔文順帝紀又載此詔未暇勘正碑書年用支而不用干其稱猪兒年者至正七年歲次丁亥也

哈剌魯公墓碑 正書趙孟頫撰舉出絙臺書至正七年八月在汝州

碑載哈剌魯公上世居朔漠父八黑馬當太祖聖武皇帝時爾哈剌解傳爾哈魯氏故此碑云魯公侍臣扈從四太子南伐金定中原留鎮汝州生武畧公名虎口赤即此碑

題稱武畧將軍者也碑言四太子宗室世系表太祖皇帝
六子次四稚雷即睿宗也以碑証之當時有四太子之號
而睿宗傳失載幼以父歿于敵舉字孤之典收置戎行征
李坦圍襄樊屢戰功多授弩軍百戶坦即李壇也又授敦
武校尉管軍百戶戍口渚瀕江多虎公嘗射之摯獸伏不
敢動時平章奥魯赤愛其絕藝拔奥魯赤本傳二十三年
春拜湖廣等處行中書省平章政事與碑合碑又載選充
蒙古侍衛親軍百戶至元間乃口叛公力戰追至北海手
擒逆黨忙哥察碑于乃下字殘滅當爲顔字世祖紀至元二
十四年夏四月諸王乃顔反是其事也哈剌魯公後歷官
臨清御河運糧官又授金符進階忠翊校尉南劍翼管軍

千戶所達魯花赤大德丙午卒于官所則成宗改元十年
也葬汝州東吳氏堡追封梁縣男案後立碑爲孫口所立
葢家于汝州蒙古色目人多隨便居住是也

正議大夫吳恭祖神道碑銘正書至正九年六月在孟縣

碑爲翰林學士承旨榮祿大夫知制誥同修國史歐陽元
撰中大夫禮部尚書王口書銀青榮祿大夫御史大夫口
惟一篆額文云吳恭祖字景莊年十八近臣也里失班賀
伯顔李叔固以見世祖一見而奇之賜名忙古䚟令入宿
衞至元二十九年貴臣徹里出爲福建等處行中書省平
章政事入奏請以公爲本省理問官授奉訓大夫大德二
年進奉政大夫台州路治中遷衢州路治中至大二年陞

中順大夫福寧州尹延祐二年口中大夫建寧路總管移興化路未至丁外艱泰定二年擢正議大夫江州總管至順初改福州路總管年未滿七十移文告老數年乃終于家恭祖史不爲立傳然以徹里之忠亮薦致爲屬固亦賢矣徹里本傳進拜御史中丞俄陞福建行省平章政事與碑合而傳未載其歲月得此乃知其當至元二十九年也恭祖多厚德所在稱治其事跡具此碑有圭齋集可按予故摭其歷官遷擢之次附于篇

重修五龍堂記行書至正十三年

癸丑春予寓歷下時游濼西精舍精舍之建在城西門外五龍堂故有元至正癸巳重修碑記砌置墻間字已多漫

滅其前題孔顔孟三氏敎授趙本撰承務郎同知濟南路
總管府事世賢書翰林直學士太中大夫段弼題額元史
世祖紀中統二年九月戊辰大司農姚樞請以儒人楊庸
敎孔顔孟三氏子孫詔以庸爲教授張須傳大臣薦諸朝
特命爲孔顔孟三氏敎授今証之此記三氏學設官終元
之世未有易也文云至正壬辰徐淮□□天兵南討順帝
紀至正十二年秋七月辛巳命通政院使答兒麻失里與
樞密副使秃堅不花討徐州賊八月丁卯詔脫脫以答剌
罕太傅中書右丞相分省于外督制諸處軍馬討徐州郎
其事然史言出師在七月八月而碑稱天子以山東地鄰
徐淮命楊公王公使監山東以三月修城郎書于天兵南

討之下于時徐寇猖獗命師先有成議故耳後又題憲公乃延祐口口御史中丞夔國公之子公名文書納字國賢自號雙泉順帝紀十年九月三皇歲祀以醫官行事江西廉訪使文殊納建言禮有未備即此結銜文書納書殊譯音借用無正字稱歲君癸巳與他碑稱歲次歲在者亦異

山東鄉試題名碑記 正書至正二十二年

碑在濟南府學明倫堂西偏半埋于土余手剔其文讀之尚可屬次所云皇帝命忠襄獻武王帥師平齊魯之年屬天下太比五請復舊制是秋其子中書平章河南山東知口皇太子攬公元臣繼承閫寄首述是事以刑部孫翥同儒學提舉吳君伯璋兵部員外郎龍君子鱗較其文戸部

侍郎倪君孟口蒞其事元史察罕帖木兒傳六月爲王士
誠所刺詔追封忠襄王謚獻武及葬改謚忠襄順帝紀書
改謚之文在十一月然則此碑立于秋故猶稱獻武也是
科合格充正榜者凡廿一人文理通貫充副榜者又五人
其記則朝列大夫刑部侍郎孫翥爲之翥見察罕帖木兒
傳分門攻汴城者當即其人又徵事郎河南江北等處行
中書省儒學提舉吳口題額奉訓大夫中書右司員外郎
權左司員外郎趙恒書丹俱顯存選舉志每處差考試官
同考試各一員並於見任并在閑有德望文學常選官内
選差蓋不由京官出使考校然暢師文傳言爲翰林學士
延祐四年主試河南歸卒于傳舍及此碑翥與于鱗結銜

則亦以京朝官主試而吳結銜又以在外行省聘請考官
或由元之季世兼此兩制用之也

任公孝思記正書在高密

碑首列授司天臺劄付四州陰陽敎授擇官王彥琛書丹次
列淦川蕭璧撰蓋以書丹冠于撰文之前當由彥琛有官
階也元史百官志中統元年因金人舊制立司天臺設官
屬此碑殘剝已失年月按文旣稱司天臺則立石必中統
以後矣碑述任氏先居膠東夷安之梁尹村有諱福者金
朝屢仕至高密縣尹生一子曰興宗當元朝授管民百戶
興宗三子次曰全全次子曰川隨李璮復璉海以功授百
戶大軍攻樊城先登陷陣得授正百管軍自渡江以來

獲功績遂權千戶印根隨西里罕北征祗授忠顯校尉管軍總把於安慶屯守移鎮常州於時十三年六十有二每思祖考尚在淺土欲卜塋祖塋之西南下文多不屬李璮傳憲宗七年調其兵赴行在璮親詣帝言曰益都乃宋航海要津分軍非便帝然之命璮歸取漣海數州璮遂發兵攻拔漣水相連四城碑載川隨李璮復漣海者即指其事然未幾從大軍攻樊城蓋能以武勇起其家宜世有後也川裔孫大鶴青田手摹此文屬予書之予獲交于青田自益都楊書巖學齋予今已窮廢爲人授徒而兩君蹤跡不復可聞念此爲惘然者久之

授堂金石文字續跋卷十一刻終

受業寧縣李震校